책과 함께 떠나는 즐거운 지식여행

기생충이 없었다면 섹스도 없었다?!

김규종

신아사

머리말

당신은 지금 사랑하는 이와 함께 사회 저명인사들이 즐겨 찾는 고급 식당에서 적포도주를 곁들여 저녁식사를 하고 있다. 고전음악이 잔잔하게 흐르고, 환한 웃음과 기쁨에 찬 나지막한 환성이 들려온다. 시중드는 이들의 발걸음 소리도 거의 들리지 않고, 사람들은 나름의 이야기에 몰두하고 있다. 이때 허공을 찢으며 날카로운 목소리가 들려온다. "뭐가 어째?" 한 순간 식당의 모든 눈길이 소리 난 쪽으로 쏠린다. 험상궂은 얼굴 표정을 한 사내가 마주 앉은 여자를 향해 불끈 쥔 주먹을 휘두르며 자리에서 일어나고 있다. 여기저기서 수군거리는 소리들과 동요가 실내에 퍼져나간다.

이 장면에서 당신 머릿속에 떠오르는 생각 혹은 느낌은 무엇인가. '무슨 일인지 모르겠지만 참 교양 없는 사람이로군.' 아마 당신뿐만 아니라, 거기 있던 많은 사람들이 그런 생각을 했을 것이다. 그렇다면 여기 등장하는 어휘 '교양'은 무엇을 뜻하는가.

우리말 사전은 교양을 '학문, 지식, 사회생활을 바탕으로 이루어지는 품위' 또는 '문화에 대한 폭넓은 지식'으로 풀이한다. 이것에 따르면 교양은 이미 완성되어 있는 구체적인 결과물이다. 이 경우에 문제는 교양을 접두어로 활용하여 '교양과목'이나 '교양교육'으로 만들어 사용할 때다. 결과가 아니라, 과정을 중시하는 '교양'이 배제되어 있는 탓이다.

『웹스터』 사전에 나와 있는 교양의 정의를 보자. '교육을 통하여 사회적, 도덕적, 지적인 능력을 발전시키는 행위' 또는 '지적이고 미학적인 훈련으로 형성된 고도의 세련과 취향.' 앞의 정의는 교양의 과정을, 뒤의 정의는 그것의 결과를 드러낸다. 따라서 교양은 '지금'과 '여기'에 안주하는 것이 아니라, 지속적으로 발전시켜 나가야 할 인간적인 덕목으로 이해할 수 있을 것이다.

우리는 여러 가지 방법으로 세상과 교통한다. 가혹한 육체노동이나 치열한 정신노동, 풍요로운 여행이나 흐뭇한 문화기행, 떠들썩한 술자리나 진지한 토론의 자리. 이 모든 행위는 인간의 인간다움을 강화하고 심화한다. 그러나 위에 열거한 행위들이 보다 깊은 의미를 가지려면 무엇보다도 인간내면의 성찰과 사유가 필요하다. 건강하고 사려 깊은 자아가 결석한 어떤 행위도 향기로운 인간의 일관된 지향과 자기완성을 보장하지 못하기 때문이다.

아주 오래 전부터 책을 읽는 것은 인간적인 가치실현이나 지식정립을 위한 가장 적절한 방편으로 수용되었다. 개인적인 경험이나 노력을 통하여 한 사람이 도달할 수 있는 지식 혹은 체험의 총체는 일정한 한계를 극복하기 어렵다. 그런 연유로 우리는 독서의 도움을 받아 간접적인 방식으로 삶을 위한 지혜와 추체험의 양식을 확보할 수 있다. 이런 까닭으로 "사람은 책을 만들고, 책은 사람을 만든다!"는 상호 모순적이며 대립적인 명제가 시나브로 성립 가능한 것이다.

그런데 문제는 책을 읽는 행위가 간단치 않은 작업이라는

데 있다. 독서는 매우 고독한 일이며 항상적인 자기결단을 요구한다. 엄마가 아이에게 읽어주는 것을 제외한다면 독서는 지극히 개인적인 분야에 속한다. 책을 읽고 생각하는 최초이자 최후의 주재자는 언제나 그것을 선택한 개인이다. 그러기에 지속적인 독서가 가능하려면 개인은 여러 가지 유혹과 계속 싸워야만 한다. 아무리 강고한 의지의 소유자라도 지나치게 어렵거나 산만한 책, 전혀 새로운 미지의 영역을 다룬 책, 최소한도의 일관성이나 짜임새를 갖추지 못한 책을 끝까지 독파하는 일은 거의 불가능하다. 그래서 우리는 언제나 좋은 책을 찾고자 하며, 그렇지 않은 경우에는 손쉽게 책과 작별하고 다른 대상을 선택하게 되는 것이다.

'책과 함께 떠나는 재미난 지식여행'이라는 부제를 달고 있는 『기생충이 없었다면 섹스도 없었다?!』는 책에 관한 책이다. 독자 여러분에게 지적인 흥미와 독서의 편안함을 동시에 선사하려는 필자의 전략적 고려가 제목과 부제에 담겨 있다. 지적 호기심과 그것을 충족하는 지식 혹은 정보가 배제된 책은 일반 독자들의 관심을 끌기 어렵다. 무엇인가를 알고자 하고, 그것을 통하여 무엇인가를 얻고자 하는 인간의 욕망에 가깝게 다가서려는 책이 양서의 첫 번째 조건이기 때문이다. 그러기에 거의 모든 필자들은 그런 목표를 향하여 지금 이 순간에도 혼신의 노력을 기울이고 있다.

서책 『기생충이 없었다면 섹스도 없었다?!』는 네 부분으로 구성되어 있다. 제1부 '인간과 과학', 제2부 '사회와 역사', 제3부 '문화와 세계', 제4부 '문학과 예술'이 그것이다. 이런 분류는 독자들의 일목요연한 이해와 체계적인 독서를 위하여 고안되었다.

과학이 우리 삶과 어떤 관련을 맺고 있는지에 관심이 많은 독자들을 위한 첫 번째 서술이 제1부의 핵심적인 내용을 이룬다. 제2부는 우리 삶에 공간좌표와 시간좌표를 제시하는 역사서와 세상의 여러 관심사를 담고 있다. 21세기를 흔히 문화의 세기라고 부르는데, 그것이 함유하는 의미망 천착이 제3부를 관통한다. 그리고 제4부에서는 우리의 영혼과 육신을 여러 가지 측면에서 조명하는 예술과 문학에 관련한 책들이 소개되어 있다.

『기생충이 없었다면 섹스도 없었다?!』에 수록되어 있는 항목은 모두 52개다. 그것은 한해를 52주로 나누어 도달한 결과다. 그러니까 여러분이 이 서책에 실린 내용에 따라 한주에 한권의 책을 읽는다면 1년 동안 읽을 수 있는 분량을 이 서책은 품고 있다는 이야기다. 물론 몇몇 책은 예외다. 이를테면 『반지의 제왕』은 5권으로 이루어져 있으며, 『고대문명교류사』 같은 책은 700쪽이 넘는 방대한 분량을 지니고 있다. 또한 『색의 유혹』이나 『칼의 노래』는 두 권으로 이루어져 있기도 하다. 하지만 안심하시라. 피천득 선생의 『인연』은 얇은데다가 쉽게 읽히기도 한다. 어디 그뿐이겠는가. 『몽고반점』은 중편소설 분량에 지나지 않는다. 따라서 평균적인 독서량은 그다지 문제되지 않을 것이다. 만일 여러분에게 이런 독서량이 부담스럽다면 한 달에 한권 정도 읽겠다고 계획하면 된다. 독서란 자발적이고 능동적인 자기선택에 기초하지 않으면 그다지 의미가 없기 때문이다.

책에 대한 책을 쓰게 된 이유는 무엇일까. 책을 읽고 나면 대개의 경우 우리는 얼마 지나지 않아 그 내용을 잊어버리게 된다. 이것은 자연스러운 현상이지만, 다른 한편으로 매우 억울하고 울화통 터지는 노릇이기도 하다. 상당한 노력과 시간을 들여서 독파한 책의 내용이 시간과 더불어 허공중으로 사라져버리는 것을 쉽게 용납하기란 어려운 노릇이기 때문이다. 그런 까닭에 필자는 책을 읽으면서 지속적으로 기록을 남기고, 책장 사이사이에 이런저런 생각과 느낌, 혹은 판단을 적어 넣는다. 그리하여 마침내 한권의 책을 다 읽은 다음에는 반드시 일정한 분량의 서평이나 감상문을 남긴다. 거기에는 책에 대한 기본적인 정보와 내용, 그리고 필자의 고유한 평가와 사유가 실리게 된다. 그런 작업을 쉬지 않고 해오고 있는 것이다. 따라서 이번에 출간되는 서책『기생충이 없었다면 섹스도 없었다?!』는 상당기간에 걸치는 노력이 담겨 있다고 생각하면 될 것이다.

인문학을 공부하는 연구자이자 교수로서 필자는 요즘 대학생들의 독서행태에 걱정스러운 점이 많다. 이것에 대해서는 이미 일본의 저명한 독서가인 다치바나 다카시가 저서『뇌를 단련하다』에서 웅변적으로 언급한 바 있다. 책을 읽지 않는 동경 대학생들을 호되게 질타하는 그의 목소리가 바로 옆에서 들려오는 것 같다. 하지만 우리나라 대학생들의 경우는 더욱 심한 듯하다. 대학 도서관이나 집에서 그들이 무슨 책을 읽고 있는지 생각하면 이내 고개가 끄덕여질 것이다. 토익이나 각종 공무원 시험대비 책들이 아니고 무엇이겠는가. 소수 학생들만이 고전이나 각종 신간을 읽고 사색하며 기록하고 토론하고 있다. 강의를 위한 보고서에서 그들이 활용하고 있는 자료들의 출처는 거의 예외 없이 인터넷이 아닌가.

오늘도 수많은 정보와 지식의 담지자인 책들이 세상에 쏟아져 나오고 있다. 언론매체들은 앞장서 정규방송에서 책을 소개하거나, 주말 문화면에서 책에 대한 정보를 대거 알려주고 있는 형편이다. 또한 출판사들은 비싼 홍보비를 들여가면서 경쟁적으로 책을 광고하고 있다. 이것은 세계적으로도 매우 드문 일이라고 한다. 중앙일간지에 실리는 큼지막한 서적 광고는 어쩌면 우리들만의 풍경일지 모른다. 아름다운 일일지도 모르지만, 달리 보면 그만큼 우리는 책과 거리를 두고 살아가는지도 모른다. 하지만 필자는 여전히 희망의 끈을 놓지 않으려 한다. 아직도 많은 독자들이 좋은 책을 찾으려고 책방을 순례하고 있으며, 서점 곳곳에서 혹은 앉아서 혹은 서서 책을 읽고 있기 때문이다.

서책『기생충이 없었다면 섹스도 없었다?!』가 이런 독자들의 바람을 조금이라도 충족시켰으면 하는 마음 간절하다. 다양한 분야의 책을 읽으면서 소장 인문학자가 도달하고 있는 지적이며 정신적인 고양과 인식의 지평확대에 독자들이 함께 했으면 하는 마음이다. 출중한 책 백여 권만 읽으면 세상에 두려울 것이 없다고들 말한다. 그런 책들과 만날 수 있는 작은 계기를『기생충이 없었다면 섹스도 없었다?!』가 마련해주기를 간절히 소망한다.

오늘도 필자는 새로운 독서를 시작하고 있으며, 따라서 그것과 결부한 글쓰기는 앞으로도 계속될 것이다. 우리가 일용할 지적인 양식은 거의 전부 책에서 나오는 것이니 말이다. 독서와 기록을 통한 자기반성과 성찰, 그리고 앞으로 지향해야 할 삶의 향방모색은 그치지 않고 계속될 것이다. 독자 여러분의 매서운 질정과 따뜻한 격려를 부탁드리면서 머리말에 가름하고자 한다.

2009년 기축년을 맞으며 복현동 연구실에서

지은이

제1부 인간과 과학

1. 인간과 지구, 그리고 우주를 넘어서 • 17
『거의 모든 것의 역사』

2. 지리학자가 경고하는 생태와 환경의 재앙 • 24
『문명의 붕괴』

3. 물이 우리 모두를 구하리라! • 30
『물의 치유력』

4. 아직도 숫자와 통계를 외면하는 당신에게 • 38
『세계를 삼킨 숫자 이야기』

5. 식물도 동물처럼 화를 낸다니까요 • 44
『식물의 역사와 신화』

6. 사랑나무 연리지(連理枝)를 생각하다 • 53
『역사가 새겨진 나무이야기』

7. 우리 과학과 기술에 대한 몇 가지 이야기 • 60
『우리 과학의 수수께끼』

8. 숫자 0을 생각해 보셨나요 • 67
『존재하는 무 0의 세계』

9. 기생충이 없었다면 섹스도 없었다?! • 72
『진화 오디세이』

10. 낯선 세계로 떠나는 즐거운 지식여행 • 78
『파인만의 재미있는 물리 이야기』

11. 잡초의 눈으로 바라보는 인간과 지구 • 82
『풀들의 전략』과 『지구의 삶과 죽음』

12. 인간의 탐구, 재앙인가 축복인가 • 89
『호모 쿠아에렌스』

제2부 사회와 역사

1. 우리의 자생적인 인문학을 위하여 • 97
『고대문명교류사』

2. 책을 읽지 않는 대학생들을 위한 쓴 소리 • 104
『뇌를 단련하다』

3. 달라이 라마와 20세기 티베트 역사에 관한 상세보고서 • 109
『달라이 라마 평전』

4. 당신들의 문제에서 우리들의 문제로 • 114
『당신들의 대한민국』

5. 백 년 동안의 혼돈과 수치에 대한 문제제기 • 119
『대한민국 史 01』

6. 역사는 과연 흐를 만큼만 흐르는 것인가 • 123
『대한민국 史 02』

7. 날조된 건국신화를 고발하다 • 128
『미국의 탄생』

8. 유럽 제국주의가 승리한 까닭을 찾아서 • 134
『수량화혁명』

9. 우리 시대의 영웅을 찾아서 • 140
『영웅의 역사』

10. 자아살해에 관한 백과사전적 기록 • 144
『자살』

11. 식민지 조선에서 통일한국을 찾다 • 149
『한국 근대사의 풍경』

12. 항왜 김충선을 아십니까 • 154
『한일공통 역사교재 조선통신사』

13. 전율의 시간과 공간을 찾아서 • 161
『혁명의 역사』

제3부 문화와 세계

1. 시인이 만나는 포구풍경과 사람들 ● 169
『곽재구의 포구기행』

2. 대중의 출현과 반역의 의미에 관한 역사·철학적 고찰 ● 173
『대중의 반역』

3. 끝까지 하지 못한 마음속 이야기 ● 179
『데스데모나, 당신이 말을 했더라면』

4. 꿈꾸는 자를 위한 서사(敍事) ● 185
『마르코스와 안토니오 할아버지』

5. 식민지 조선을 바라보는 만화가의 비판적인 시선 ● 189
『모던 뽀이, 京城을 거닐다』

6. 일상에 묻혀있는 색깔의 신비 ● 194
『색의 유혹 1, 2』

7. 인간에게 시간은 무엇인가 ● 200
『시간의 발생』

8. 서양문화와 예술의 마르지 않는 샘 ● 204
『신화』

9. 감옥에서 만난 들풀들의 오묘한 세계 ● 207
『야생초 편지』

10. 자아와 타자가 교감하는 통로 ● 212
『얼굴의 역사』

11. 우리의 삶과 용의 관계를 생각하다 ● 216
『용, 불멸의 신화』

12. 맹렬여성 자청비를 찾아서 ● 221
『우리가 정말 알아야 할 우리 신화』

13. 큰 학문은 언제나 우리 곁에 있다 ● 231
『유배지에서 보낸 편지』

14. 호열자(虎列刺)를 아시나요 ● 236
『호열자, 조선을 습격하다』

제4부 문학과 예술

1. 고전대가들, 맞장 뜨게 하다 ● 243
『고전문학사의 라이벌』

2. 시 읽기의 어려움 ● 249
『김수영 평전』

3. 평전문화의 새로운 지평을 열다 ● 254
『김시습 평전』

4. 그림으로 만나는 성서의 세계 ● 259
『명화로 읽는 성서』

5. 별을 헤아리던 시절의 상실에 대하여 ● 264
『몽고반점』

6. 그 자유로운 상상력에 대하여 ● 268
『반지의 제왕 1-5』

7. 20대 몽상가를 후려갈긴 쇠도리깨 ● 272
『변혁기 러시아의 리얼리즘 문학』

8. 일상의 작은 것을 통해 바라보는 세상 ● 279
『수필』

9. 현대문학과 술의 거리재기 ● 283
『알코올과 예술가』

10. 인문학자가 만난 혜원 ● 288
『조선 사람들, 혜원의 그림 밖으로 걸어 나오다』

11. 성숙한 어른들을 위하여 ● 294
『지혜로운 이야기 라 퐁텐 우화』

12. 작가의 얼굴 ● 298
『채만식 중-단편 대표소설 선집』

13. 죽음의 형식과 죽음의 장소를 찾아가는 기나긴 여정 ● 304
『칼의 노래 1, 2』

제1부 인간과 과학

1. 인간과 지구, 그리고 우주를 넘어서

『거의 모든 것의 역사』

글을 시작하면서

어떤 서책을 읽고 나면 막막해지는 경우가 있다. 어디서 시작하여 어떤 경로를 거쳐 어디에 마침표를 찍어야 할지 가늠하기 어렵기 때문이다. 내용이 지나치게 방대하거나 난삽한 경우도 그렇고, 저자의 의욕과 독자의 소화능력이 정비례하지 않을 때도 그러하다. 어떤 방향성을 가지고 책을 읽고 수용할 것인지 불문명한 서책과 대면할 때도 문제는 발생한다.

『거의 모든 것의 역사』는 이런 요건을 두루 충족시키는 문제작이다. 그것은 이 책이 자연과학의 거의 모든 분야를 망라하고 있기 때문이며, 글쓴이의 거대한 욕망이 절제되어 있지 않기 때문이다. 과학자들의 사생활까지 파고드는 집요함으로 인한 난삽함이 생기기도 하고, 더러는 독자들로 하여금 방향타를 잃고 헤매게 하는 경우까지 있기 때문이다.

나는 서책 『거의 모든 것의 역사』를 세 가지 관점에서 읽어

보려고 한다. 그 하나는 17세기 이후 20세기까지 유럽이 주도한 '자연과학의 성취와 의미'는 무엇인가를 추적하는 일이고, 그 둘은 성취과정에서 발생한 '조작사건' 여부를 살펴서 오늘의 우리를 반추함이다. 그리하여 우리는 '어떤 결과에 도달하게 되었는지'를 곰곰이 생각해보는 시·공간을 갖는 것이다.

유럽이 주도한 자연과학의 성취

(이 책에 담긴 내용은 지나치게 많고 다채롭다. 그 가운데 극히 일부분만 발췌하도록 한다.) 1686년 아이작 뉴턴은 『프린키피아: 자연과학의 수학적 원리』를 완성한다. 이 저작은 천체의 궤도를 수학적으로 설명하였고, 천체를 움직이는 중력의 개념을 풀어쓴 책이다. 이로써 우주 안에서 일어나는 모든 움직임을 이해할 수 있는 근본적인 토대가 마련된 것이다.

> "간단히 말해서 물체는 미는 방향으로 움직이고, 다른 힘에 의하여 속도가 느려지거나 방향이 바뀌기 전까지는 직선을 따라 일정한 속도로 움직이게 되며, 모든 작용에는 크기가 같고 방향이 반대인 반작용이 있다는 뉴턴의 세 가지 법칙과 중력의 보편적인 법칙이 『프린키피아』에는 담겨있다." (62쪽)

이것 말고도 화학을 정립한 로버트 보일의 『회의적 화학자』가 1661년 출간된 것을 비롯하여 1735년 지구나이와 질량측정을 위한 프랑스 왕립과학원의 페루탐사, 1769년 제임스 쿡이 성공한 금성통과관측 (그 결과로 얻은 조제프 랄랑드의 지구와 태양 사이 거리측정), 1797년 헨리 캐번디시의 지구질량측정성공, 1830년대 출간된 찰스 라이엘의 삼부작 『지질학의 원리』 등을 거명할 수 있겠다.

어디 이뿐이겠는가. 1717년 다니엘 파렌하이트의 화씨온도계 발명, 1742년 안데르스 셀시우스의 섭씨온도계 발명, 1735년 분류학의 선구자 칼 린네가 『자연의 체계』 출간, 1808년 모든 물질은 원자로 이루어져 있다는 사실을 밝혀낸 존 돌턴의 저작 『화학원리의 새로운 체계』 출간, 1859년 찰스 다윈의 불후의 저작 『자연선택에 의한 종의 기원』 혹은 『생존경쟁에서 선택된 종의 보존』 출간, 1865년 그레고르 멘델의 유전인자 실험결과 발표가 줄줄이 뒤를 이었던 것이다.

자연과학에 관한 거의 모든 분야를 망라하는 서책 『거의 모든 것의 역사』의 지은이는 다윈과 멘델의 과학적 성취에 담겨진 역사적인 의미를 간략하게 설명한다.

> "당시에는 깨닫지 못했지만 다윈과 멘델은 20세기에 시작된 생명과학의 기초를 닦아놓은 셈이었다. 다윈은 모든 생물이 '단 하나의 공통선조'를 가지고 있기에 서로 연관되어 있다는 사실을 알아냈고, 멘델은 어떻게 그런 일이 가능했는가를 설명할 수 있는 메커니즘을 제시하였다." (412－413쪽)

유럽이 주도한 자연과학의 성취의미

자연과학에 대하여 아는 것이 거의 없다시피 했던 지은이 빌 브라이슨은 꼬박 3년 동안의 발품과 고된 노역을 들여서 『거의 모든 것의 역사』를 집필하였다고 한다. 그런데 서책은 매우 드문 경우를 빼면 유럽과 미국 과학자들의 성취만을 집필대상으로 삼고 있다. 그것은 타 지역 연구자들의 업적이 없어서가 아니라, 현저한 상대적 빈곤함 때문으로 보인다.

문제는 17세기 이후 3세기 동안 유럽이 주도하였고, 20세기 이후에는 유럽과 미국이 공동으로 이끌어왔던 자연과학이 자체의 성과로 머무르지 않았다는 사실에 있다. 주지하듯이 자연과학분야의 성과는 끝없는 기술발전과 혁신으로 연결되었고, 그것은 1970년대 이후 '과학기술혁명'으로 불리면서 인간의 삶을 질적으로 변화시키는 결과를 초래하였던 것이다.

이 점을 생각한다면, 적어도 지난 400여 년 동안 유럽이 주도한 '근대' 혹은 '근대성'의 실체 가운데 하나가 얼굴을 내민다고 말할 수 있겠다. 그도 그럴 것이 근대라는 것은 먹고 사는 문제를 양적으로 해결해주는 '과학기술'과 질적으로 해결해주는 '자유민주주의'와 긴밀하게 연결되어 있기 때문이다. 유럽을 제외한 다른 지역은 이 문제를 결코 주도하지 못했다.

오늘날 미국은 로마제국 이래 가장 강력한 제국으로 세계의 정치와 경제 등 거의 모든 분야를 좌지우지하고 있다. 미국의 막강한 힘은 유럽의 후예로 축적한 과학기술문명의 성과와 유럽식 자유민주주의를 미국식으로 대체하여 얻어낸 것에 기인한다. 따라서 자연과학 영역에서 잇단 성공과 좌절은 신기술과 접목하여 21세기의 새로운 출발을 예비하였던 셈이다.

학문세계의 조작사건

2005년 말과 2006년 초에 대한민국 사회를 떠들썩하게 만든 이른바 '배아 줄기세포 논쟁'은 우리에게 많은 것을 생각하도록 한다. 그것은 과학적 혹은 학문적 진실과 정치·경제적 이해관계 사이의 거리뿐 아니라, 인간과 사회 내지는 국가가 도달해야 마땅한 윤리성과 도덕성까지 깊이 숙고하도록 우리를 인도하였던 것이다. 『거의 모든 것의 역사』에서도 짧지만 과학적 조작사건에 대한 설명이 등장한다.

> "1912년 영국의 필트다운 코먼의 사력층에서 발굴된 유골이 현생인류의 조상일 것이라고 하여 세간의 관심을 모았으나, 조작된 것이었음이 1954년에 밝혀진 사건이 이른바 필트다운 사건이다." (51쪽)

인류의 뼛조각을 찾는 일은 너무도 어렵다. 그것도 완전한 형태로 보존되어 있는 유골을 찾아내는 일은 거의 불가능하다. 그러나 고인류학자나 고생물학자들은 언제나 그런 발굴가능성에 대한 개인적인 유혹에 시달린다고 한다. 반면에 국가적인 목적으로 개인이 사건을 조작한 경우도 있었으니, 그것이 2000년 11월 일본열도를 강타한 후지무라 사건이었다.

현재와 마찬가지로 고대에서도 일본이 아시아의 주도적인 역할을 수행해야 한다고 확신한 '신의 손' 후지무라 신이치가 일본 구석기문화를 70만 년 전으로 끌어올린 미야기현 가미타카모리 유적현장을 완전히 조작한 것으로 드러난 희대의 사기사건이 일어난 것이다. 마이니치신문은 그가 구석기유물을 구덩이에 파묻는 장면을 촬영함으로써 사건전모를 밝힐 수 있었다고 한다.

후지무라 조작사건도 줄기세포 조작사건과 마찬가지로 마이니치 본사 간부에게 날아온 전자우편 제보가 진실구명의 단초였다. 일본 고고학계는 씻기 힘든 상처를 입었고, 세계 고고학계의 신뢰를 회복하기 위한 엄청난 노력이 필요하다는 사실에 이의를 제기하는 사람은 없다. 하지만 진실은 마침내 밝혀지고야 만다는 엄정한 순리는 의연하게 빛을 발하고 있다.

무엇을 할 것인가

『거의 모든 것의 역사』를 읽다보면 우리가 아직도 모르고 있는 자연현상이 숱하게 많다는 사실에 놀라게 된다. 이를테면 1970년대 말까지도 과학자들은 왜 바닷물의 염도가 높아지거나 낮아지는 법이 없이 언제나 일정한가를 알지 못했다고 한다. 19세기 후반기에 걸음마를 시작한 해양학과 지구물리학 분야의 낙후성이 원인이었다. 문제의 해답은 무엇일까.

> "심해분출구에 대한 특수 잠수정 '알빈'의 발견이 해답을 제공해주었다. 지구 물리학자들은 바다 속 분출구들이 어항 속의 필터와 같은 역할을 한다는 사실을 깨달았다. 물이 지각 속으로 스며들 때 소금이 걸러지는 것이다. 결국 바다 속 굴뚝을 통해서 깨끗한 민물이 다시 바다로 흘러 들어가고 있는 셈이다." (295쪽)

이런 문제뿐 아니라, 몸길이 33미터에 몸무게가 179톤에 이르는 흰긴수염고래나 무게가 1톤에 달하고 눈이 축구공만한 자이언트 오징어, 150살까지 사는 바닷물고기 러피, 머리와 꼬리의 온도차가 80도에 이르는 알비넬리드 지렁이 등에 대해서도 알려진 바가 거의 없다. 또한 꾸준한 지구탐사에도 불구하고 12.2 킬로미터를 파들어 간 시추기록이 최고라고 한다.

20세기에 접어들면서 과학자들은 자연의 신비 대부분을 밝혀냈다는 만족감에 젖었다고 저자는 기록한다. 하지만 거시세계에서 미시세계로 접어드는 양자의 시대를 그들은 예측하지 못했다. 오늘도 자연과학을 포함한 학문의 모든 분야는 인간의 끈질긴 연구와 탐사를 기다리고 있다. 작은 만족과 순간의 좌절에 머무르지 말고 줄기차게 앞으로 나아갈 일이다.

덧붙임

이런 책을 읽고 나면 우리는 무엇을 했는가, 하는 문제를 던지지 않을 수 없다. 17세기부터 20세기까지 우리는 무엇을 하고 어떻게 살았는가. 그것이 오늘날 불러온 결과는 어떠한가. 21세기 벽두에 불거져 나온 줄기세포 조작사건은 과연 어떻게 수용해야 할 것인가, 깊은 자괴감마저 느껴진다. 과연 언제까지 질질 끌려 다니면서 남의 뒤통수나 들여다볼 것인가.

세계최초라는 몇 가지 기록에 안주하고 만족하기에는 우리가 도달한 과학기술 방면의 성과와 축적은 매우 미미하다. 오늘날 이공계 기피현상까지 발생하고 있는 현실을 고려하면 앞날이 그렇게 유망해 보이지도 않는다. 과감하고도 꾸준한 투자와 유능한 후속세대육성, 과학자들을 바라보는 사회적 시선의 변화가 너무도 절실한 시점이 아닐 수 없다.

『거의 모든 것의 역사』에는 수많은 수치와 사건과 인물들이 등장한다. 그러다보니 심심찮게 오류들이 발견된다. 한 가지 예를 든다. 인간의 뇌세포에 대하여 저자는 이렇게 쓴다.

"뇌세포는 평생을 함께 한다. 출생할 때 1,000억 개 정도의 뇌세포가 만들어지면 그것이 전부다. 그리고 매시간 500개 정도가 죽는 것으로 추정되기 때문에 심각한 고민을 하려면 시간을 낭비하지 말아야 한다. 그러나 간세포와 마찬가지로 뇌세포의 경우에도 구성성분들은 대략 한 달 만에 완전히 새로운 것으로 바뀌게 된다." (393쪽)

하루는 24시간이므로 하루에 죽는 뇌세포는 1만 2천 개. 1년은 365일이므로 1년에 죽는 뇌세포는 438만 개. 인간이 80년을 산다고 가정하면 평생 죽어나가는 뇌세포는 3억 5천 4십만 개. 이것은 전체 뇌세포 1,000억 개의 0.35%에 불과하다. 더욱이 뇌세포 구성성분이 매달 새롭게 교체되기 때문에 심각한 고민을 아무리 많이 해도 나쁠 것 같지는 않다.

『거의 모든 것의 역사』 | 빌 브라이슨 지음, 이덕환 옮김 | 까치글방 | 2004.

2. 지리학자가 경고하는 생태와 환경의 재앙

『문명의 붕괴』

글을 시작하면서: 프롤로그와 구성

캘리포니아 대학교 지리학교수인 재레드 다이아몬드는 1998년 『총, 균, 쇠 *Guns, Germs and Steel*』로 퓰리처상을 받은 인물이다. 최근작 『문명의 붕괴(원제 *Collapse*)』는 2004년 출간되어 환경파괴와 전쟁 등으로 인한 현대사회의 위기에 경종을 울리고 있다. 30쪽에 이르는 짧지 않은 프롤로그에서 저자는 한 사회가 붕괴하는 다섯 가지 요인을 제시한다.

그것은 '환경훼손', '기후변화', '적대적인 이웃', '우호적인 이웃의 지원중단 혹은 지원감소' 그리고 '사회문제에 대한 주민들의 반응'이다. 서책 『문명의 붕괴』는 이런 다섯 가지 요인에 기초하여 지금까지 지구 곳곳에서 생성·소멸하였던 여러 사회의 문명을 고찰·분석한다. 나아가 막강한 세계화의 추세를 경험하는 21세기 지구촌의 생존전략을 알려준다.

다이아몬드의 신작은 800쪽에 달하는 방대한 분량의 역작이다. 서책은 4부로 구성되어 있으며, 프롤로그와 에필로그에 해당하는 '감사의 말'과 '참고문헌' 등이 몸체를 뒷받침한다. 저자는 미국인들이 익숙한 몬태나의 현실에서 출발하여, 붕괴된 과거사회를 천착한다. 그것에 바탕을 두고 그는 위기에 처한 현대사회를 조명하고, 미래를 위한 교훈을 설파한다.

과거의 교훈: 어떤 사회가 붕괴하였는가

『문명의 붕괴』에서 저자가 제시하는 정보는 다양하며 풍부하다. 그는 선사시대부터 현대까지, 중앙아메리카의 마야에서 시작하여 호주와 아시아의 일본과 중국을 거쳐 '비옥한 초승달' 지역을 넘어 아프리카의 르완다와 북유럽의 아이슬란드와 그린란드까지 두루 섭렵한다. 길고도 광대한 지역과 시기를 천착한 이유를 저자는 매우 명징하게 밝히고 있다.

> "역사상 처음으로 우리는 세계의 붕괴가능성에 직면하고 있다. 그러나 우리는 세계 어딘가에서 이룩한 성과에서 빠르게 배울 수 있고, 과거사회가 겪은 성공과 실패에서도 교훈을 얻을 수 있다는 장점을 누리고 있다. 바로 이런 이유에서, 다시 말하면 과거에서 배우기 위해 나는 이 책을 썼다." (41쪽)

다이아몬드는 붕괴한 과거사회의 본보기로 아주 작은 섬들, 예컨대 남태평양의 이스터 섬과 핏케언 섬, 뉴멕시코의 아나사지 문명 등을 살핀다. 반면에 그는 마야와 같은 대규모 사회와 문자기록이 충실하게 남아 있는 노르웨이령 그린란드를 고찰한다. 무너진 사회뿐 아니라, 아이슬란드나 뉴기니 및 도쿠가와 시대의 일본처럼 성공한 사회도 다루고 있다.

저자가 도달하는 붕괴의 원인분석은 사회마다 다르게 나타난다. 붕괴원인은 단 하나에 국한되어 있는 것이 아니라, 서로 복합적인 상승작용을 함으로써 상황을 더욱 악화시킨 것으로 드러난다. 이스터 섬과 마야, 타코피아 등에서는 환경과 인구문제가 내란과 전쟁의 형태로 나타났다고 그는 말한다. 아나사지 문명붕괴의 교훈에 대한 지적은 음미할 만하다.

> "인간이 환경에 미친 영향과 기후변화가 교차될 때, 환경과 인구문제가 전쟁으로 발전할 때, 복잡한 인간사회가 자급자족을 할 수 없어 수입과 수출에 의존할 수밖에 없을 때, 그리고 인구와 힘에서 사회가 절정에 이른 후 급속히 몰락할 때 어떤 현상이 일어나는지를 잘 보여주는 사례가 아나사지 문명이다." (196-197쪽)

가치관과 사고방식의 변화: 붕괴를 막는 하나의 방법

저자 스스로 지적하고 있는 것처럼 그는 환경 결정론자가 아니다. 오히려 그는 환경훼손을 예방하면서 환경 친화적으로 자원을 개발하고 채취하는 기업과 협회들의 성공사례까지 수록하고 있다. 이것에 근거하여 다이아몬드는 대중의 인식변화와 최소한도의 행동을 요구한다. 흥미로운 사실은 인간의 사고방식이 붕괴와 밀접한 연관을 맺고 있다는 점이다. 노르웨이령 그린란드가 몰락한 원인을 『문명의 붕괴』 저자에게서 들어보자.

> "만일 그들이 (그린란드에 정착한 유럽인들이) 생물학적인 생존만큼 사회적 생존에도 관심을 기울였다면 교회에 투자하는 시간과 자원을 줄였을 것이고, 이누이트족을 모방하거나 그들과 결혼했을 것이다. 요컨대 유럽인보다 더 유럽인처럼 처신한 까닭에 그들 생존에 도움이 되었을 생활방식의 파격적인 변화를 거부할 수밖에 없었던 것이다." (347쪽)

그린란드로 이주한 사람들은 자신들의 정체성을 유럽에 두었다. 시간이 흘러갔지만 그들의 사고방식은 확고부동했으며, 결과적으로 그들은 경쟁관계에 있던 이누이트족에게서 아무것도 배우지 않았다. 소중화(小中華)를 자랑스레 표방하면서 끝없이 중국을 모방하려 했던 조선시대 사대부계층과 권력집단이 떠오르지 않는가. 그 결과는 무엇이었는가?!

불과 27년 전에 백호주의를 포기한 호주의 늦었지만 의미 있는 변화를 지적하면서 서책의 저자 다이아몬드는 가치관의 변화, 즉 사고방식의 전환을 넌지시 피력한다.

> "반드시 종교가 아니더라도 더 이상 유효하지 않은 상황임에도 불구하고 사람들이 집요하게 매달리는 세속적인 가치의 본보기는 수없이 찾을 수 있다. 한 사회가 성공하느냐 실패하느냐는 시간이 흘러감에 따라 어떤 가치관을 고수할 것인지, 어떤 가치관을 버리고 새로운 가치관으로 대체할 것인지 현명하게 판단하는데 있는 듯하다." (591 – 593쪽)

현대사회와 환경: 세계화와 관련하여

『문명의 붕괴』에서 저자는 현대사회가 시급하게 해결해야 할 열두 가지 환경문제를 제시한다. 그것은 삼림, 수산자원, 야생생물종과 개체군 및 유전적 다양성, 농경지로 인한 토양 침식, 석유나 석탄 같은 주요 화석연료 에너지원, 청정한 민물, 햇빛에너지, 공해배출 화학물질, 각종 외래종의 유입, 지구온난화, 인구증가, 인구증가로 인한 영향 등이다. 우리는 얼마나 많은 환경문제와 맞닥뜨리고 있는가. 특히 선진국 문턱에 서 있는 우리로서는 저자가 지적하는 제1세계 문제를 강 건너 불로만 여길 수 없는 형편이다.

> "1인당 환경훼손, 즉 소비하는 자원의 양과 배출되는 쓰레기양은 나라별로 천차만별이겠지만, 대체로 제1세계가 높고 제3세계는 낮은 편이다. 1인당 화석연료를 비롯한 자원소비량과 쓰레기 배출량을 평균적으로 계산하면 미국, 서유럽 및 일본주민들이 제3세계 주민들보다 양자 모두에서 32배가량 높다." (678쪽)

오늘날 이른바 '세계화'의 급속한 진행으로 인하여 야기되는 심각한 환경과 사회문제에 대한 다이아몬드의 지적은 통렬하기까지 하다.

> "세계화는 한층 개선된 범세계적인 의사소통을 뜻할 뿐이다. 달리 말하면 모든 것을 쌍방향으로 주고받는 세계를 뜻하는 것이다. 그리하여 환경훼손과 인구과밀로 허덕이는 나라들의 문제가 세계화 덕분에 우리 자신의 문제가 되었다. 오늘날에는 모든 사회가 밀접하게 연결되어 있기에 우리의 위기가 곧 세계의 위기인 것이다." (710 - 712쪽)

글을 맺으면서: 무엇을 할 것인가

소리도 없이 홀로 붕괴해갔던 이스터 섬이나 아나사지 혹은 마야왕국처럼 다른 지역에 영향을 주지 않고 사라지는 문명이나 국가는 이제 존재하지 않는다. 아프가니스탄이나 이라크 문제는 더 이상 남의 나라 문제만이 아닌 것이다. 제1세계로 유입되는 제3세계 출신자들의 양과 속도에는 가속페달이 달려 있다. 국경 없는 노동자들의 행렬은 끝이 없다.

우리를 둘러싼 여러 가지 문제, 그 가운데서도 환경문제를 해결하는 데에는 개인의 가치관과 의식, 사회와 국가의 정치적 결단과 의지가 절실하게 필요하다고 저자는 말한다.

> "자식을 위하여 모든 것을 쏟아 부으면서도 자식세대가 앞으로 50년을 살아가야 할 세계를 훼손한다는 것은 비상식적인 행위가 아닐 수 없다. 새로운 과학기술이 당면문제 해결에 도움을 줄 수 있겠지만, 더 중요한 것은 정치적 의지다. 해결책은 지금도 있다. 정작 필요한 것은 해결책을 적용하려는 정치적 의지다." (704 - 717쪽)

날마다 우리가 소모하고 있는 자원과 에너지를 돌아보면서 어느 선까지 소비가치와 생활수준을 양보할 수 있을 것인지 저자는 우리에게 묻는다. 그와 같은 근본적인 자세와 입장변화를 염두에 두고 우리가 전 지구적인 차원에서 환경문제를 풀어가려고 노력할 때에만 언제 들이닥칠지 모를 미래의 엄청난 재앙을 대비할 수 있을 것이다.

『문명의 붕괴 *Collapse*』, 과거의 위대했던 문명은 왜 붕괴했는가 | 재레드 다이아몬드 지음, 강주헌 옮김 | 김영사 | 2005.

3. 물이 우리 모두를 구하리라!

『물의 치유력』

물에 대하여

"나를 물로 보지 마!"라든가 "돈을 물처럼 쓴다" 내지는 "열 길 물속은 알아도 한 길 사람 속은 모른다" 등은 우리가 흔히 쓰는 관용적인 표현이다. 여기서 공통적으로 사용된 단어는 물이다. 물은 허약한 것, 값싼 것 그리고 속이 빤히 들여다보이는 것으로 나타나 있다. 요약하면 물은 우리 주변 어디서든지 쉽게 찾을 수 있고 가치가 떨어지는 것으로 표상된다.

하지만 조금만 생각해보면 사정은 전혀 달라진다. 인간은 보름 정도 굶어도 살아남을 수 있지만, 물 없이는 며칠도 견디기 어렵다. 태양이 이글거리는 사막에서 실종된 탐사대나 대양 한가운데서 표류하는 난파선을 연상하면 된다. 너무 흔해서 당연한 것으로 여겨지는 물이기에 우리는 물에 대해 거의 이해하지 못하거나 이해하려고 노력하지도 않는다.

『물의 치유력』을 지은 찰리 라이리는 물이 생명의 본질이라 주장하면서 논거를 제시한다.

> "우리 몸은 상당 부분 물로 이루어져 있으며, 물은 체내의 모든 물리 화학적 변화를 위한 통로다. 신생아는 약 97%가 물이고, 건강한 성인은 약 75%가 물이며, 대개는 나이를 먹어감에 따라 탈수되어 약 65%가 물이 된다. 인간 뇌의 약 75%가 물이고, 뼈의 22%가 물이며, 심지어는 치아 상아질의 약 2%도 물이다." (88쪽)

그런데 물은 기체, 액체 그리고 고체 상태로 존재할 수 있는 매우 드문 존재다. 하늘을 떠도는 구름이나 안개 혹은 수증기의 형태로, 메마른 대지를 적시는 빗줄기나 분노하여 역류하는 황토 색깔 강물의 형태로, 혹은 남극의 빙하나 빙산과 같은 형태로 물은 존재하는 것이다. 조용필의 절창 "킬리만자로의 표범"에 등장하는 만년설이나 설산의 눈은 또 어떤가!

물은 특정한 형태나 색깔을 가지고 있지 않다. 물은 그것을 담는 그릇의 형태와 색깔과 향기를 온전하게 보존한다. 물은 그 자신을 강력하게 주장하지 않으며, 그것을 감싸고자 하는 것들의 욕망에 순순히 복종한다. 그러면서도 물은 본래 그것이 지니고 있던 자체의 성질을 결코 잃어버리는 법이 없다. 따라서 물은 부드러움과 강함을 동시에 지니고 있는 존재다.

> "액체상태의 물은 역동적이고 무질서하며 언제나 곡선운동과 나선운동을 한다. 물 분자들은 지속적인 혼돈 속에서 서로에게 압력을 가하여 쉽게 해체되거나 주변 분자들과 재배열된다. 항상 변화하는 유동성에도 불구하고 물 구조는 어마어마하게 견고하다." (55쪽)

인간은 어떻게 물을 버렸는가

세계 4대문명은 모두 강가에서 발원했다. 범람하는 강물과 그것이 가져온 비옥한 평야가 인간의 농경생활을 가능하게 했고, 풍요로운 생산력에 기초하여 문명이 비약적으로 발전했다는 것이 정설이다. 따라서 물은 고대로부터 인간의 끊임없는 관심과 존중의 대상이었다. 이것의 가장 오랜 형식 가운데 하나를 우리는 오늘도 갠지스 강에서 만나고 있다.

지은이는 합리적 이성 혹은 과학으로 대변되는 16세기 이후 유럽사회가 인간과 물의 관계와 같은 영적인 면모들을 단절시켰다고 생각한다.

> "서양사회는 종교와 과학을 분리하려는 욕구가 축적된 이른바 '이성의 시대'가 시작된 16·7세기에 근본적인 변화를 겪었다. 그때부터 경험주의적 합리성이 목표가 되었고, 신화의 모든 흔적이 제거되기 시작했다. 그 이전에 서양인들은 종교와 영적인 믿음이 일상생활에 통합된 일부분이라는 것을 받아들였다. 신비는 당연히 생명의 일부분이었다." (32쪽)

이런 사태진전은 합리적이고 과학적인 방법으로 이해할 수 없는 모든 것과 인간이 작별하는 결과를 초래했다. 유럽에서 급속도로 진행된 과학 기술문명의 진척이 4세기 이상 진행되고, 그것이 세계적인 양상으로 확산되면서 이런 면은 훨씬 강화되었다. 물에 대한 인간의 이해도 세분화 과정을 거치면서 개별화되는 양상으로 전화되어 문제를 불러왔다.

> "물은 근본적으로 전체성의 물질이며, 순환하는 물의 각 국면은 다른 국면을 반영한다. 물은 전체의 일부분이며, 언제나 전체로 돌아갈 방법을 찾는다. 물리학, 화학, 생물학, 지질학 등으로 물의 여러 양상을 분리하여 관찰해서는 물의 흐름을 이해할 수 없다. 하나의 양상은 다른 양상에 영향을 끼치고 서로 연관되어 있기 때문이다. 물을 나누어서 이해하는 것은 전체 그림에 대한 생각 없이 개별적인 이미지들을 모아놓은 것에 지나지 않는다." (21쪽)

우리는 지금도 하나의 통일된 전체상을 가지고 물을 이해하지 못한다. 왜냐하면 우리는 각각의 분리된 지식과 경험, 개별화된 문화와 종교의 틀 속에서 물을 이해하기 때문이다. 그러므로 노자가 '상선약수 上善若水(최고선은 물과 같다)'라는 함축적인 표현으로 도와 물의 관계를 논하면서 물에서 취한 최고선의 비유를 우리는 온전하게 이해하지 못하는 것이다.

한 걸음 더 나아가 우리는 물에 담겨진 신비하고도 중요한 본질을 헤아리지 못한 채 나날의 일상을 영위하고 있다. 서책의 지은이는 이 점을 통렬하게 지적한다.

> "지구의 70%는 물에 덮여있다. 우리는 물에서 태어났으며, 모든 생명은 물에 의존하고 있다. 우리는 물의 행성에 사는 물의 생물이다. 물은 모든 생명을 양육하는 신비한 생물체다. 물은 물리적 원소들과 미세한 에너지를 연결하고 전달하며 포획하는 능력을 가지고 있으며, 육체적 차원과 정신적 차원에서 작용한다." (13－24쪽)

물의 효용을 생각한다

『물의 치유력』에서 지은이 찰리 라이리는 어떤 물을 어떻게 마시고 어떻게 목욕을 함으로써 현대인이 건강을 회복할 수 있는지 구체적으로 설명한다. 서책의 거의 절반 가까운 분량이 물의 효용과 결부되어 있는 셈이다. 아프거나 피곤할 때 혹은 기운이 없을 때 이런저런 생각하지 말고 그냥 물을 마시라고 지은이는 우리에게 권고한다. 그의 주장을 들어보자.

> "물은 우리에게 언제나 필요한 유일한 약일지 모른다. 질병의 원인 가운데 하나는 탈수다. 물을 충분히 마시지 않으면 신체와 뇌에 해를 끼치게 되며, 신체작용이 효과적으로 기능하지 못하여 여러 질병 뿐 아니라, 스트레스와 우울증으로 고생하게 된다. 아침에 일어나자마자, 잠자리에 들기 전, 식사 30분 전, 그리고 끼니 사이에 물을 마시는 것이 좋다." (131쪽)

물을 마심으로써 우리가 고칠 수 있는 흔한 질병의 예를 들어보면 다음과 같다. 관절염, 천식, 요통, 변비, 과민성 대장 증후군, 두통, 소화불량과 가슴앓이, 고혈압과 심장질환, 생리질환, 입덧, 스트레스. 지은이는 여기서 멈추지 않는다. 살을 빼고 콜레스테롤 수치를 떨어뜨리려면 음식에 신경 쓰기보다는 하루에 8－12잔의 물을 마시라고 권고하기도 하는 것이다.

그렇다고 아무 물이나 닥치는대로 마시면 안 된다. 지은이는 건강한 물을 만들어내는 여러 가지 방법을 제시한다. 우리가 쉽게 접할 수 있는 것도 있고, 더러는 까다로운 방식도 있다. 요즘 우리가 흔히 사 먹는 생수의 문제점까지 자상하게 알려주고 있어서 유익하기 이를 데 없다. 마지막 장에서 그는 목욕의 역사에 대하여 일별하면서 목욕의 효능을 일깨운다.

> "아랍세계의 모든 마을이 4세기부터 함맘(hammam) 또는 터키식 목욕탕을 자랑으로 삼은 반면 유럽에서는 목욕풍습이 로마제국과 더불어 사라졌다가 14세기가 되어서야 다시 등장했다. 게다가 그 시기 목욕은 옛날의 감각적이고 영적인 일이 아니라, 무엇보다도 세속적이고 기능적인 활동에 불과했던 것이다." (142-143쪽)

고대 중국과 인도, 이집트와 그리스의 히포크라테스가 주창했던 목욕의 효용을 설파하면서 지은이는 로마시대의 목욕에서 건강, 운동, 도덕적인 힘에 대한 믿음까지 포착한다. (여기서 우리는 하나의 대상을 놓고 다르게 바라보는 시각차를 느끼지 않을 수 없다. 목욕탕 때문에 로마가 망했다는 사람과 로마와 더불어 사멸한 목욕문화를 안타까워하는 사람의 차이.)

만일 당신이 목욕을 하기에 충분한 시간적 정신적 여유가 없는 사람이라면 간단한 샤워로 새로운 생명력을 얻어낼 수 있다고 지은이는 말한다. 여기서 그의 핵심어는 음이온이다.

> "하루를 시작하는 바람직한 방법은 샤워로 생명력을 재충전하는 것이다. 움직이는 물속에 있는 음이온이 생명력을 느끼게 만든다. 파도가 부서지는 바닷가나 폭포 옆을 걷고 난 다음에 우리가 생기를 되찾는 이유도 음이온에 있다. 인공적인 폭포나 샤워도 생명력과 정신적인 웰빙을 되찾는데 도움이 된다." (166쪽)

조금 깊은 골짜기에 들어가면 여기저기서 물 흐르는 소리를 들을 수 있다. 만일 수량이 풍부한 폭포라면 그냥 지나치지 말고 그 옆으로 가까이 다가가라고 지은이는 권한다. 맑은 물줄기가 파열하면서 생겨나는 물보라가 만들어내는 음이온이 당신의 지친 영혼과 육신에 강력한 활력을 불어넣어주기 때문이다. 부서지는 물을 바라보며 휴식하라는 것이다.

서책 『물의 치유력』은 물에 담겨 있는 동서양의 풍부한 역사적이고 신화적이며 종교적인 면모를 보여준다. 그렇다고 지은이가 과학적이고 논리적인 면을 간과하는 것은 결코 아니다. 다만 그는 우리가 오랜 세월 망각했거나 관습적으로 등한시했던 물에 대한 다른 시각을 제시함으로써 보다 건강하고 풍요로운 삶의 가능성을 시사하고 있는 것이다.

덧붙임

노자 『도덕경』에 나오는 도와 물과 현자의 관계에 대한 이야기가 흥미로워 아래에 옮겨본다.

"현자의 길, 즉 도는 물의 길이다. 생명이 존재하려면 물이 있어야 하며, 물은 어디든지 흐를 수 있다. 물은 도에 이르는 진리이며, 진리를 얻는 것은 물이 되는 것이다. 도의 길에 들어선 사람들은 물이 그러하듯이 자아를 찾을 수 있는 곳을 찾아야 한다. 그곳은 대개 물이 흘러가는 가장 낮은 곳이자 올바른 곳이다. 호수가 그러하듯이 그 아래 심연을 간직한 가슴도 평온하고 고요해야 한다. 현자는 측은히 여기는 마음으로 다스리며, 그의 말은 믿을 수 있어야 한다. 현자는 가로막히면 돌아가는 법을 알고, 물이 그러하듯 돌아 흘러가는 법과 지나가는 법을 안다. 물이 그러하듯 현자는 일어나서 의로워질 순간을 기다려야 한다. 물은 결코 다투지 않는다. 물은 해를 끼치지 않고 돌아 흐른다." (51쪽)

가장 낮은 곳을 흐르되, 인간이 도달할 수 없는 지극히 높은 곳에 자리하는 물. 생명의 근원이자 온갖 오욕을 정화하는 존재인 물. 시샘이나 질투 혹은 쟁투를 하지 않으면서도 꾸준히 나아가는 물. 장애물을 만나면 그것을 극복할 때까지 인내심을 가지고 기다릴 줄 아는 물. 자신의 깊은 내면의 모습을 결코 쉽게 드러내지 않으면서도 유유자적한 양상을 보이는 물. 자유자재로 자신의 외관을 바꾸며 표표하게 떠도는 물. 참으로 겸손하되 도도하기 이를 데 없는 물. 나 그대를 찬미하노라!

『물의 치유력』| 찰리 라이리 지음, 이충섭 옮김 | 생각의 나무 | 2006.

4. 아직도 숫자와 통계를 외면하는 당신에게

『세계를 삼킨 숫자 이야기』

글을 시작하면서 : 현대인과 숫자

현대사회에서 숫자는 생활필수품으로 생각할 만하다. 그도 그럴 것이 숫자를 빼놓고 현대생활에서 가능한 일은 거의 없기 때문이다. 아침에 눈을 떠서 여러분이 출근하거나 등교하는 상황을 떠올려보시라. 얼마나 많은 숫자가 거기 개입되어 있는지 잠시 헤아려 보자.

당신은 아침에 몇 시에 일어났는가. 휴대전화나 시계를 들여다보는 당신에게 시간이 무표정하게 숫자를 가리키고 있다. 출근시간까지 남은 시간은 얼마인가. 당신은 생각에 잠긴다. 샤워나 머리감기에 얼마나 시간을 허여할 것이며, 얼마 동안 식사할 수 있는가. 우유 유통기간은 아직 유효한가. 스타킹을 신고 넥타이를 매면서도 눈길은 시계바늘을 향하고 있다.

휴대전화 소리가 울리면서 낯선 번호가 찍혀 있다. 서너 번 종소리를 듣다가 전화를 받는다. 아침뉴스를 방영하는 텔레비전에도 숫자가 빼곡하다. 현재시각이 화면에 나와 있고, 각 지역의 최저기온과 최고기온, 예상 강수량과 파도 높이까지 숫자로 표현된다. 각종 운동경기 결과와 기록이 수치로 정량화되어 있다. 숫자로부터 탈주하는 일은 불가능하다.

저자 코언과 저작의 구성에 대하여

『세계를 삼킨 숫자 이야기』는 17세기 이후 유럽과 미국에서 주요한 분석대상이 된 통계와 숫자를 다루고 있다. '숫자와 통계에 둘러싸인 현대인의 생활백서'라는 부제가 저작의 핵심을 극명하게 지적한다. 코언은 과학사를 하나의 학문분과로 자리매김하는데 매우 중요한 역할을 담당하였으며 뉴턴의 『프린키피아』를 새로 번역한 인물이기도 하다.

옮긴이는 코언과 저작에 대하여 이렇게 말한다.

> "코언은 19세에 하버드 대학에 입학한 이후 70세에 정년을 맞이할 때까지 50년을 하버드에서 보냈다. 그는 뉴턴 전문가였으며, 과학혁명기의 물리학과 프랭클린이나 제퍼슨 등의 과학업적에 대한 20권 가량의 책을 남겼다. 아인슈타인의 마지막 인터뷰를 맡았으며, 사망 2주 전인 2003년 6월 탈고한 책이 『세계를 삼킨 숫자 이야기』다." (228-229쪽)

모두 아홉 개의 장으로 이루어진 서책은 크게 두 부분으로 나누어 살필 수 있다. 첫 번째 장 '수의 세계'에서 다섯 번째 장인 '숫자의 새로운 활용법'까지는 우리를 둘러싼 여러 형태의 숫자들에 대한 재미난 이야기를 다룬다. 여섯 번째 장인 '통계의 범람'부터 마지막 장인 '플로렌스 나이팅게일'까지는 통계를 둘러싼 찬반양론이 주요내용이다.

통계사상가 케틀레이, 통계로 세상을 말하다

'평균적인' 남자나 여자라는 존재를 최초로 떠올린 인물이자 '통계혁명의 주동자' 혹은 '19세기 최고의 규칙성 판매자'라 불리는 아돌프 케틀레이는 다재다능한 인간이었다. 시와 희곡을 쓰고, 오페라를 창작하였으며, 화가로도 나름대로 재능을 보인 그는 숫자와 통계를 통해 인간의 행동과 사회를 통찰하고 이해할 수 있다는 확신에 도달하였다고 한다.

케틀레이가 발견한 것 가운데 가장 놀랍고 흥미로운 사실은 범죄의 규칙성이다. 프랑스 법무부가 매년 발간한 보고서를 바탕으로 그는 범죄분석 작업을 수행하였는데, 범죄에 관한 특정한 숫자들이 해마다 반복된다는 충격적인 사실을 알아냈던 것이다. 전체피고인의 수, 대물범죄와 대인범죄의 상호비율이 해마다 변함없이 동일하였다고 전해진다.

> "한 해가 끝날 때 우리는 다음 해에도 똑같은 범죄가 똑같은 순서대로 벌어질 것이며, 똑같은 처벌이 똑같은 비율로 이루어지리라는 슬픈 전망을 할 수 있다. 우리는 얼마나 많은 개인이 친구의 피로 제 손을 물들일 것인지, 얼마나 많은 위조자와 독살가가 등장할 것인지 미리 계산할 수 있으며, 이것은 마치 내년 출생률과 사망률을 미리 계산하는 것과 마찬가지다." (158 – 159쪽)

이런 근거에 힘입어 케틀레이는 "사회가 범죄를 예비하니 죄지은 자는 도구일 따름이다"는 결정론적인 명언을 남기기에 이른다. 코언은 1853년 세계 최초의 통계대회를 개최하는데 가장 큰 역할을 한 케틀레이의 영향력을 찰스 다윈, 칼 마르크스, 지그문트 프로이트 같은 수준까지는 아니더라도 인간의 사고방식을 크게 바꾸는데 기여했다고 확신한다.

토머스 칼라일과 찰스 디킨스, 통계에 반기를 들다

통계가 인간성을 빼앗고 있다는 신념을 가지고 있던 칼라일은 공식통계가 사람들의 실상을 왜곡하며, 정부는 개혁을 저지하려고 통계를 사용할 따름이라고 생각하였다.

> "표라는 것은 거미줄과 같다. 아름답게 짜여 있어서 바라보면 질서에 눈은 즐겁지만 거기에는 아무런 결론도 없다. 표는 추상일 뿐이다."

19세기 영국을 대표하는 인문학자이자 역사가인 칼라일은 여기서 한걸음 더 나아가 숫자에 대한 불신을 노골적으로 드러낸다.

> "노동자가 품고 있는 감정, 자기가 공정한 대우를 받고 있는지 여부에 대한 의구심을 숫자나 산수가 어떻게 표현할 수 있겠는가? 노동자의 신중한 평정심, 검소함, 넉넉함은 물론이려니와 그의 쓰라린 불안감, 무모함, 술에 대한 의존심, 점차적인 타락을 어떻게 숫자가 표현하겠는가?" (180쪽)

칼라일의 생각에서 커다란 영향을 받은 장편소설 『위대한 유산』의 작가 디킨스 역시 통계를 극력 반대하였다. 도시빈민과 노동자의 처지를 개선하는 사회적 입법을 반대하는 근거로 정치지도자나 정부가 제시하는 것이 통계이며, 본질적으로 통계는 인간의 특질을 비인간적인 숫자의 나열로 환원함으로써 인간성을 말살한다는 것이 그가 통계를 반대하는 논거였다.

디킨스는 그와 같은 생각을 소설로 펴냈는데 그것이 소설 『어려운 시절 *Hard Times*』이다. 냉혹하고 쓰디쓴 이 작품은 노동자를 억압하고 개인성을 말살하는 사회·경제체제에 대한 통렬한 비난과 공격을 담고 있다. 그것과 더불어 유익한 교훈까지 소설은 담고 있다.

> "작품의 주인공 그래드그라인드가 지켜온 체계, 즉 사실만을 믿고 의지하는 체계는 혼란에 빠지게 된다. 그는 좋은 삶을 위해서는 숫자의 규칙 이상이 필요하다는 사실을, 두뇌의 법칙은 가슴의 법칙으로 보완될 필요가 있다는 사실을 깨닫는다." (193쪽)

글을 마치면서

서책『세계를 삼킨 숫자 이야기』에는 흥미진진한 내용이 넘쳐난다. 그것은 코언의 박식하고 폭넓은 교양과 유려한 문체에 힘입은 바 크다. 저자는 17세기 이후 유럽에서 시작된 과학혁명과 숫자가 어떻게 연관되었는지를 논증하기도 하지만, 숫자에 몰두한 과학자들의 숨겨진 이야기도 들려준다. 예컨대 제3장 '수비학과 신비주의 철학'이 그렇다.

우리가 흔히 '백의의 천사'라고 부르는 나이팅게일이 어떻게 통계를 통하여 군대의 위생개선과 질병퇴치를 위하여 헌신했는지에 관한 마지막 장도 매우 신선하게 다가온다. 크림전쟁의 경험을 바탕으로 그녀는 1858년에 영국군대의 보건상태에 대한 보고서를 제출함으로써 영국군의 비위생적인 상황을 극적으로 반전시키는데 결정적으로 기여하였다.

사물에는 양면성이 존재한다. 빛과 그림자처럼 선과 악이 공존하며, 장점이 있으면 단점도 있기 마련이다. 통계나 수치에 드리워진 어둡고 음습한 면모도 존재하지만, 그것이 명징하게 드러내 보이는 의미심장한 측면도 분명히 존재한다. 전쟁으로 인한 민간인 사망자 수나 부상자 수, 전쟁고아들의 실태조사 등은 모두 통계수치로 표현될 수 있는 것이다.

“세상에는 세 종류의 거짓말이 있는데 그것은 거짓말, 지독한 거짓말 그리고 통계다”라고 마크 트웨인은 너스레를 떨었다고 한다. 양면의 칼날처럼 유용하기도 하고 위험하기도 한 통계와 숫자를 효율적이고 과학적인 정책과 비판적이고 합리적인 사고에 원용할 수 있다면 얼마나 풍요롭고 넉넉한 현대와 미래사회가 도래하겠는가!

『세계를 삼킨 숫자 이야기』 | I. 코언 지음, 김명남 옮김 | 생각의 나무 | 2005.

5. 식물도 동물처럼 화를 낸다니까요

『식물의 역사와 신화』

글을 시작하면서

자크 브로스의 『식물의 역사와 신화 *La Magie des Plantes*』는 흥미로운 정보와 지식으로 가득 차 있다. 서책은 '식물의 마술'과 '마술식물' 두 부분으로 이루어져 있다. 총론에 해당하는 '식물의 마술'에서 지은이는 태초의 식물에서 시작하여 현재에 이르는 과정을 기술한다. 거기서 그는 영역을 제한하지 않고 인간문명과 식물을 결합함으로써 시야를 확장한다.

두 번째 부분인 '마술식물'에서 브로스는 모두 마흔 가지 식물을 독자에게 선보인다. 우리에게 친숙한 백합이나 연꽃, 인삼과 갈대, 차와 커피도 있으며, 정향이나 서던우드, 벨라돈나 풀과 디기탈리스, 페요테 선인장과 마편초처럼 매우 생소한 식물도 소개된다. 하지만 길지 않은 각론에서도 그는 신화적이고 생태학적이며 역사적인 관점을 잠시도 놓치지 않는다.

동식물의 공통점을 찾아서

동물과 식물을 대비하면서 지은이는 상당히 재미있는 이론을 제시한다.

> "동물이 등장한 것은 아마도 식물의 번식을 제어하기 위하여 식물을 먹어치울 존재가 필요했기 때문이었을 수도 있다." (19쪽)

식물은 동물의 이런 공세에 맞서 자신을 보호하고 종족을 번식하는 여러 경로를 개척해나간다. 이를테면, 가시로 온몸을 덮는 식물이나, 독을 내뿜는 식물, 나아가 곤충과 같은 작은 동물을 섭생하는 식충식물에 이르기까지 식물의 저항과 반격도 만만치 않은 것이었다. 그런데 무엇보다 우리의 관심을 끄는 대목은 동물과 식물에 내재된 공통점이다. 두 가지만 생각해보자.

> "얼핏 보기에 평행선처럼 진행되는 두 부류의 진화, 즉 식물과 동물의 진화 사이에는 아무런 공통점도 없어 보인다. 하지만 조금만 주의 깊게 들여다보면 한 가지 아주 의미심장한 공통점을 찾을 수 있다. 식물의 씨와 동물의 알이 지니는 기능적 유사성이 바로 그것인데, 이로 인하여 식물은 물을 근거로 하는 환경에서 벗어나 도약할 수 있었다." (30쪽)

대척적인 생존방식을 보여주는 생명체로서 동물과 식물 모두에게 적용되는 알과 씨는 새로운 생명체를 탄생시키는 요람과 같은 구실을 하는 것이다. 그리하여 파충류는 알을 낳기 위하여 더 이상 습지로 돌아가지 않았고, 식물의 지배세력은 겉씨식물에서 속씨식물로 빠르게 전화되었다. 오늘날 500여

종만 남은 겉씨식물과 20만 종이 넘는 속씨식물을 고려하라!

> "식물은 끓는 물에 새우를 집어넣을 때나 붉은 피가 보일 때 반응했다. 식물은 감정을 느낄 뿐 아니라, 감정을 기억하기까지 한다. 학자들은 식물에게도 기억능력이 있으며, 식물세포와 인간 신경체계 사이에는 정보를 전달해주는 전달자로서 특별한 관련이 있다고 발표했다. 식물이 보이는 반응은 가정에서 키우는 애완동물의 반응과 다르지 않다." (168－174쪽)

이런 정보를 대할 때 우리는 어떻게 대응할 것인가. 흥겨운 음악이나 고전음악을 틀어주면 곡물의 수확량이 증가한다는 보고가 있었다. 그런데 거기서 훨씬 나아가 식물이 감정을 느끼고 그것을 기억한다니, 참으로 놀라운 일이 아닐 수 없다. 개와 고양이처럼 화초가 반응을 보인다면 당신은 어떻게 베란다의 화분을 대할지, 곰곰 생각해보시기 바란다.

식물의 생존: 각박한 투쟁과 조화로운 상생

거의 모든 식물은 한 자리에서 붙박이로 살아간다. 그러므로 이동성에 기초한 동물과는 달리 식물 사이의 투쟁을 우리 육안으로 확인하기란 거의 불가능에 가깝다. 자크 브로스는 인간의 눈으로는 확인하기 어려운 식물들의 그런 치열한 각축과 생존경쟁을 말한다.

> "식물계에서는 굉장한 공격이나 추격전, 격렬한 몸싸움 따위는 찾아보기 어렵다. 하지만 겉으로는 평화롭게 보이는 식물들의 세계에도 암묵적인 투쟁과 경쟁은 언제나 존재한다. 숲을 주의 깊게 관찰할 수 있는 사람에게 숲은 조용한 침묵의 혈전장이며, 거대한 식물들 사이에서 벌어지는 전투는 너무

도 천천히 진행되어 눈에 거의 보이지 않을 따름이다." (58쪽)

이런 투쟁의 결과 유칼리나무나 밤나무 혹은 호두나무 아래서는 아무것도 키울 수 없다고 한다. 반면에 공존하면서 상생과 번영을 구가하는 식물들도 있다. 이를테면 완두와 딸기는 감자와 잘 어울리며, 데이지와 양귀비는 밀의 생장을 촉진하는 것으로 알려져 있다. 그러나 감자는 토마토와는 상극이므로 이들을 같이 재배하면 커다란 낭패를 보기 십상이다.

식물들이 보여주는 이런 공존과 배제, 투쟁과 각축 이외에도 우리의 눈길을 끄는 것은 그들에게 부여된 강렬한 생명력과 반짝이는 지혜다. 예컨대 영하 70도에서도 죽지 않는 식물도 있으며, 영상 80도에서도 살아남는 식물도 있다는 것이다. 또한 아프리카의 사바나 지역에서 자라는 바오바브나무는 꽃가루받이에 박쥐를 이용하는 지혜를 선보이고 있다고 한다.

나무의 특징: 강인한 생명력과 장구한 수명

이상에서 살펴본 것처럼 식물들의 세계는 여전히 수많은 수수께끼로 넘쳐난다. 그도 그럴 것이, 지은이에 따르면, 지구 전체 식물 종은 80만종에 이르는데, 고작 25만종 정도만 파악되었기 때문이다. 우주탐사에 나선지 반세기 가까운 세월이 흘렀지만 인간은 지구와 자신을 둘러싼 숱한 생명체에 대한 신비조차 밝혀내지 못하고 있는 형편인 셈이다. 지은이는 식물의 생명력과 수명을 동물의 그것들과 비교하면서 식물의 우위를 설파한다.

"자작나무와 사시나무는 100년을 넘기기 어렵지만, 느릅나무는 400년까지도 살 수 있으며, 참나무와 너도밤나무는 500년을 너끈하게 견딘다. 보리수와 낙엽송은 천년을 넘게 살

수 있다. 세네갈에는 육천년 정도 되는 바오바브나무들이 살고 있다. 가장 나이 많은 나무는 카나리아 제도의 테네리프 섬에 사는 수령 팔천 년 정도의 용혈수다." (81 - 83쪽)

8,000년 전에 살기 시작한 나무가 아직도 우리와 함께 살고 있다는 사실은 짜릿한 전율을 불러일으킨다. 장수하는 동물로 알려진 거북이라 해봐야 200살 정도가 고작인 점을 생각한다면 더욱 그러하다. 그 나무가 이미 3,700살 정도 되었을 때 단군 할아버지께서 태백산 신단수 아래서 조선을 개국하셨다. (『반지의 제왕』에 나오는 나무수염을 연상하면 좋겠다.)

"1920년에 벌목된 세쿼이아는 높이 133미터, 밑동지름 36미터, 그러니까 나무둘레가 114미터에 이르며, 부피는 2,800세제곱미터에 무게는 2,000톤에 이르렀다고 한다. 반면에 현존하는 지구 최대동물은 흰긴수염고래로 몸길이 33미터에 무게는 130톤에 불과(?)하다. 육상동물 가운데 최대인 아프리카코끼리는 키가 4미터에 무게는 7톤이다." (85 - 86쪽)

지은이는 양자의 이런 엄청난 규모와 생명력의 차이를 에너지 소모에서 찾고 있다. 다시 말해서 식물이 동물에 비해 훨씬 더 경제적인 기능체제를 갖추고 있다는 것이다. 식물은 자기가 뿌리내리고 있는 토양에서 직접 양분을 획득하며, 번식을 위하여 이곳저곳을 떠돌아다닐 필요가 없기 때문이다.

곡식재배와 인간문명: 문명의 발생과 우리의 진보 혹은 행복

서책 『식물의 역사와 신화』는 비단 식물일반에 대한 백과사전적인 기록물이 아니다. 오히려 이 서책은 식물을 둘러싼 문명 개관서적에 가깝다고 할 정도로 우리의 일상과 결부되어 있는 다채로운 이야기들로 가득하다. 특히 신석기시대 이후에 발생했다고 알려져 온 농업혁명과 결부된 부분은 저자의 날카로운 시각과 비판적 안목이 돋보인다. 자크 브로스는 신석기의 농업혁명이 기원전 8천년 무렵부터 시작되었다는 세간의 통념을 반박한다. 나아가 그는 경작지로서 밭보다 관상정원이 먼저 나타났다고 주장한다.

> "구석기시대가 기원전 1만 5천년 무렵 끝나고, 신석기 농업혁명이 기원전 8천년 무렵부터 시작되었다는 학자들의 주장은 터무니없다. 농업혁명은 느닷없이 찾아온 것이 아니라, 그 사이 존재하는 중석기 7천년 동안 꾸준하게 진행된 경작시도에 토대를 둔 것이다. 결론적으로 농업의 터전인 밭보다 과수원과 채원, 관상정원이 먼저 등장했다." (132 - 133쪽)

실제로 그는 인간과 밀접한 연관을 맺고 있는 일년생 식물, 예컨대 보리와 밀의 본격적이고 체계적인 재배는 신석기시대가 아니라, 중석기시대라고 힘주어 강조한다. 그리고 밭이 관상정원 보다 앞섰다고 짐작하는 것은 현재의 관점으로 과거를 재단하는 오류라고 확신한다. 그 이유는 인간의 예술가적인 기질 혹은 종교적인 심성을 부인하기 때문이라는 것이다. 지은이는 곡식재배를 문명의 발생과 진척과 결부시키면서 논의의 지평을 확대한다.

> "잉여생산물은 인간 에너지의 비축을 뜻한다. 양식을 저장함으로써 인간은 농업생산에 써야 할 에너지를 다른 일에 쓸 수 있게 되었기 때문이다. 여기서부터 직업의 세분화, 전문화 및 사회계층이 생겨났다. 양식저장고, 즉 창고가 들어선 장소 주변에 시장이 생겨났고, 도시가 형성되었다. 결국 인간은 현

재에서 미래로 눈길을 돌리기 시작하였다." (155쪽)

재배된 곡식의 잉여분이 축적되기 시작하면서부터 인간은 과거의 충실한 되풀이로서 수용되어왔던 현재를 미래와 연결시켰다고 지은이는 주장한다. 혁신의 일상화가 발생하면서 인간은 문자의 발명과 상거래, 문명과 전쟁이라고 하는 역사와 정면으로 대면하게 되었다는 것이 자크 브로스의 송곳 같은 논조다. 과거에서 미래로 뛰어드는 인간이 등장한 것이다. 그리하여 인간은 역사의 개념과 만났고, 역사에서 다시 진보라는 개념이 도출되었다.

> "역사와 더불어 진보의 개념이 생겨났으니 진보 없는 역사는 없고, 역사 없는 진보도 있을 수 없다. 모든 진보는 그에 합당한 대가를, 때로는 엄청나게 값비싼 대가를 요구한다. 그런데 진보와 행복은 본질적으로 양립할 수 없다. 왜냐면 진보는 현재 갖지 못한 것을 원하며, 행복은 현재 가진 것으로 만족하려는 속성을 지니고 있기 때문이다." (158쪽)

역사에서 진보로, 진보에서 행복으로 진화하는 자크 브로스의 사유전개는 참으로 탁월하다. 그는 진보의 진정한 목적이 무엇인지를 대답하지 못하는 한계를 보이지만, 정확한 문제제기를 통하여 오늘날 세계 곳곳에서 충돌하는 양진영의 근원적인 출발점을 제시한다. 뫼비우스의 띠처럼 보이는 모순적인 명제. 지금 당신은 행복한가, 아니면 앞으로 행복할 것인가?

각론에 대하여: 마흔 가지 식물에 대한 정보와 문명사적 접근

『식물의 역사와 신화』를 읽으면서 알게 된 새로운 내용은 일일이 열거하기 어렵다. 흥미로운 두 가지만 소개한다.

> "1803년 프랑스 화학자 드론은 양귀비의 유효성분을 추출하였고, 몇 년 후 약제사 제르튀르너는 그 가운데 강한 알칼리로이드 성분을 분리하고 모르핀이라 명명하였다. 그리스 신화에 나오는 몽상의 신 모르페우스의 이름에서 따온 것이었다. 모르페우스는 잠의 신 힙노스의 아들이며, 힙노스는 죽음의 신 타나토스와 형제지간이다." (192쪽)

강력한 마취제 모르핀의 발견으로 19세기 의학은 비약적으로 발전하였다. 모르핀은 외과수술에서 커다란 인기를 누렸으나, 그것은 아편보다 훨씬 심각한 중독성을 지니고 있었다. 그러다가 모르핀보다 더 강력한 효능을 지닌 물질이 모르핀에서 만들어졌다. 모르핀 중독을 치료하는 영웅적인 치료제 '헤로인'이 등장한 것이다. 아편에서 모르핀을 거쳐 헤로인으로! 이런 모순을 지은이는 결과를 고려하지 않는 '진보'에서 읽어내고 있다.

대한민국뿐 아니라 세계 어디에서고 담배는 성인이 되었음을 뜻하는 가장 일반적인 표지가 되어 버렸다. 그런데 지은이는 담배에서 거세공포와 성적환상을 포착한다.

> "정신 분석가들은 담배가 거세공포를 덜어준다고 말한다. 왜냐면 한 개비를 피우고 나면 금방 꼿꼿한 담배에 불을 붙일 수 있기 때문이다. 이렇듯 담배는 무의식에 작용하는데, 거세공포와 연결할 수 있는 또 하나의 명백한 성적환상은 어머니의 젖가슴에 대한 환상이다. 언젠가는 포기해야 하는 대상으로 인식되는 어머니의 젖가슴 말이다." (222-223쪽)

풍부한 정보와 세심하게 다듬은 지식의 보고로 다가오는 자크 브로스의 『식물의 역사와 신화』는 우리 주변에 가장 흔하게 자리하고 있으면서도 그다지 관심을 끌지 못한 식물들의 이야기를 다룬다. 하지만 이 서책은 그런 협애한 식물학 내지는 식물에 대한 밋밋한 정보에 멈추지 않고, 우리를 인간문명과 신화, 역사로까지 인도하면서 책 읽는 기쁨을 배가한다.

덧붙임

서책의 원제는 '식물의 마술' 정도일 터인데, 꼼꼼한 옮긴이가 책의 내용에 맞춰 제목을 새롭게 고안한 것 같습니다. 원제보다 서책의 정수를 더욱 정확하고 풍부하게 표현하고 있다는 생각이 듭니다. 옮긴이에게 동의와 격려의 힘찬 박수를 보냅니다.

『식물의 역사와 신화』 | 자크 브로스 지음, 양영란 옮김 | 갈라파고스 | 2005.

6. 사랑나무 연리지(連理枝)를 생각하다

『역사가 새겨진 나무이야기』

글을 시작하면서

서책 『역사가 새겨진 나무이야기』의 내용을 담고 있는 부제는 사뭇 길다. '역사에서 찾아낸 나무와 사람들의 이야기, 그리고 나무문화재에 담겨진 우리 역사와 문화이야기.' 그러니까 이 서책에는 나무와 인간의 관계와 문화·역사에 대한 이야기를 두루 포함하고 있다고 하겠다. 나무문화재를 통해서 우리 역사와 문화를 살펴보겠다는 점이 특징적이라고 생각된다.

『역사가 새겨진 나무이야기』는 모두 3부로 이루어져 있다. 제1부에서 지은이는 어떻게 나무문화재와 인연을 맺게 되었는지를 서술하면서, 나이테에 대한 흥미로운 고찰을 덧붙인다. 제2부 '역사가 담겨진 나무이야기'에서는 우리에게 친숙한 몇몇 나무문화재, 이를테면 '반가사유상'이나 '팔만대장경'에 어떤 역사적인 신비와 비밀이 들어있는지를 이야기한다.

제3부 '사람살이 나무살이'에서는 나무와 연관되어 있는 이야기 거리가 풍성하게 실려 있다. 어릴 때 익숙하게 들었던 '계수나무'와 '정이품송' 같은 나무에 얽힌 사연과 '버드나무'와 관련된 흥미로운 설화가 우리의 관심을 끈다. 나무의 괴로움을 지은이가 대신 말하는 '나무살이 하소연'에 등장하는 분재와 고로쇠 등의 고통을 기술하는 대목은 매우 흥미롭다.

신라가 숯 때문에 망했다고?!

비단이 로마제국 멸망에 커다란 원인이 되었다는 주장을 『고대문명교류사』에서 읽었을 때 상당히 의아스러웠다. 대관절 비단이 무에 그리 대단한 것이어서 로마 같은 대제국의 쇠망과 결부된단 말인가, 생각했더랬다. 그러나 사치와 방탕의 극에 달했던 당시 로마인들은 화려한 비단옷감을 구하기 위해 국가예산의 상당액을 지출해야 했던 것으로 알려져 있다.

서책『역사가 새겨진 나무이야기』에서 지은이는 메소포타미아의 도시왕국 '우루크'의『길가메시 이야기』로 무차별적인 삼림벌채의 결과를 이야기한다. 길가메시는 친구이자 하인인 엔키두와 함께 괴물 훔바바가 지키고 있는 레바논 삼나무가 울창한 숲을 베어내는데 성공한다. 곧 가뭄이 닥치고, 엄청난 홍수가 밀려온다. 이른바 '노아의 홍수' 예고편인 셈이다.

지은이는 천년왕국 신라가 멸망한 원인 가운데 하나를 황폐해진 숲에서 읽어내고 있다.

> "전쟁에서 이긴 나라가 얻는 풍족한 자원은 안락한 삶을 추구한다. 고급 숯은 연기가 나지 않고 열량이 높아 화로에 제격이며, 아궁이와 벽을 그을리지 않아 밥 짓는 연료로도 그만

이다. 숯은 고급연료지만 자원낭비가 심하다. 무게로 따져도 질 좋은 숯은 나무의 1/10에 불과하기 때문이다. 수요증가에 따라 많은 나무가 잘려나갔고, 숲은 파괴되었다." (91 - 92쪽)

『삼국사기』 헌강왕조에 '숯'에 대한 이야기가 전해온다. 숯이 민간에까지 널리 보급되어 밥 짓는 연료로까지 사용되었다고 한다. 참나무를 중심으로 한 넓은잎나무(활엽수)가 수종의 대부분을 이루었던 경주부근의 산들은 계속 벌목되어 숯으로 만들어지고, 지속적으로 파괴되었을 것이라고 지은이는 추정한다. 그로부터 50여 년 뒤에 신라는 멸망하고 만다.

신화의 나무들과 '단군신화'의 신단수(神壇樹)

신화와 관련된 나무를 찾아보는 일은 그다지 어렵지 않다. 북유럽 신화에는 '위그드라실 Yggdrasil'이 등장하는데, 그것은 거대한 물푸레나무로 우주를 뚫고 솟아있어서 '우주수 宇宙樹'라 불리기도 한다. 세계가 창조된 후 주신 (主神) 오딘이 심었다고 전해지는 위그드라실은 세상의 중심으로 천상과 지상, 지하세계를 연결하는 통로 역할을 하였다. (그런 생김새와 신화를 바탕으로 만들어진 영화가 미야자키 하야오의 <천공의 성 라퓨타>이다.)

북아시아에서는 전나무가, 시베리아 사람들에게는 자작나무가 신화와 관련된 나무로 알려져 있다. 서기 720년에 완성된『일본서기』에는 나무와 관련된 신화가 소개되어 있다. 지은이에 따르면 '소전명존 素箋嗚尊'이란 신이 등장하는 대목에서 나무이야기가 나온다고 한다.

"수염을 뽑아 흩어지게 하니 삼나무로 변하고, 가슴 털을 뽑아 날려 보내니 편백나무가 되었다. 볼기짝의 털은 금송이

되고, 눈썹의 털은 녹나무가 되었다. 삼나무와 녹나무로는 배를 만들고, 편백나무로는 궁궐을 지으라 하였다. 금송(金松)은 시신을 감싸는 관재로 쓰라고 일렀다." (77쪽)

나무들의 생성배경과 아울러 그것의 용도까지 일러준 실로 자상하기 이를 데 없는 신화가 아닐 수 없다. 위에 언급된 네 종류의 수목은 오늘날까지도 일본을 대표하는 나무들이다. 특히 이 가운데 '금송'은 무령왕릉과 '능산리 왕릉'의 관재로 사용됨으로써 고대 한일교류사의 일면을 추측하도록 안내하는 역할을 톡톡히 하기도 하였다.

서기 1281년 무렵 완성된『삼국유사』에 나오는 단군신화에서 우리는 '신단수'와 만난다. '신단수'나 '단군'에 쓰이고 있는 '단 壇'은 이승휴가 1287년 저술한『제왕운기』에서 기술하는 '단수신 檀樹神'의 '단 檀'과는 다르다. 그러나 두 가지 모두 나무와 연관되어 있다는 공통점이 있다. 대개 사람들은 '단'을 박달나무로 해석해왔지만, 지은이 생각은 다르다.

"조상들과 친근한 나무지만 나무의 자람 특징으로 보아서 박달나무는 신단수가 되기에 부족한 점이 많다. 우선 박달나무는 수백 년에서 천 년을 넘길 만큼 오래 살지 못하고, 자라는 모양이 키다리 꼴이다. 그래서 가지를 넓게 펴서 주위를 넉넉하게 감싸고 악귀를 쫓아내는 신단수의 위엄과 넉넉함에는 미치지 못하는 나무다." (158쪽)

신단수의 실체를 알기 위하여 지은이는 민속학자들의 서낭당과 신단의 개념을 빌려와 당산나무로 자주 등장하는 느티나무에 주목한다. 우리나라 전체 당산나무의 3분의 2가 느티나무라는 것이다. 긴 생명력을 가지고 있으며, 고상하고 우아한 자태와 우람한 덩치, 그리고 고아한 품위를 지닌 나무 중의 나무 느티나무가 신단수일 가능성이 제일 높다는 것이다.

'연리지 連理枝'를 생각하다

일본의 한류를 겨냥하여 2006년 4월에 개봉한 영화 『연리지』가 있다. 하나의 유희로 사랑을 하는 남자와 생의 끝자락에서 마지막 사랑을 하는 여자의 이야기를 담고 있다고 한다. 우선 지은이의 도움을 받아 나무세계에서 일어나는 연리(連理)의 뜻부터 헤아려보자.

> "숲에 조금 빈자리가 생기면 나무들은 가지부터 들이민다. 서로가 부딪치면서 맞닿게 마련이다. 처음에는 혼자만 살겠다고 발버둥치지만 맞닿은 채로 오랜 세월 지나다보면 협조해야 살아남을 수 있음을 깨닫는다. 그리고 서로의 부족함을 메워나갈 수 있도록 아예 몸을 합쳐 한 나무가 되는 것이 유리하다는 결론에 이르기도 한다. 이렇게 맞닿은 세포가 서로 합쳐져 하나로 될 때 이것을 연리라고 부른다." (212쪽)

나뭇가지가 서로 이어지면 연리지, 줄기가 이어지면 '연리목 連理木'이 되는 것이다. 연리목은 나무를 심을 때 너무 가까이 심을 경우 지름이 굵어지면서 생기는 현상이기 때문에 심심찮게 볼 수 있지만, 연리지는 매우 드문 현상으로 알려져 있다. 또한 뿌리끼리 연리 되는 경우도 흔한데, 그렇다고 '연리근 連理根'이라는 표현은 쓰지 않는다고 한다.

연리지는 서기 806년 백낙천이 지은 대서사시 『장한가 長恨歌』에서 당 현종과 양귀비 사이의 비극적인 사랑의 모티프로 쓰임으로써 남녀의 변함없는 사랑의 상징으로 쓰이기 시작했다. 만일 여러분이 실제로 연리지를 보고 싶다면, 경북 청도군 운문면 지촌리 마을의 소나무 연리지나, 충남 보령시 오천면 외연도의 동백나무 연리지를 찾아보시기 바란다.

그렇다고 아무 나무나 서로 맞닿게 한다고 해서 연리가 되는 것은 아니라고 한다. 마치 사람의 인연이 그러하듯이 말이다.

> "연리란 종류가 같은 나무, 예를 들어 음나무와 음나무, 자귀나무와 자귀나무라야 한다. 그렇지 않으면 적어도 감나무와 고욤나무처럼 아주 가까운 친척 사이라야 한다. 대체로 접붙이기가 가능한 나무는 연리가 가능하다. 하지만 소나무와 참나무처럼 종류가 다른 나무는 수십 수백 년을 같이 붙어 있어도 그저 맞대고 있을 뿐, 연리가 되지 않는다." (222쪽)

결론을 대신하여: 나무에 관한 간단한 몇 가지 상식

공자가 제자들을 가르친 곳을 '행단 杏壇'이라 한다. 여기서 '행'은 '살구나무'와 '은행나무' 모두를 가리킨다. 그래서 지금까지 학자들은 살구나무냐 은행나무냐를 두고 시비를 가리지 못하고 있다. 예컨대 이수광은 『지봉유설』에서, 다산 정약용은 『아언각비』에서 '행'을 살구나무로 해석하였다고 한다. 지은이는 과학적인 방법으로 시비곡절을 분명하게 가른다.

널찍한 그늘도 드리우지 못하고, 수명도 짧으며 벌레가 먹기도 하는데다가 자태도 수려하지 못한 살구나무가 행단에 적절하지 않다는 것이다. 반면에 은행나무는 그늘이 필요한 여름철에 무성한 잎을 자랑하며 벌레가 덤비지도 않고, 우람하고 오래 사는 미덕을 갖추고 있으므로 야외강의에 요구되는 공간의 그늘 막으로 제격이었을 것이라는 생각이다.

이밖에도 나무로 불리는 '대나무'를 식물계의 박쥐라고 설명하면서 지은이는 풀이면서 나무인 대나무의 속성을 밝힌다.

그러면서도 소속을 분명하게 하라면 대나무는 나무가 아니라 풀이라고 한다. 대략 3억년 가까이 지구에 존재함으로써 '살아있는 화석'으로 불리는 은행나무는 우리가 아는 것과는 달리 바늘잎나무(침엽수)에 속한다는 놀라운 사실도 알려준다.

깊은 산중에서 길을 잃으면 베어진 나무의 나이테를 보고 방향을 가늠할 수 있다는 속설을 부정하면서 지은이는 이렇게 말한다.

> "곧게 자란 나무는 동서남북 어느 방향에서나 나이테 지름이 거의 같다. 따라서 평지에서 자라는 나무는 나이테가 거의 원형에 가까워 방향을 찾을 수 없고, 경사진 곳의 나무는 나이테가 한쪽으로 더 넓은 곳이 있지만, 그것은 산의 아래위를 나타낼 뿐이다. 결국 잘려진 나무의 나이테만 보고 남북을 찾는 것은 불가능하다." (33-34쪽)

서책『역사가 새겨진 나무이야기』는 오랜 세월 나무를 연구해온 자연과학자가 나무문화재와 인연을 맺기 시작하면서부터 얻게 된 여러 가지 지식과 경험을 수록한 것이다. 그러므로 단순히 나무에 대한 이야기와 역사를 기술하는 것이 아니라, 나무로 인하여 가능했거나 생겨난 일화와 역사와 문화를 폭넓게 아우르는 유익하고 풍요로운 교양서적이라 할 것이다.

『역사가 새겨진 나무이야기』 | 박상진 지음 | 김영사 | 2004.

7. 우리 과학과 기술에 대한 몇 가지 이야기

『우리 과학의 수수께끼』

문제제기

자연과학과 기술문명 시대를 살면서도 과학이 무엇을 뜻하는지 생각할 기회는 정작 많지 않은 듯하다. 웹스터 사전은 과학(science)을 "자연현상에 대한 관찰, 확인, 묘사, 실험조사 및 이론 설명"으로 풀이한다. 이것에 따른다면, 서책 『우리 과학의 수수께끼』는 제목과 내용 사이의 불일치를 드러낸다. 과학이 아니라 '기술'에 무게중심이 쏠려 있기 때문이다.

『우리 과학의 수수께끼』는 2004년 카이스트의 가을학기 강의인 '한국과학사' 공동작업 결과물이라고 한다. 학생들이 직접 연구대상을 찾아보고, 해당분야의 전문가를 만나고, 참고문헌으로 정보를 확인하고 토론과정을 거쳐 글로 만들어진 내용을 묶었다는 이야기다. 이런 성과물이 세상과 만나게 된 고단한 여정이 눈에 밟히는 것 같아 흐뭇하기 이를 데 없다.

강의를 진행하고 서책을 엮은 신동원 교수는 우리 과학에 대한 소회를 이렇게 밝힌다.

"나는 세계문명사의 관점에서 한국의 과학문명이 어느 시대를 막론하고 언제나 정상급에 속해 있었다는 사실을 깨닫게 되었다. 그 어느 때도 크게 몰락한 적 없이 이웃나라 일본이나 중국과 어깨를 나란히 할 만한 수준을 유지했다. 한국의 과학유산은 세계인의 보편성에 호소할 수 있는 알찬 알맹이를 가지고 있다." (7쪽)

과학영역에 문외한인 필자에게는 엮은이의 이런 생각이 다소 뜨악하다. 적어도 뉴턴의 『프린키피아』가 출현한 1686년 이후 유럽이 주도한 과학기술문명과 비교할 때 우리의 그것은 현저하게 뒤처지는 것이 아닌가 하는 생각 때문이다. 과학의 내용 역시 기술 쪽으로 치우쳐 있어서 이른바 유럽의 자연과학과는 질적으로나 양적으로 비교될 수 없다는 느낌이다.

그럼에도 서책 『우리 과학의 수수께끼』가 나름의 의미를 가지는 것은 조상들이 도달한 기술문명의 수준과 내용을 가늠하고 이해하려는 '과학적'인 탐구 자세에 있다. 필자는 이 글에서 우리에게 매우 친숙한 허준의 『동의보감』과 김정호의 『대동여지도』를 중심으로 거기 담겨진 성과와 의미를 되짚어 보고자 한다. 소제목은 서책의 그것을 따랐음을 밝힌다.

『동의보감』의 진실을 찾아서

1780년에 진하별사(進賀別使)로 청나라에 갔던 연암 박지원은 『열하일기 熱河日記』에서 허준의 『동의보감』과 관련한 흥미로운 기록을 남기고 있다.

"우리나라 서적으로 중국에 들어가 출판된 것이 매우 드물지만 『동의보감』 25권이 홀로 널리 유행하고 있다. 판본이 아주 정묘하였다. 내 집에는 이 책이 없어 매양 우환이 있을 때는 이웃 사방으로 빌리고는 했는데, 이번에 이 책을 보자 꼭 사고 싶었으나 말굽은 다섯 냥을 변통하기 어려워 하염없이 돌아온다." (151쪽)

1613년 조선에서 간행된 『동의보감』은 1723년 일본에서, 1768년 청나라에서 출간되었다. 일본에서 두 차례, 중국에서 30여 차례 출간된 것으로 알려져 있다. 『동의보감』 이전에 쓸 만한 의서는 세종 때 출간된 『향약집성방』과 『의방유취』 등이 있었다. 그러나 우리가 중국과 대등한 의서를 가지고 있다고 자부하게 된 계기는 『동의보감』에 이르러서다.

"『동의보감』 이전에 조선의학의 위치는 한의학계의 변두리에 불과했다. 의서가 있다지만 외국에서 가져다 쓸 만한 수준이 아니었다. 그러나 『동의보감』으로 우리도 한의학의 중심인 중국에서 널리 읽히는 의서를 갖게 되었다. 당대 조선의학이 중국을 능가했다고 말하는 것이 비약일지 모르나 최소한 어깨를 나란히 하는 수준에 도달하였던 것이다." (155쪽)

허준의 『동의보감』은 약 2,000여 가지의 병증과 1,400종의 약물, 대략 4,000여 가지의 처방과 수백 가지의 양생법과 침구법을 망라했다. 그러므로 규모나 내용 면에서 『동의보감』은 당대 동아시아 의학을 종합한 의서들 가운데 최고봉이었다. 흥미로운 점은 무능하고 소심했던 군주 선조가 임진왜란 중에 새로운 의서편찬을 명하고 원칙까지 세웠다는 사실이다.

"첫째, 사람의 질병은 조섭을 제대로 못하여 생기므로 수양을 우선으로 하고 약물치료를 다음으로 하라. 둘째, 처방이 너무 많고 번잡하므로 요점을 간추리는데 힘써라. 셋째, 벽촌과 누항의 사람들 가운데 의원과 약이 없어 요절하는 자가 많은데도 사람들이 나라 안에서 생산되는 향약을 잘 몰라 약으로 쓰지 못하니 책에 우리나라 약 이름을 적어 백성들이 쉽게 알도록 하라." (159 - 161쪽)

수양을 강조한 것은 유가의 가르침과 밀접하게 연관되어 있으며, 다른 한편으로 중국의학의 고전 『황제내경』에서 강조한 예방의학과 양생과도 결부되어 있었다. 특히 간략한 처방과 우리나라 약재이름 표기는 만백성을 생각한 인본주의적 사유의 발로였다. 『동의보감』 본문에 기술된 885종 약재 가운데 637종의 약명을 한글로 표기했고, 방언을 병기한 것도 있다.

허준은 본래 사족(士族) 출신으로 유학을 공부했지만 신분상 서자였기에 의학에 투신한 것으로 알려져 있다. 만일 그가 서얼이 아니었다면 의학에 전념하지 않았을 터이고, 따라서 『동의보감』 탄생도 없었을 것이라고 『우리 과학의 수수께끼』는 주장한다. 이 대목에서 우리는 신유사옥 이후 18년 세월의 유배생활에서 얻어진 '다산학'의 성과를 떠올리게 된다.

김정호는 누구를 위해 지도를 만들었을까

"김정호의 대동여지도는 (1861) 개항이전 전통과학의 꽃이다. 과학기술만 놓고 본다면 19세기는 전통과학이 가장 높은 위치에 도달했던 시기다. 대동여지도와 함께 남병길·남병철 형제의 천문의기제작, 서유구의 박물학서책 『임원경제지 林園經濟志』, 최한기의 『기학 氣學』, 황도연의 의서 『의종손익 醫宗損益』 등이 개항이전에 나타났다." (243쪽)

대동여지도는 이렇게 높은 평가를 받고 있는 대상이다. 서책 『우리 과학의 수수께끼』는 대동여지도의 특징을 세 가지로 요약한다. 그것은 유클리드 기하학의 확대·축소법 활용으로 나타나 있는 과학성, 목판본이기 때문에 가능했던 대량생산, 분첩절첩식(分帖折疊式)으로 제작하여 관리와 보관이 용이했다는 사실 등이다.

대동여지도가 제작된 시대에 지도는 지지(地誌)의 부속물이었다고 한다. 조선시대에 지도는 국토에 관한 방대한 내용을 효과적으로 활용하기 위해 덧붙인 부록이었다. 김정호가 제작한 3대 지도인 청구도, 동여도, 대동여지도는 각각 『동여도지 東輿圖誌』, 『여도비지 輿圖備誌』, 『대동지지 大東地誌』라는 3대 지지와 관련되어 있었던 것이다.

그런데 문제는 과연 누구를 위한 지도인가라는 사실이다. 덧붙여 고산자(古山子)가 1863년 흥선대원군에게 대동여지도를 바치고 난 연후 국가기밀을 누설한 죄로 투옥되어 감옥에서 세상을 하직했다는 옥사설(獄死說)이 과연 진실인가 하는 문제가 우리의 관심을 끈다.

> "나는 우리나라 지도제작에 뜻이 있어 비변사나 규장각에 소장되어 있는 지도나 고가(古家)에서 좀먹다 남은 지도들을 널리 수집하고, 이를 서로 비교하고 또 지리서를 참고하여 이런 지도를 합쳐서 하나의 지도로 만들고자 하였으며, 이 일을 김정호에게 위촉하여 완성하도록 하였다." (270쪽)

위에 인용한 글은 『대동방여도서』를 만든 신헌이 남긴 것이다. 신헌은 조선후기 무신이자 외교관으로 활약한 인물이었다. 그는 당대 석학이자 실학자인 정약용과 김정희 문하에서 실학을 수학하였으며, 개화파 지식인인 강위와 박규수 등과 교류하였다. 지리학에도 관심이 높았던 그는 대동여지도 제작에 힘을 보탰으며, 역사지리서인 『유산필기』를 편찬했다.

철종조의 고위관료였던 신헌의 글을 미루어보면 대동여지도가 고산자 김정호 개인의 작업이 아니었음이 분명하다. 그런 내용은 당대 대표적인 지식인 최한기의 청구도 서문에서 도 확인할 수 있다. 따라서 대동여지도는 최한기와 신헌 등의 지원 속에 국가경영 차원에서 이루어졌음을 알 수 있다. 그러므로 고산자의 옥사설 운운은 명백한 역사왜곡이라는 것이다.

글을 맺으면서

서책 『우리 과학의 수수께끼』에 등장하는 대상은 『동의보감』과 대동여지도 이외에 첨성대, 에밀레종, 고려청자, 자격루, 수원화성 등이다. 서책을 엮은이는 신라와 고려시대를 거쳐 조선에 이르기까지 우리 조상들이 이룩한 과학기술문명의 성과를 여러 가지 관점에서 비판적으로 조명하면서 그것들에 담겨진 구체적인 성과물을 정리하고자 하였다. 엮은이는 '과학'이라는 용어에 대한 설명을 덧붙이면서 마지막 장인 '우리 과학 100년의 발전사'를 시작한다.

> "과학이란 용어는 1870년대에 일본에서 처음으로 만들어졌다. 과학이란 용어를 만든 사람은 과학이 물리학, 화학, 지질학, 생물학 등 자연을 대상으로 한 각 분과의 학문을 총망라한다는 사실에 주목했다. 사이언스가 동일한 세계관과 방법론을 강조한 용어라면, 과학은 구현된 실체를 지칭했다. 그 후 과학은 중국, 조선, 베트남에까지 수출되어 사이언스의 번역어로 자리 잡았다." (282 – 283쪽)

엮은이의 판단에 따른다면 서양에서 사이언스는 엄밀한 방법론을 이용한 객관적 진리획득의 측면을 강조하는데 반하여, 동양의 그것은 사이언스가 불러오는 구체적인 결과물에 주목했다는 것이다. 여기서 필자가 첫머리에서 제기한 '과학'과 '기술'의 차이가 발생하는 셈이다. 어쩌면 이것은 지금까지 우리 모두가 중시하지 않았던 측면이 아닌가 한다.

기술의 배후에 자리하는 응용과학을 도외시할 수는 없겠으나, 그 자체로 의미 있는 순수과학에 관한 논의가 이 서책에는 많이 배제되어 있어 아쉬움이 남는다. 요즘처럼 이공계, 특히 순수 자연과학 분야를 기피하는 현상이 하나의 흐름으로 수용되는 시점에 보다 생산적인 논의를 위한 공론의 마당을 열어놓는 것은 그야말로 뜻 깊은 일이 아닐 수 없기 때문이다.

『우리 과학의 수수께끼』 | 신동원 엮음 | 한겨레출판 | 2006.

8. 숫자 0을 생각해 보셨나요

『존재하는 무 0의 세계』

오늘날 우리는 숫자를 빼놓고는 어떤 삶도 생각할 수 없게 되었다. 숫자만큼 개인을 규정하고, 개인의 삶을 통제하는 존재가 또 있는가. 만약 당신이 은행에 가서 돈을 찾는다고 가정하자. 이름과 도장 혹은 서명 이외에 당신은 통장계좌번호, 비밀번호, 찾는 금액, 날짜를 기록해야 한다. 계좌이체를 한다면 당신은 상대방 계좌번호를 덧붙여 써넣어야 한다.

그런데 당신은 어떤 교통편으로 은행에 당도했는가. 버스라면 몇 번 버스인가. 지하철이라면 몇 호선인가. 도중에 휴대전화로 통화하지 않았는가. 발신자 번호를 확인하고 당신은 전화를 받았을 것이다. 당신이 통화한 시간총량이 화면에서 웃고 있다. 승용차를 이용했다면 당신은 차량번호와 속도계기판, 주행거리표시기에 적혀 있는 숫자들과 만났을 것이다.

이런 본보기를 들자면 끝이 없다. 그런데 만일 숫자 0이 세상에 없다면 어떻게 되겠는지 생각해 보셨는가. 서책『존재하는 무 0의 세계』 저자 카플란은 이렇게 말한다.

> "0과 1을 짝지으면 정수들 세계전부를 얻을 수 있다. 우리가 사용하는 계산기와 컴퓨터, 전화기, 텔레비전 등 모든 가전제품은 0과 1이라는 이진코드의 수를 기반으로 작동한다. 0과 1은 각각 꺼짐과 켜짐에 대응하는 수다." (274쪽)

1616년 나피어가 처음 생각해낸 0과 1의 이진법으로 세상에 존재하는 모든 정수를 만들어낼 수 있다고 그는 설명한다. 그러니까 무(無)를 의미하는 0과 최초의 자연수 1의 조합에서 우리가 생각할 수 없을 정도의 무수한 숫자들이 창조될 수 있다는 것이다. 참으로 놀라운 일이다. 그러나 오늘날 이렇게 융숭하게 대접받는 0도 그 시작은 미미하였다고 한다.

서책『존재하는 무 0의 세계』에는 0장이 있다. 다른 서적들의 머리말이나 제1장에 해당할 내용을 감각적으로 0장에 위치시킨 것이다. 저자는 0장에서 자신의 기획전체를 간결하게 설명한다. 0장의 제목은 이 점에서 시사하는 바 크다. '0이라는 렌즈를 통해 본 세상.' 카플란은 수학의 개념만으로 0에 다가서지 않는다. 거기에는 철학과 역사와 문화가 공존한다.

그는 0의 등장을 기원전 2,500년 무렵에 멸망한 수메르에서 보고 있다. 그 후로 오랫동안 사라져버린 0의 존재를 동서양문명을 추적하는 과정에서 밝혀내고자 노력한다. 그러면서도 카플란은 수학자로서 본연의 자세를 잃지 않으려고 노력한다. 저자의 이런 입장은 한편으로는 '박물학자' 카플란으로, 다른 한편으로는 '자연과학자' 카플란으로 드러난다.

박물학자의 시선은 고전 그리스 시대와 이집트, 알렉산더 시대와 아랍과 인도를 거쳐 마야문명을 지나 중세유럽을 경과하면서 셰익스피어와 만난다. 자연과학자의 눈길로 르네상스를 살핀 그는 수학사에서 불멸의 위치를 점하고 있는 라이프니츠와 뉴턴에 머물다가 20세기에 등장한 오스본 레이놀즈의 『우주의 구조에 대한 인식의 획기적 반전』에 이른다.

> "별들로 가득한 광대한 우주를 향해 항해하는 현대의 우주물리학자들은 우리가 예전에 완전히 비어있는 공간으로만 알았던 곳을 엄청난 양의 에너지와 수많은 소립자들로 채우고 있다. 수십억 개의 별들이 발하는 빛과 빅뱅이 남겨놓은 배경음과 과거로부터 들려오는 희미한 울림들이 고요한 밤하늘을 온통 어지럽히고 있다." (235쪽)

결국 0의 수학적 개념에서 출발하여 우주공간과 시간에까지 사유를 확장하는 카플란의 인식과 사유는 매우 폭넓고 깊이 있어 보인다. 반면에 수학과 철학, 문학과 문화 그리고 물리학까지 섭렵하는 저자의 박람강기를 따라잡는 일은 결코 쉽지 않은 노릇이다. 더욱이 변증법적인 서술양식에 입각한 사유와 글쓰기는 아리아드네의 실타래를 요구할 지경이다.

우리가 깊이 생각하지 않고 아침저녁으로 대하고 있는 0의 개념에 대하여 카플란은 수학의 본질적 요소라고 여겨지는 '반복적 추상화 recursive abstracting'에 의지하여 사유한다. 그리하여 저자는 인도의 수학자 바스카라의 저작 『비자가니타 *Vija-Ganita*』 서론을 인용하면서 0의 개념에 보다 가까이 다가서고자 노력한다.

> "나는 눈에 보이지 않는 근원적 실체를 숭배한다. 왜냐하면 그것은 눈에 보이는 모든 것들의 유일한 요소이기 때문이다. 드러난 양을 다루는 산술은 드러나지 않은 양을 다루는 산술에 기초해있다. 그리고 해결해야 할 의문들은 드러나지 않은 양을 적용하지 않은 상태의 허술한 이해력으로는 결코 해결

되지 않는다." (087쪽)

실제로 0은 우리 눈에 보이지 않는 어떤 공허와 무로 다가온다. 그러나 0을 제외하면 기초적인 산술뿐 아니라, 고등한 수학적인 개념이나 공리도 성립할 수 없다. 전자는 우리가 일상생활에서 매순간 접하는 수많은 0의 존재와 활용을 생각하면 된다. 후자의 경우에 대해서 우리는 '로피탈의 법칙'이나 미적분학을 연상하면 충분히 이해할 수 있을 것이다.

서책을 읽으면서 나는 수학자 카플란이 도달하고 있는 풍요로운 문화와 교양에 젖어들 수 있었다. 수학자이자 자연과학자 본연의 입장과 자세를 시종일관 유지하면서도 문학과 예술 일반에서 적절한 예증과 본보기를 가져오는 탁월한 인문학자의 모습을 본 것이다. 추정과 학문을 대비하면서 수학에 요구되는 직관과 증명을 설명하는 저자의 탁견을 보자.

> "직관과 증명은 수학적 사고의 양축을 이룬다. 직관은 자유로운 상상력에 무게를 두고 있으며, 여러 현상들을 음미하고 그것으로부터 아름다운 사물들을 구성하며 사물들 사이의 관계를 파악하도록 해준다. 증명은 직관적 사고에 합리성을 부여하는 일에 집중하며, 몇몇 연역적 규칙을 이용하여 공리에서 직관적 주장을 연역해내기도 한다." (215쪽)

이와 같은 직관과 증명의 도움을 받아서 희미하게 보이는 대상의 오류와 모호함으로부터 벗어나 수학은 이해 가능한 것으로 다가온다고 카플란은 말한다. "수학은 혼신의 노력을 기울여 그것을 추구하는 자에게만 아름다움을 드러낸다"고 주장하고 있지만 서책의 저자는 지나친 추상화의 난해함으로부터 훌쩍 벗어나 있다. 여러분의 일독을 권한다.

한 가지만 사족으로 덧붙이자. 혹시 당신은 '피보나치(Fibonacci) 수열'에 대하여 들어보신 적이 있는가. 1, 1, 2, 3, 5, 8, 13, 21, 34, 55... 등으로 이어지는 수열이다. 앵무조개 무늬에서 해바라기 씨에 이르기까지 자연 곳곳에서 찾아볼 수 있는 피보나치 수열의 성립방법을 생각해보는 것은 어떨까? 이 문제에 대한 정답은 댄 브라운의 흥미로운 소설 『다빈치 코드』에도 나와 있다.

『존재하는 무 0의 세계』 | 로버트 카플란 지음, 심재관 옮김 | 이끌리오 | 2003.

9. 기생충이 없었다면 섹스도 없었다?!

『진화 오디세이』

짧은 머리말

우리가 진화에 대하여 생각할 때 맨 처음 떠올리는 것은 아마 찰스 다윈의 『종의 기원』일 것이다. 1859년에 출간되어 카를 마르크스의 『자본』(1867)과 더불어 19세기를 자연과학과 유물론의 시대로 규정할 근거를 제공한 『종의 기원』이 불러일으킨 파장은 실로 대단하였다. 우리는 그것을 생물학에서 발생한 '코페르니쿠스적 전기'라고 부를 수 있을 터이다.

생물학은 물리학이나 화학에 통용되는 연구방식, 즉 예측 가능한 견고한 법칙의 추구와는 다른 방식을 취하며, 진화 역시 이런 범주에 속한다. 그러기에 『진화 오디세이』의 저자 글라우브레히트는 프롤로그에서 생물학의 고유성에 대하여 다음과 같은 견해를 내세운다.

> "생물학의 가장 본원적인 임무는 유기체의 진화, 그리고 환경과의 상호작용을 관찰하는 것이다. 그리고 이런 학문에

서 물리학이나 화학에 통용되는 학문방식은 생명현상에 대한 문제를 제기할 능력조차 없다. 생물학에도 생리학이나 발생 등에 적용되는 법칙이 있기는 하지만, 그것은 물리학의 법칙처럼 보편적으로 적용되지 않는다." (21쪽)

서책의 구성과 흥미로운 주장

『진화 오디세이』는 모두 4부로 구성되어 있으며, 각 부에는 매우 흥미로운 내용과 부가적인 설명이 독자들을 맞이한다. 제1부는 유전자와 성, 그리고 공생을 주로 다루고 있는 '또 다른 진화론의 세계'이다. 제2부는 종의 생성과 사멸에 초점을 맞추되, 생물 계통학자들에 대한 논의가 집중적으로 전개되는 '새로운 종의 탄생과 소멸'이다.

제3부는 지구의 머나먼 역사를 주로 화석을 통하여 탐사하는 항해일지가 펼쳐지는 '지구 박물관의 별난 유물들'이며, 제4부는 '인류진화의 퍼즐'로서 오늘날 일반적으로 수용되는 몇 가지 개념과 정설에 대한 매우 도전적인 문제제기가 전개된다. 만일 누군가가 "기생충이 없었다면 섹스도 없었을 것이다"고 주장한다면 당신은 동의하겠는가? 저자는 '그렇다'고 주장한다.

"기생충은 체내환경이 서서히 바뀌는 조건 아래서만 적응할 수 있다. 숙주의 면역체계가 변화무쌍하고 유연해지면 기생충은 살아남을 수 없다. 성행위를 통하여 유전자가 마구 뒤섞임으로써 진화에 새로운 원료를 제공하고, 기생충이 새롭게 적응해야 하며, 새로운 전략에 휘둘리게 되는 불리한 환경을 제공하는 것이다." (56 - 57쪽)

지은이 글라우브레히트에 따르면 남성과 여성의 유전정보를 융합함으로써 유전자를 뒤섞는 성적인 번식을 통하여 기생충이 적응할 수 없는 새로운 환경이 조성되며, 따라서 섹스는 진화에 유익하게 작용한다는 것이다. 결국 진화론의 관점에서 본다면, 기생충의 해악을 극복하는 방편의 하나로 섹스가 필요하게 되었다는 결론이 도출된다.

『진화 오디세이』의 저자는 오늘날 생물학 연구가 주로 분자 생물학과 유전학 그리고 신경 생리학 분야에 집중됨으로써 계통학자들의 설 땅이 지나치게 위축되어 있음을 날카롭게 지적한다. 매일 150종의 동식물이 지구에서 사라지고 있는 지금, 계통학자들의 연구성과는 그것을 따라잡기에 너무나 역부족이라는 것이 그의 주장이다.

> "지구상에는 동물만 대략 1천 3백만 내지 3천만 종이 있을 것으로 추정된다. 그 가운데 생물 계통학적으로 분류된 것은 150만 종에 이를 것으로 생각된다. 따라서 모든 동식물의 5퍼센트 정도밖에는 파악되지 않은 것이다. 더욱이 파악된 종에 대한 자료를 모두 모아놓은 기록 보관소도 없다." (85쪽)

'유행으로서의 학문 Wissenschaft als Mode'이라는 말처럼 사회적인 명성과 경제적인 성공을 보장하는 분야로 생물학 연구자들이 집중되고 있는 작금의 현상을 저자는 개탄한다. 나아가 그는 지구 전체에 걸치는 생물 다양성 연구와 자연 및 종의 보호라는 사회적 책임을 다하지 못하게 될지도 모른다는 동물 계통학자들의 근심어린 우려를 전달한다.

진화와 문화인류학

그런데 이 서책에서 무엇보다도 흥미로운 부분은 인류의 진화문제를 포괄적으로 다루고 있는 제4부라고 할 것이다. 특히 '알타미라' 동굴의 벽화로 유명한 석기시대의 동굴벽화 모티프가 사냥과 관련되어 있다는 기존의 생각을 타파해야 할 고정관념으로 설파하는 대목이 우리의 관심을 잡아끈다.

장 클로트와 같은 선사미술 연구자들은 "쇼베 벽화와 라스코 벽화는 석기시대 수렵문화와 연관된 그림들이 아니라, 오히려 원초적이고 근원적인 선사시대의 샤머니즘이 반영된 그림"이라고 말하면서 "동굴벽화는 신들이 존재하는 저승으로의 영적인 여행에 대한 보고이며, 그림에 나타나는 동물 형상들은 저승에서 만난 신들의 모습"(258-259쪽)이라고 주장한다.

식물이나 여타의 환각제를 복용하여 무아지경에 빠진 샤먼들은 비좁고 어두우며 습기 찬 동굴 저 깊은 곳에서 고독과 고립의 무아지경에서 신비한 영적 여행을 하였고, 거기서 얻은 인상들을 동굴의 벽에 남겨 놓았다고 그들은 확신하고 있는 것이다.

여기서 한 걸음 더 나아가 『진화 오디세이』의 저자는 몇몇 연구자들의 견해를 인용하면서 이른바 '신석기 혁명'은 없었다고 단언하기에 이른다. 이것은 인류의 정착생활에 농업이 결정적인 역할을 했다는 교과서적인 지식에 대한 정면적인 반기가 아닐 수 없다. 왜냐하면 농업, 정착생활, 도시문명으로 이어지는 인과관계는 고고학의 기초적인 진리이기 때문이다.

결론을 대신하여

미국의 진화 생물학자인 재레드 다이아몬드가 내세운 '신석기 혁명' 이론에 대항하여 최근의 선사시대 연구자들은 인간들이 모여 살기 시작한 것은 농경지 경작이 아니라, 다른 문화적인 이유일 것이라는 견해를 내세우고 있다.

"인간이 단지 농사짓고 동물을 사육하기 위하여 도시를 이루어 촘촘히 모여 살기 시작했다기보다는 차탈 휘이크 (1960년대에 고고학자들이 터키의 차탈 휘이크에서 발굴한 원시 거주지로서 대략 9천 년 전의 것으로 추정되며, 1만 명 정도의 인원을 수용하였다고 함) 벽화에서도 볼 수 있듯이 예술이나 종교와 연관된 어떤 문화적인 충동으로 도시를 이루게 되었다." (273쪽)

『진화 오디세이』는 우리가 일반적으로 옳다고 생각하고 믿어왔던 정설과 진리에 대하여 진화 생물학의 입장과 관점으로 문제를 제기하고 있다. 저자는 다양하고 폭넓은 지식을 동원하여 독자들의 흥미와 관심을 유발하는데 성공한다. 이것은 생물학에 대한 독자들의 무관심을 고려한 저자의 배려라고 생각되며, 인문학 분야의 교양뿐 아니라, 자연과학 분야의 교양도 절실해진 현대생활에 유익한 서책이 『진화 오디세이』다.

다윈의 자연도태설에 대한 여성 생물학자 린 마굴리스의 '세포 내 공생설'이나, 그것과 연계된 '가이아 이론'과 어떻게 네안데르탈인은 3만 년 전에 아무런 자취도 없이 사라져 버렸는가의 문제. 유럽인들에게 존재가 알려진 이후 불과 170년 만에 최소한의 흔적만 남기고 멸종된 도도새의 운명과 어째서 미인은 사랑 받는가 등의 문제 역시 독자의 관심을 끌기에 충분하다.

덧붙임

『진화 오디세이』의 부제는 '다윈도 모르는 진화 생물학 이야기'이다. 물론 이것은 서책의 한국어판 출간을 맡은 '웅진닷컴'의 작위에서 기인한다. 서책의 본디 제목은 『온 세상은 하나의 섬이다 *Die ganze Welt ist eine Insel*』이며, 부제는 '진화 생물학자 마티아스 글라우브레히트의 관찰 Beobachtungen eines Evolutionsbiologen von Mattias Glaubrecht'이다. 출판사는 독자들의 이해증진과 상업적인 목적으로 서책의 제목과 부제를 임의로 바꾼 것이다. 나는 출판사의 이런 시도에 대하여 동의하는데, 독자 제현들의 견해는 어떠신지?

『진화 오디세이』 | 마티아스 글라우브레히트 지음, 유영미 옮김 | 웅진 닷컴 | 2004.

10. 낯선 세계로 떠나는 즐거운 지식여행

『파인만의 여섯 가지 물리 이야기』

독서행위는 매우 고독하고 더러는 고단한 지적인 작업이다. 때로 그것은 중간에 멈출 수 있는 과단성과 용기를 요구하며, 어떤 경우에는 종착지점까지 도달하고자 하는 강렬한 열망과 자기확신을 필요로 한다. 거의 모든 경우에 독서는 동행을 멀리하며, 설혹 동행한다 해도 매우 제한적인 경우가 많다. 책 읽어주는 엄마 아빠처럼 말이다. 『파인만의 여섯 가지 물리 이야기』는 (이하 『물리 이야기』) 우리가 몹시 어렵게 생각하는 물리학 분야의 몇몇 이론들을 간명하게 정리한 서책이다.

> "이 책은 리처드 파인만이 남긴 최고의 물리학 교재인 『파인만의 물리학 강의 *Lectures on Physics* : 1963』에서 비교적 이해하기 쉬운 여섯 개의 장을 추려내서 재편집한 것이다." (이 책을 펴내면서)

1994년에 폴 데이비스는 이 책을 위한 '서문'을 쓰면서 파인만에 대하여 이렇게 쓴다.

> "파인만은 정말로 뛰어난 이론 물리학자였다. 뉴턴은 이론과 실험분야에서 모두 재능을 보였고, 아인슈타인은 실험을 하찮게 여기며 오로지 두뇌의 사고에만 의지하는 스타일이었지만, 파인만은 이론을 통하여 자연에 대한 깊은 이해를 도모하는 동시에 먼지 날리는 실험실에서 자연의 실체와 직접 몸싸움을 벌인 물리학의 야전 사령관이기도 하였다."

파인만은 제2강 '기초 물리학'에서 1920년대에 탄생한 양자역학이 야기한 과학의 대전제 수정을 언급한다. 그 때까지 철학자들은 과학이 갖춰야 할 조건으로 '언제 누가 실험을 하더라도 동일한 조건 아래서는 항상 동일한 결과가 나와야 한다'는 것을 강조했다. 그런데 이제 그런 주장은 당위성을 상실했다는 것이다. 파인만은 흥미롭게 이런 결론을 제시한다.

> "어떤 일이 일어날지 정확하게 예견할 수 없다 해도, 어떤 일이 일어난 확률은 알 수 있지 않은가! … 지난 세월 동안 철학자들은 엄밀한 과학이 갖춰야 할 조건에 대하여 참으로 많은 이야기를 해왔지만, 그들의 주장은 사실과는 거리가 있었다." (89쪽)

그는 양자역학의 탄생이후 현대 물리학의 좁아진 입지를 이토록 명쾌하게 규정하고 있는 것이다. 화학, 생물학, 천문학, 지질학, 심리학 등과 같이 물리학과 깊은 연관을 맺고 있는 다른 과학들을 설명하는 제3강은 특히 흥미롭다. 매우 간명하게 자신의 논지를 전개하는 파인만은 천문학과 물리학의 관계를 밝히면서 시인들의 게으름과 무관심을 질타한다.

> "모든 별들은 지구와 동일한 원소들로 이루어져 있다... 오늘날의 시인들은 목성을 쉽게 의인화하면서도 목성이 메탄과 암모니아로 이루어진 구형의 회전체라는 뻔한 사실 앞에서는 왜 침묵하고 있는가? 이렇게 한정된 소재에만 관심을 기울이는 시인들은 대체 뭘 하는 사람들인가?" (123쪽)

과학적인 발견의 축적으로 인하여 별의 아름다움이 상실되고 있다는 시인들의 불평불만에 대하여 파인만은 그것이 전혀 근거 없는 것이라고 일축한다. 새로이 알려진 사실이 오히려 지적이고 서정적인 풍요로움을 선사할 수 있음을 강조하는 것이다. 그런데도 시인들은 과거의 문학적 관습으로부터 한 걸음도 자유롭지 못하며, 그 수인이 되기를 자처하고 있다.

『물리 이야기』가 내게 흥미로웠던 다른 측면은 물리학자 파인만의 도발적인 문제제기였다. 예컨대 그는 "우주에서 볼 수 있는 가장 아름다운 장관인" '구상성단' 사진자료를 제공하면서 "이 사진에서 중력의 존재를 느끼지 못하는 사람은 영혼이 없는 사람이다"고 단호하게 말한다. 이런 명쾌한 확신은 도대체 어디서 나오는 것일까? 제6강에서 양자역학과 불확정성 원리를 설명하면서 파인만은 현대 물리학의 가능성과 한계를 동시에 지적한다.

> "우리는 오직 가능성(확률)만을 예측할 수 있을 뿐이다. 이것은 곧 현대 물리학이 어떤 정해진 환경 아래서 앞으로 발생할 사건을 정확하게 예견하는 것을 포기해야 한다는 뜻이다. 물리학은 그것을 포기할 수밖에 없었다." (233쪽)

파인만은 난해한 현대 물리학을 복잡한 고등수학이나 이해하기 어려운 수식으로가 아니라, 자신만의 고유한 방법으로 직관을 통하여 이해한 것으로 알려져 있다. 그리하여 복잡한 설명을 생략하고 일상에서 물리학 이론을 유추해내는 탁월한 능력을 가진 천재 물리학자로서 파인만은 오늘날 기억되고 있는 것이다.

파인만의 『물리 이야기』를 읽으면 『뇌를 단련하다』의 저자 다치바나 다카시의 말이 떠오른다. 오늘날 인문학도들의 자연과학 분야에 대한 무지를 다치바나 다카시는 자연과학도의 인문학적 무지, 예컨대 셰익스피어의 4대 비극을 모르는 것과 비교하였다. 오늘을 사는 우리들은 인문학과 자연과학의 조화로운 만남과 상호교류를 얼마나 깊이 있게 생각하고 있는가? 나는 특히 미시세계를 이해할 수 있는 방법론으로 파인만이 제시하고 있는 상상력의 발동에 찬사를 금하기 어려웠다.

> "우리들이 가지고 있는 모든 경험과 직관은 거시적인 세계를 바탕으로 형성되었기 때문에 미시적인 세계를 이해하지 못하는 것은 너무나도 당연한 일이다. 우리는 커다란 물체들이 어떻게 움직이는지 잘 알고 있지만, 미시세계의 사물들은 결코 그런 방식으로 움직이지 않는다. 그래서 이 분야의 물리학을 배울 때에는 기존의 경험적 지식들을 모두 떨쳐버리고 다소 추상적인 상상의 나래를 펼쳐야 한다." (206쪽)

자, 여러분은 어떠신가? 현대 물리학 분야의 최고 천재로 일컬어지는 파인만의 이런 자유자재한 발상과 거기서 발원하는 일상성과 자연과학의 만남 가능성이 아름답지 아니한가! 기실 문학과 예술뿐만 아니라, 자연과학의 위대한 발견들은 이런 식의 자유로운 사유체계와 열린 세계관에서 출발하고 있다. 『물리 이야기』의 커다란 가르침과 유쾌함이 여기에 있다.

『파인만의 여섯 가지 물리 이야기』 | 리처드 파인만 강의·폴 데이비스 서문, 박병철 옮김 | 도서출판 승산 | 2004.

11. 잡초의 눈으로 바라보는 인간과 지구

『풀들의 전략』과 『지구의 삶과 죽음』

글을 시작하면서

> "朝菌不知晦朔 조균부지회삭이오, 蟪蛄不知春秋 혜고부지춘추니, 此小年也 차소년야라. (아침버섯은 그믐과 초승을 알지 못하고, 쓰르라미는 봄과 가을을 모른다. 이것은 생명이 짧은 것들이다.)"

흔히 동양철학의 진수라 간주되는 '노장사상'의 대표적인 인물 장자가 『남화경 南華經』 '소요유편 逍遙遊篇'에서 모든 생명의 유한성과 본원적인 의미를 설파한 말이다. 우주의 장구한 생명과 비교한다면 인생은 정말로 한순간이다. 그러기에 장자는 제한된 생명에 얽매이지 말고, 그것을 뛰어넘는 정신성과 깊이 있는 진정한 삶을 추구하라고 가르친 것이다.

그런데 우리 주위를 찬찬히 살펴보면 버섯이나 쓰르라미 못지않게 짧은 생애를 사는 생명들이 참으로 많다. 그중에서도 흔히 잡초로 불리는 한해살이풀을 생각해 보고자 한다. 한여름의 작열하는 태양을 머리에 이고 아스팔트나 시멘트 골목길에 버티고 서서 꿋꿋하게 살아가는 잡초. 그들의 강인한 생명력은 어디서 오고, 인간은 그것들을 어떻게 대하고 있는가.

반면 우리가 발붙이고 살아가는 지구는 어느새 45억 년을 살아왔다고 한다. 그러나 지구도 생명을 가지고 있는 존재이며, 따라서 때가 되면 우리의 아름다운 지구 역시 생을 마감해야 한다. 최근의 과학적 연구결과에 의지하여 인간은 이제 지구의 궁극적인 운명을 예견할 수 있게 되었다. 인간의 경이로운 예지능력에 경탄하게 되지만, 종말의 예견은 우울하다.

> "과학자들이 자신감을 가지고 행성들의 생애를 제대로 알 수 있게 된 것은 최근의 일이다. 지질학, 해양학, 생물학, 대기과학, 천문학 등 다양한 분야의 상호협력으로 지구의 활동 메커니즘, 무자비한 햇빛에 대한 반응, 궁극적으로 지구가 어떻게 사라질 것인가 등을 짐작할 수 있게 된 것이다." (『지구의 삶과 죽음』, 14-15쪽)

생명의 상호작용 : 잡초와 지구

만일 주변에 잡초가 없어진다면 세상은 어떻게 보일까. 차도와 인도는 물론이려니와 공터나 학교 운동장 혹은 논과 밭에서도 무리를 이루고 살아가는 잡초가 없어지면 세계는 어떤 모습으로 우리에게 다가올 것인가. 자연의 토대가 사라져버린 황량하고 메마른 미래도시가 연상되지 않는가. 서책 『풀들의 전략』을 쓴 이나가키 히데이로는 단적으로 말한다.

> "잡초는 쓸모가 없으니까 모조리 없애야 한다고 생각하는 사람도 있지만 그렇지 않다. 잡초는 인간과 같은 공간에서

살도록 태어난 식물이다. 그런 잡초마저 살아갈 수 없는 환경이 되어버린 세상을 어떻게 받아들일 것인가? 잡초가 잡초답게 살 수 없는 세상에서 인간이 인간답게 살 수 있겠는가?" (『풀들의 전략』, 197쪽)

인간의 필요와 욕망에 따라 모든 잡초가 제거되거나, 우심한 환경오염으로 인해 잡초까지 사라지게 된다면 인간 또한 건강하게 살아갈 수 없다는 것이 그의 생각이다. 잡초가 세상에 등장한 것은 인간의 소용을 위해서가 아니기 때문이며, 모든 생명에는 나름대로 존재하는 뜻이 있기 때문이다. 이것을 좀 더 거시적이고 과학적으로 해석하면 다음과 같다.

"식물은 동물이 필요로 하는 산소를 만들어냈고, 동물은 식물이 살아가는데 필요한 이산화탄소를 내놓았다. 동물과 식물은 먹고, 죽고, 시체가 썩고 다시 태어나는 순환과정을 무수히 반복했다. 생명은 근본적으로 서로 협조하도록 설계되어 있었고, 그런 과정에서 지구에는 더욱 다양한 생물종이 출현했다." (『지구의 삶과 죽음』, 64쪽)

세상의 어느 것도 홀로 존재하지 않는다. 생명의 최종 분해자인 미생물의 활동이 모든 것을 무로 돌리는 것처럼 보이지만, 실상 그것은 죽음과 탄생의 지속적인 반복 내지는 순환을 의미한다. 그러므로 특정한 목적을 위하여 생물이나 생물종을 파괴하거나 개조하는 행위, 나아가 새로운 생물종을 만들어내는 일에는 세심한 사려와 반성적 행위가 수반되어야 한다.

인간의 욕망 : 잡초와 작물, 가축화의 의미

욕망의 관점으로 자연과 생명을 들여다보면 인간이 성취

하였던 발전과정에 내재된 문제들이 고스란히 드러난다. 『문명의 붕괴』에서 재레드 다이아몬드가 주장한 것처럼 육류에 대한 현대인의 지향과 욕망이 과도한 목장의 출현을 불러왔고, 그로 인해 메탄가스 방출이 심화됨으로써 지구온난화가 가속되었다는 이야기는 잘 알려진 사실이다. 이것을 확대해보자.

> "인간은 어떤 분야에서는 생물종 다양성을 촉진하고, 다른 분야에서는 억누른다. 인간은 오랜 옛날부터 진화의 힘을 자기에게 유리한 방향으로 이용해왔으며, 인간의 의지가 아니라면 존재하지 않았을 동식물종을 만들어냈다. '가축화'라 불리는 작업은 식량을 얻기 위한 효율적이고도 잔혹한 생물 개조작업이자 식량확보에 위협적인 종을 가차 없이 제거하는 작업이기도 하다." (『지구의 삶과 죽음』, 70쪽)

종족보존과 확산을 위해 인간이 진행해왔던 작업의 결과물이 오늘날 부지불식간에 우리 식탁에 오르고 있다. 이를테면 유전자 변형으로 만들어진 콩이나 옥수수 가공식품, 바다에서 대량으로 양식되는 온갖 어패류, 그리고 페니실린을 비롯한 각종 항생제를 맞고 성장하여 도축된 육류 등을 본보기로 들 수 있겠다. 잡초와 작물의 관계도 이와 비슷하다.

> "작물도 옛날에는 잡초의 하나였다. 인간이 그것에서 쓸모있는 점만 택하여 개발한 것이 작물이다. 작물과 잡초는 다르지만, 작물이나 잡초 모두 인간과 맺은 관계 안에서 경이적으로 진화한 식물이란 점에서는 다르지 않다. 작물이 인간의 관리에서 벗어나 잡초가 되거나, 잡초가 인간의 눈에 들어 작물이 되는 일도 드물지 않다." (『풀들의 전략』, 127쪽)

서책의 지은이는 메귀리나 어저귀, 고마리나 참억새 등으로 작물과 잡초의 관계를 설명하고 있다. 경춘선을 타고 가다보면 북한강변에 '새터'라는 곳이 있다. 서울 인근 대학생들이 야유회 장소로 즐겨 찾는 장소다. 그런데 새터라는 지명의 유래는 참억새를 관장했던 곳이라는 뜻에서 나왔다는 것이다. 예전에 참억새는 지붕을 이는 고급재료로 쓰였다고 한다.

무엇을 할 것인가 : 인간의 한계인식과 책무

누구나 인정하듯이 오늘날 올바른 세계상의 확립과 이해는 거의 불가능하다. 하루가 멀다하고 들려오는 각종 과학기술 문명의 눈부신 성취와 발견은 현대인의 오감을 자극한다. 반면 우리의 의식과 생활습관은 그런 속도를 온전히 따라잡지 못하고 있다. 여기서 존재와 의식 사이의 괴리가 발생한다. 과학 만능주의가 지배하는 물질문명 시대에 우리는 살고 있다.

> "인구, 기술, 정보 등이 오늘날과 같은 속도로 증가한 시대는 일찍이 없었다. 과학발견 속도가 이처럼 빠른 적도 없었으며, 이런 발견의 성과를 종합하고 이해하기가 이토록 어려웠던 적도 일찍이 없었다." (『지구의 삶과 죽음』, 23쪽)

신속하게 변화·발전하는 과학기술의 시대를 살면서도 인간이 마냥 행복한 것은 아닌 듯하다. 지구촌 곳곳에서 발생하는 수많은 재앙과 전쟁의 소용돌이나, 과도한 집착과 욕망이 야기하는 폐해는 개인적인 범주를 훨씬 벗어나고 있는 것이 현실이다. 그런 이유로 『지구의 삶과 죽음』을 쓴 지은이들은 인간의 한계를 지적하면서 우리의 과제를 제시한다.

> "기술은 무한히 발전하지 않는다. 물리와 화학법칙은 보편적이며, 인간의 요구에 따라 변하지 않는다. 우리가 살고 있는 현재는 아름다움과 다양성, 자원이 넘쳐나는 영광스러운 한여

름이다. 그러나 여름이 언제나 계속되지는 않는다. 지금 이 순간의 지구는 매우 소중한 선물이며, 따라서 아끼고 즐겨야 할 대상인 것이다." (『지구의 삶과 죽음』, 280-298쪽)

그들이 제기하는 최종적인 과제는 지구의 운명을 결정할 두 가지 최대변수인 '이산화탄소의 양'과 지구로 인입되는 '태양에너지 양' 가운데 전자에 집중되어 있다. 이산화탄소의 양에 따라 지구에서 주기적으로 기상이변이 발생했다는 사실을 근거로 내세우면서 그들은 인간의 자제를 촉구한다. 그런데 사태가 여기에 이르면 묘한 모순을 느끼지 않을 수 없다.

1992년 리우 '유엔환경회의'에서 채택된 "교토의정서"에 따르면, 186개 기후변화협약 회원국 가운데 온실가스 배출량을 유럽연합 15개 회원국은 8%, 미국은 7%, 일본은 6%를 줄이도록 되어 있다. 그러나 세계최대 온실가스 배출국인 미국은 "교토의정서" 자체를 거부하고 지금까지 어떤 조치도 실행하고 있지 않은 것이다. 미국 학자들은 이산화탄소 양을 줄여야 한다고 촉구하지만, 정작 당사자 미국은 나 몰라라 외면하고 있는 실정 아닌가!

글을 맺으면서

고작 한 해를 사는 풀이나, 200년까지도 산다는 거북에게도 목숨은 유한하다. 얼마 전 언론보도에 따르면 몇몇 과학자들은 우주 나이를 190억 년 정도로 추산하고 있다고 한다. 그러니까 그 이전에는 우주 어디에도 '공허' 자체를 제외하면 아무 것도 없었다는 뜻이다. 그러다가 지구가 탄생하고, 어느 땐가 생명이 발생하여 오늘날 우리가 사는 지구가 되었다.

70억에 육박하는 인간의 번영도 놀랍거니와 지구 도처에서 각축을 벌이며 치열하게 생존을 추구하는 뭇 생명들의 노력도 눈물겹다. 그러므로 우리 주위에서 소리없이 살아가는 다종다기한 생명들에게 더러 따뜻한 눈길을 던져보는 일도 그다지 나쁘지 않은 일인 성싶다.

> "사람들은 잡초를 이름 없는 풀이라고 멸시한다. 그러나 이름 없는 풀은 없다. 사람들이 모를 뿐이다. 잡초는 모두 자기만의 이름과 아름다움과 특징을 가지고 있다. 그것들은 다양하고 생기에 차 있다. 잡초의 삶도 사람과 다를 바 없다. 잡초의 특징은 무엇보다도 역경에 끊임없이 마주서는 강인함이다. 잡초는 식물계의 하층민인 셈이다." (『풀들의 전략』, 6쪽)

잡초의 눈높이에서 잡초를 인간과 동일한 생명체로 이해하고 바라보려는 지은이의 시도가 아름답고 의미 있게 다가온다. 지극히 짧은 시간을 살면서도 나름의 수수께끼와 사연을 담고 있는 여러 가지 잡초를 들여다보면서 지은이는 잡초의 생활방식에서 인간의 그것을 느끼게 된다고 기술한다. 지은이가 바라보는 생명의 신비와 그윽한 깊이가 느껴지는 대목이다.

불과 100년 만에 인간은 마차에서 비행기로, 레이저와 인터넷, 로켓과 우주여행 시대로 진입했다. 그러나 과학기술의 발전은 제한되어 있으며, 지금 인류는 과도한 화석에너지 사용과 환경오염으로 지구를 위험수위로 몰아가고 있다. 언젠가 수명을 다하게 될 지구의 목숨을 앞당기려는 인간들에게 잡초가 던지는 전갈을 들어보라. "얼마나 덧없는 생인가!"

『지구의 삶과 죽음』 | 피터 워드-도널드 브라운리 지음, 이창희 옮김 | 지식의 숲 | 2006.

『풀들의 전략』 | 이나가키 히데히로 지음, 최성현 옮김 | 오두막 | 2006.

12. 인간의 탐구, 재앙인가 축복인가

『호모 쿠아에렌스』

서책의 구성

지금 인류는 60억을 넘어섰으며, 지구전역에 분포하고 있다. 피부빛깔에는 차이가 있지만, 그들은 호모 사피엔스 종으로 불린다. 생명의 발생과 기원, 그것의 진척을 설명하는 방법론으로 찰스 다윈이 내세운 『종의 기원』은 유력한 이론체계로 수용되고 있다. 미국의 일부 주에서는 아직도 진화론을 가르치지 못하도록 법으로 금지하고 '창조론'만 가르친다.

영국의 생화학자 찰스 파스테르나크의 서책 『호모 쿠아에렌스』는 진화론의 관점에서 논의를 진행한다. 지구에 원시생명체가 태어난 35억년 이전 시점부터 시작하여 앞으로 닥쳐올 100만년 후의 세계에서 지은이는 이야기를 마무리한다. 이토록 장구한 시간대를 다루면서 지은이는 시종일관 인간에 초점을 맞추며, 거기서 논의되는 핵심개념이 '탐구 Quest'다.

프롤로그에서 지은이는 인간을 인간답게 하는 가장 중요한 요소로 '탐구'를 거명한다. 탐구에 기초하여 그는 제1부에서 여러 호모 종들과 현생인류에 고유한 유전자적 특수성을 살핀다. 제2부에서 파스테르나크는 탐구를 계속한 인간이 과연 어떤 결과에 도달했는지를 문명과 기술, 종교, 과학 등의 여러 영역에 걸쳐 서술해나간다.

제3부의 관심은 최근에 불붙고 있는 논쟁, 즉 유전자 변형식품과 복제까지 아우르는 유전자 변형인간을 다룬다. 제4부에서는 그가 새로이 명명한 '호모 쿠아에렌스 (탐구하는 인간)'의 가깝고도 먼 미래를 예측한다. (쿠아에렌스 quaerens는 '추구하다' 혹은 '찾다'를 뜻하는 라틴어 quaerere에 연원을 두고 있는데, '탐구하다'는 의미의 quest는 여기서 기원한다.)

진보의 사다리를 오르는 인간

지은이에 따르면 인간의 유전자 구조와 침팬지의 유전자 구조는 평균적으로 95퍼센트가 유사하고 5퍼센트만 다르다고 한다. (28쪽) 또한 그는 인간 유전자의 50퍼센트가 바나나 유전자와 같다고 말한다. (66쪽) 여기에 근거하여 파스테르나크는 두 가지 사실을 강조한다. 하나는 인간이 지구에서 생겨난 최초 미생물에서 점진적으로 진화해왔다는 사실이고, 그 둘은 5퍼센트의 유전자 차이로 야기된 인간과 침팬지 운명의 엄청난 전변이다.

오늘날 멸종위기에 처한 침팬지와 인간의 해부학적 차이점은 지난 500만년 동안 점진적으로 일어났고 한다. 직립보행과 결부된 시야확대와 자유로워진 양손, 엄지손가락의 발달로 인한 기민한 손놀림, 복잡하고 발전된 성대에 힘입은 의사소통능력, 생각과 기억 및 추론과 연관된 대뇌피질의 신경세포 등을 해부학적 차이점이라 할 수 있다.

이런 차이에 기초하여 인간은 침팬지보다 훨씬 높은 발전의 사다리를 오를 수 있었다. 침팬지는 지금까지 500만년 동안 생활방식을 거의 변화시키지 못했다는 것이다. 지은이는 아놀드 토인비의 '도전과 응전' 개념을 인류문명의 발생과 결부지어 설명한다. 안락함보다는 역경에 처한 공동체가 문명의 사다리를 보다 높이 올라갈 수 있다는 것이 그의 주장이다.

> "편의적으로 사는 공동체는 도전에 정면으로 맞서는 공동체보다 덜 독창적이고 덜 진취적이다. 자신의 요구에 맞도록 환경을 길들이는 방법을 모색하려고 인간이 독창성을 발휘하는 것은 가혹한 주위환경 때문이다. 그것은 역경을 극복하고 조상들이 실패한 것을 성공으로 바꾸어 놓는 방법을 탐구하는 것이다." (188 - 191쪽)

인류문명의 기원을 파스테르나크는 인종이나 유리한 자연환경이 아니라, 인간에게 불리한 환경에서 찾으면서 그런 역경을 극복하는 인간의 탐구본능을 전면에 제기한다. 그런 탐구에 근거하여 인간은 지금까지 고도의 성취 사다리를 오르고 있다는 것이다. 더러 후퇴하는 경우도 있지만 성취의 사다리는 오직 한 방향을 지향한다고 그는 힘주어 강조한다.

그러나 뛰어난 인간능력, 즉 천재성이나 창의성 혹은 지적 능력은 유전적으로 다음 세대에 흡수되거나 전해질 수 없다. 그러므로 하나의 공동체를 제대로 인도하려면 뛰어난 지도자가 필수적인데, 그것은 세습형식이 아니라, 선출방식에 따라야 한다고 지은이는 말한다. 그런 본보기로 그는 로마제국과 베네치아 공화국, 1059년 이후 로마 교황청을 들고 있다.

유전자 변형식품 : 선인가 악인가

지난 50년 동안 세계 인구는 25억에서 60억으로 늘었고, 앞으로 50년이 지나면 30억이 추가로 늘어날 것이라고 한다. 아시아, 아프리카, 남아메리카의 빈곤국들에서 크게 늘어나고 있는 사람들을 먹여 살리려면 특별한 대책이 필요하다는 것이다.

> "지금 8억이 넘는 사람들에게 하루에 밥 한 공기에 해당하는 300 킬로칼로리 이상의 영양이 부족하다. 날마다 4만 명이 영양실조로 죽어가고 있는데, 그 가운데 절반이 어린아이들이다. 만약 우리가 세계인구의 6분의 1에게 집단아사의 비극을 안겨주지 않으려면 생산량을 늘릴 수 있는 새로운 형태의 탐구를 서둘러야 한다." (397쪽)

지은이는 부족한 식량을 확보하는 가장 유력한 수단으로 식물과 동물의 유전자 변형기술을 제시한다. 오늘날 전개되고 있는 유전자 변형식품에 대한 광범한 반대는 우리에게도 전혀 낯설지 않다. 하지만 파스테르나크는 그런 반대를 명쾌하게 논박한다.

> "유전적으로 변형된 음식을 먹어 병에 걸릴 위험은 세균에 오염되어 부패하기 시작한 음식을 먹을 때보다 훨씬 적다. 유전자 변형식품 경작지는 몇 해 전 160만 헥타르에서 21세기로 들어서면서 4,000만 헥타르로 증가했다. 캐나다, 멕시코, 미국, 호주, 중국 등에서 매일 유전자 변형식품을 섭취해왔지만 아직 어떤 부작용도 보고되지 않았다." (401-402쪽)

유전적으로 변형된 어떤 식품이든 먹을 준비가 되어 있다고 말하면서 지은이는 유기농법을 부유층의 전유물이라고 단언한다. 유전자 변형씨앗이 환경에 손상을 가져온 예는 단 한 건도 없었으며, 유전자 변형가축 고기를 섭취하는 것도 전혀 문제될 게 없다고 잘라 말한다.

> "제초제와 가뭄, 그리고 서리에 대한 저항력을 주어 수확량

을 늘게 하는 유전자 도입에 반대하는 주장은 아무리 너그럽게 보려고 해도 설득력이 없다. 아무리 나쁘다 해도 유전적으로 변형된 옥수수 밭이 비행기로 화학약품을 살포하는 밭보다 환경에 더 영향을 미칠 것 같지는 않다. 영향을 미친다 해도 충격은 훨씬 미미할 것이다." (407-410쪽)

이런 관점에서 파스테르나크는 결함 있는 유전자로 인한 불행한 인간탄생을 예방할 수 있는 유전자요법에 반대하지 않는다. 오히려 그는 시험관 수정이나, 복제 혹은 이종이식 등과 같은 방법으로 치명적인 질병과 고통으로부터 해방 가능성을 본다. 지은이는 새로움과 지식을 향한 인간의 갈증과 그것이 야기하는 과학발전을 결코 막을 수 없다고 강조한다.

결론을 대신하여

서책 『호모 쿠아에렌스』에는 다량의 정보가 들어있다. 그것은 생물학, 고고학, 인류학, 역사학, 문학, 예술분야 전반을 아우르는 방대한 영역에 걸쳐 자리한다. 지은이 찰스 파스테르나크는 러시아 혁명을 다룬 장편소설 『지바고 의사』로 우리에게 잘 알려져 있는 보리스 파스테르나크의 조카이며, 러시아 인상파 화가인 레오니드 파스테르나크의 손자이기도 하다.

35억년 이상의 지구와 지구 생물체 역사와 그것들의 진척, 특히 인간의 진보와 진화에 바쳐져 있는 이 서책은 다루고 있는 정보가 너무도 많기 때문에 수용하기가 결코 만만치 않다. 물론 지은이의 풍부한 지식과 명쾌한 주장, 그다지 난해하지 않은 과학기술 논증으로 독자들은 지식의 영역과 깊이를 확장·심화할 가능성을 부여받고 있기는 하지만 말이다. 그가 미래예측 부분에서 강조하는 현대사회의 우민화 현상과 예술의 평균적이고 범용한 미의식, 소수의 천재성에 의지하려는 자세는 여러모로 생각해볼 여지가 있다.

> "지금 서구예술에서는 뻔뻔함이 재능을, 형편없음이 아름다움을, 혼합이 구성을 대체하였다. 문화적 우둔함이 사회전체를 감싸고 있다. 오천 년 전에 문명을 세우도록 인도하였고 그 다음에는 자신의 후손이 향상될 수 있도록 힘을 주었던 것은 지식과 새로운 기술에 대한 소수의 탐구였다. 무기력하고 경쟁하지 않는 다수는 나라의 몰락을 예고한다." (466 - 467쪽)

일찍이 오르테가 이 가세트가 『대중의 반역』에서 주장하였던 20세기 대중의 출현과 의미에 대한 통렬한 지적을 되풀이하는 듯한 이 구절은 낙천과 비관을 동시에 함축한다. 권리와 주장에는 익숙한, 하지만 의무와 창조에는 무디거나 무관심한 다수 대중을 인도하는 소수의 탐구자들에게 부여된 고전적인 책무를 고전적인 저자가 강조하고 있는 것이다.

덧붙임

이 서책의 원제는 『Quest : The essence of humanity』이다. 우리말로 옮기면 『탐구 : 인간성의 본질』 정도 쯤 될 터인데, 옮긴이가 제목을 바꾼 것이다. 나는 제목보다는 부제가 마음에 든다. 다만, 지은이가 서책 곳곳에서 강조하는 탐구본능과 자세가 부제에서 망각되지 않을까 저어하는 입장이다. 번역은 전체적으로 매끄럽지만, 성에 차지 않는 대목들도 적지 않다. 도판이나 그림도 만족스럽게 배치되지 못하고 서둘러 출판되었다는 인상을 지울 수 없었다. 하지만 500여 쪽에 달하는 다양한 분야의 폭넓은 지식과 정보를 포괄하고 있다는 점을 고려한다면 이런 문제점은 충분히 이해 가능하리라 여겨진다.

『호모 쿠아에렌스』 자연과학자의 눈으로 본 인류문명사 | 찰스 파스테르나크 지음, 서미석 옮김 | 도서출판 길 | 2005.

제2부 사회와 역사

1. 우리의 자생적인 인문학을 위하여

『고대문명교류사』

언제부터인지 우리나라의 학문, 특히 인문학은 몇몇 국학 분야를 제외하고 외국의 이론을 수입·모방·재생산하는 하도급이나 하청을 주된 작업으로 간주해왔다. 인터넷이나 전자우편 같은 신소재가 대중화되기 전에는 해당국가에 거주하는 가까운 인사들의 도움을 받은 발 빠른 연구자들이 신속한 정보수집과 해석능력을 바탕으로 상당한 학문적(?) 경쟁력을 보장받았다. 과학기술문명의 신속한 발전과 보급으로 오늘날 그런 정신적인 자해와 공갈행위는 많이 사라졌지만, 인문학의 대외종속은 더욱 심화되고 있는 실정이다.

대한민국 사회의 외국선호와 사대 및 자기비하는 매우 오랜 뿌리를 가지고 있다. 예컨대 한자 문화권에 자리하는 국가들 가운데 조선이 제나라 글을 가장 늦게 가지게 된 연유를 한 번 생각해 보시기 바란다. 우리가 '쪽발이'라고 멸시하는 일본이 이미 8세기 무렵에 '히라가나'를 만들었다면, 우리 조상들은 무엇을 했는가? 15세기 중엽에 세종이 '한글'을 창제했을 때 그 잘난 '집현전' 학사들께서는 진정으로 우리말과 우리글을 찬양·고무했던가? 집현전 학사였던 최만리의 반대 상소는 빙산의 일각이었다는 것이 정설이다.

이런 측면에서 살필 때 『고대문명교류사』는 매우 뜻 있는 저작이다. 우리에게 간첩 '깐수'로 더 잘 알려져 있는 저자 정수일씨는 남북분단을 온몸으로 현현하면서 짧지 않은 옥살이를 경험한 우리 현대사의 살아있는 증인이기도 하다. 그런 저자가 대한민국 인문학의 자생성을 강조하면서 집필한 책이 『고대문명교류사』다.

> "이제 우리도 학문, 특히 인문학 분야에서 남의 뒤따름만이 아니라 무언가 앞섬이 있어야 하겠다는 시대적 사명을 깊이 간직하면서." (9쪽)

식민지 조선청년의 부끄러움을 아름답게 노래했던 동주의 시처럼 연구자의 희망은 미래의 빛나는 등불로 자리할 것이라 믿는다. 그것이 오늘을 사는 인문학자들의 숙원이자 삶의 최대 원인이라고 나는 생각하는 것이다.

제목에 드러나 있듯이 『고대문명교류사』는 매우 방대한 시간과 공간을 담고 있다. 인류가 태동한 시원 始原에서 기독교의 동방전래에 이르는 기나긴 시간대와 이른바 구대륙이라 불리는 유럽, 아프리카, 아시아 3대륙에 이르는 드넓은 지역을 망라하고 있음이 그 까닭이다. 필자는 우선 문명과 문화의 개념을 명확히 하면서 논의를 전개한다.

> "문화는 문명을 구성하는 개별적 요소이며 그 양상이다. 문명과 문화의 관계는 위계적 位階的 관계가 아니라 총체와 개체, 복합성과 단일성, 내재와 외형, 제품과 재료의 포괄적

관계다. 비유컨대 문명이 총체로서의 피륙이라면 문화는 개체로서의 재료인 줄, 씨줄과 날줄에 해당한다." (23쪽)

저자가 서책에서 누누이 비판하는 점은 '서구문명 중심주의'에 기초한 '선진서양' 혹은 '후진동양' 따위의 저급한 발상이다. 산업혁명과 프랑스 대혁명 등으로 촉발된 서양의 기술문명 발전속도가 동양의 그것을 앞지른 시기가 겨우 200년 남짓이라고 판단하는 필자는 오천 년 인류문명사에 비출 때 그것은 '조족지혈 鳥足之血'이라 사유하고 있는 것이다.

문명의 지속적인 교류를 고려하면서 서로 다른 문명의 양상과 진화과정에 관심을 맞추어야 한다고 지은이는 지적한다. 따라서 '동과 서', '후진과 선진'의 이분법적인 분류는 인류문명을 올바르게 개관하는데 도움이 되지 못한다는 것이다.

그런데 서책 『고대문명교류사』를 관류하는 기본적인 관점은 문명의 부단한 교류다.

> "인류는 출현할 때부터 비록 원시적이지만 문명을 창조하고 향유하였으며, 접촉과 교류를 통해 그 영역을 부단히 확대하고 다양화해왔다." (43쪽)

제한된 시·공간 안에서 문명의 발원과 진화 및 사멸의 도식이 아니라, 이질적인 문명들과의 지속적인 만남과 교류의 관점으로 문명사를 통관하는 자세가 이 저작에는 수미일관 나타나고 있는 것이다.

여기서 더 나아가 필자는 문명의 교류현장에 한반도를 연결함으로써 서구의 인문학 체계에서 일관되게 등한시되어왔던 우리의 문화와 역사를 재조명하는 혁신적인 시도를 꾀하고 있다. 제2장 신석기문화의 교류 (거석문화, 즐문토기), 제3장 청동기문화의 교류 (한국 청동기문화), 제4장 보석문화의 교류 (한국의 유리와 그 교류), 제5장 유목기마민족과 문명교류 (북방 유목기마민족 문화와 한국), 제7장 서역개통과 문명교류 (서역문물의 동전, 서역문물의 한반도 전래), 제8장 종교의 교류 (한국으로의 불교전파, 고대 동방기독교의 한국 전파문제), 제9장 고대의 실크로드 (고대 한·중 육로, 고대 한·중 해로).

『고대문명교류사』는 이런 미덕 이외에도 지금까지의 문명사연구에서 변방에 위치하고 있던 이민족의 역사적인 의미에 대한 올바른 평가를 시도하고 있다.

> "이른바 '중심문화'와 '주변문화'라는 비대칭적인 양분논리 속에서 후자에 속한 유목기마민족의 역사와 문명이 소외당해온 것은 분명 문명사 연구에서 한 오점이다. 왜냐하면 그들은 고대문명을 응징하기 위해 파견된 신의 채찍으로써 역사의 그물을 찢고 인류문명의 수레바퀴를 떠밀어온 위대한 민족들이기 때문이다." (219쪽)

이런 관점에서 저자는 '스키타이'와 '흉노'로 대표되는 유목기마민족의 역사적 발자취와 문명을 유라시아 전체의 역사적 흥망과 결부하여 장쾌하게 논하고 있다. 제6장 로마와 한의 교류에서 필자는 헬레니즘 문화의 역사적인 의미를 보다 확장하여 규정한다.

> "헬레니즘 문화는 고전 그리스 문화와, 페르시아 문화로 이어져온 고대 오리엔트 문화와의 첫 만남이며, 또한 인도나 중국의 고대문화와 서방문화와의 접촉계기를 마련함으로써 동서 문명교류사에 중요한 한 장을 열어놓았다. 이때까지 아시아와 유럽은 페르시아의 매개로 간접관계만을 맺어왔으나 이제는 직접관계로 변하였다." (362쪽)

따라서 헤브라이즘과 더불어 유럽의 정신적이고 물질적인

양대축을 이루고 있던 헬레니즘을 중국문화와 접목함으로써 문화에 대한 안목과 관점을 한 단계 고양시키고 있다는 생각이 드는 것이다. 마지막 장에서 필자는 '실크로드'를 논하면서 고대의 실크로드 개념을 부단히 확장하고, 그것에 기초하여 독특한 개념을 창출한다.

> "실크로드가 문명교류의 통로에 대한 상징적인 지칭이라고 할 때, 초원로와 오아시스 육로, 해로의 3대 통로는 그 간선에 불과하다. 왜냐하면 교류상을 총체적으로 고찰하면 지리적으로 동서를 이어주는 길은 상술한 3대 통로를 제외하고도 수많은 지선이 있을 뿐만 아니라, 남북을 이어주는 교역로나 교류통로도 여러 개 병존하고 있기 때문이다... 요컨대 실크로드는 3대 간선과 5대 지선을 비롯해 수만 갈래의 길로 구성되어 있는 범세계적인 망상적 網狀的 교통로임을 인식해야 한다." (611 – 612쪽)

이런 입장에서 필자는 한반도와 실크로드가 매우 깊은 연관이 있음을 주장하면서 반도에서 실크로드학이 탄생해야 한다고 주장한다.

> "한반도 역사 전개과정, 특히 서역과의 교류사를 추적해보면 한반도도 예외 없이 시대에 따라 정도의 차이는 있지만 시종 실크로드라는 대교통망의 한 고리로 그와 연결되어 있었으며, 그 과정에서 응분의 역할과 기여를 하였음을 긍정하게 된다. 따라서 실크로드의 대한 對韓 연계상을 구명하는 것은 중요하고도 절박한 과제가 아닐 수 없다." (616 – 617쪽)

그의 이런 시선은 오늘날 남북 종단철도와 시베리아 횡단철도와의 상호연결로 새로이 열리고 있는 우리들의 제한된 시선의 무한한 확장과 긴밀하게 연결되어 있다.

저자의 이런 관점은 신라의 한반도 '남단통일' 이후 대륙에 대한 상상력을 완전히 상실하고, 현대에 이르러서는 6.25 남북전쟁 이후 분단으로 야기된 남반도 내부적인 시선에 지나치게 익숙해지고, 장기간의 폭압적인 군사통치와 몇몇 야만적인 정권 하에서 지역감정 조장으로 남반도의 동서분단 고착화로 철저하게 고갈된 우리역사와 세계사와의 연관성에 대한 드넓은 시야확보와 진정한 세계화를 이해하고 준비하기 위하여 더 없이 유익하며 호쾌한 시각이라 생각되는 것이다.

이제 몇 가지 '옥의 티'를 찾아보자. 필자는 같은 정보를 반복하는 경우가 왕왕 있다. 예컨대 그는 비단과 로마의 쇠망을 연결하면서 이렇게 썼다.

> "기원전 31년부터 기원후 192년까지 220년 동안 로마가 비단교역을 주종으로 한 동방무역으로 소모한 재정은 1930년의 1억 영국 파운드에 해당되는 막대한 양이었다. 로마제국의 쇠퇴를 초래한 재정적 고갈요인 중에서 비단구입으로 인한 지출이 중요한 몫을 차지하였다." (343 - 344쪽)

그런데 이와 동일한 내용이 389쪽의 각주 95)에서 그대로 반복되고 있다. 동일한 인물을 다르게 표현하고 있으며 (치송테첸 / 치송테첸포: 505 - 506쪽), 어떤 인물은 생몰연대가 불분명하고 (총카파, 1359 - 1419: 508쪽; "1447년 아들이 없는 총카파는 조카인 게둔 루프에게 종단의 지도권을 넘겨주었다." 509쪽), 시기구분이 모호한 경우도 있다. ("기원후 132년 시리아 지방이 로마 - 파르티아 - 오스로에네 3개 소국으로 분열되면서 에데싸는 오스로에네의 수도로 되었다. 에데싸는 이때부터 216년 로마 식민지로 전락할 때까지 348년 동안 독립왕국의 수도로 있으면서 1세기말이나 2세기 초에 기독교를

받아들였다." 539쪽)

『고대문명교류사』는 700쪽이 넘는 방대한 분량으로 이루어져 있다. 그러나 이것은 필자의 원대한 계획 가운데 일부일 따름이다. 그는 지속적으로 문명교류와 결부된 저작을 준비하고 있으며 (677쪽의 후기 참조), 따라서 우리는 머지않아 중세와 근현대의 문명교류와 결부된 그의 노작을 만나게 될 것이다. 그런데 이렇게 방대한 저작에 필자는 참고문헌 목록을 첨부하고 있지 않으며, 더러는 각주 인용에서도 모호한 처리를 남김으로써 독자들의 작은 불만을 야기한다. '고대문명교류사 연표'나 '찾아보기'와 같은 자상한 배려가 독자를 얼마나 흐뭇하게 하는지 필자가 이해한다면 이 책에도 조만간 위에 언급된 문제들이 시정되었으면 하고, 앞으로의 그의 저작들에도 넉넉한 부록이 준비되기를 간절히 바란다.

덧붙임

대이라크 전쟁을 획책하고 있는 미국의 조지 부시 대통령과 그 휘하의 야만적인 매파들에게 보내는 문화적인 메시지를 나는 이 책에서 보았다. "아르벨라는 에데싸 동쪽 400마일 되는 곳에 (현재 이라크 북부의 에르빌) 위치한 고도로서 에데싸와 비슷한 시기에 기독교가 들어가 상당한 교세를 뻗으면서 동방 기독교의 한 본거지로, 중앙아시아로 기독교가 전파되는 보루가 되었다. 225년 무렵에 이르러 아르멜라를 중심으로 한 북메소포타미아와 페르시아 본토의 약 200여 곳에 교구가 설립되었다 하니, 그 교세가 상당하였음을 가늠할 수 있다." (542쪽)

인류문명의 위대한 발상지 가운데 하나인 메소포타미아가 지금의 이라크에 위치하고 있음은 주지의 사실이다. 그런데 바로 그 땅에 초기 기독교의 본산이 자리하고 있었음을 이제 새삼 살피게 되니 어찌 울분이 터져 나오지 않겠는가!

『고대문명교류사』 | 정수일 지음 | 사계절 | 2001.

2. 책을 읽지 않는 대학생들을 위한 쓴 소리

『뇌를 단련하다』

『나는 이런 책을 읽어왔다』와 『도쿄대학생은 바보가 되었는가』로 국내 독자들에게도 상당히 친숙한 다치바나 다카시의 도쿄대학 교양학부 강의를 묶어 출간한 서책이 『뇌를 단련하다』이다. 부제 [도쿄대학 강의 ① 인간의 현재]가 달려있는 것으로 보아 역자와 출판사는 연작형태로 번역출판을 지속할 의향인 듯하다.

저자 다치바나 다카시는 도쿄대학 불문학과를 졸업한 다음 '문예춘추'에 입사하였다가, 2년 만에 그만두고 다시 도쿄대학 철학과에 입학하여 평론활동을 시작한 독특한 이력의 소유자이다. 그는 정치와 사회영역 뿐만 아니라, 우주와 뇌 분야에까지 이르는 다양한 영역에서 탁월한 문필활동을 전개하여 '시바 료타로' 상을 받는 등 현대일본의 대표적인 지식인으로 꼽히는 인물이다.

일본의 최고 명문대학인 도쿄대학생들의 교양과 지식수준이 너무 낮다는 현실인식에 기초하여 다치바나 다카시는 교양학부 학생들이 감당하기에 버거울 정도의 난해하고 방대한 강의를 이끌어나간다. 더욱이 그는 자신만만하고 당당하게 자신의 주장을 설파하는데, 이런 점은 '일본의 이과교육은 19세기 이전 수준이다', '권위를 의심하라', '스승에게 반기를 들다'는 등의 항목에서 강렬하게 그 빛을 발한다.

> "일본 고등학교의 물리와 화학에서 여러분이 배운 것의 대부분은 19세기 이전의 지식입니다... 지금 물리나 화학에서 19세기 이전에 얻은 지식과 20세기 이후에 얻은 지식을 비교하면 9대 1정도라고 해도 좋을 지경입니다... 요컨대, 여러분은 곧 21세기 최전선으로 내던져질 터인데, 여러분의 머릿속은 여전히 19세기 이전의 것들로 가득 차 있고, 20세기의 내용에 대해서는 거의 아무것도 모른다는 것입니다." (45 - 47쪽)

이런 상황임에도 불구하고 입학만 하면 졸업은 당연지사로 여겨지는 일본의 대학풍토와 거기서 벗어나지 못하는 도쿄대 학생들을 저자는 날카롭게 비판한다. 대학졸업 후의 사회생활을 위한 만반의 준비를 갖추지 않고 허송세월 하는 젊은이들을 향한 지은이의 사자후는 오늘날 대한민국의 모든 대학생들에게도 고스란히 적용된다고 하겠다.

그런데 『뇌를 단련하다』에 담겨있는 내용들은 나와 같이 자연과학에 어둡고, 인문·사회과학에 관심이 많은 독자들에게는 매우 생경하며 어려운 것이 사실이다. 왜냐하면, 저자는 현대사회의 근간을 인류가 20세기에 도달한 자연과학에서 찾고 있으며, 따라서 인문학도에게 보다 폭넓고 정치한 자연과학적 지식습득을 주문하고 있기 때문이다.

이런 측면에서 제11회 강의내용인 '대칭성과 그것의 파괴'는 특히 주목할 만하다. 세상과 우주의 만물을 '대칭성의 원리'로 이해해왔던 과학자들에게 두 사람의 젊은 중국인 과학자가 도달한 결론 '패리티 보존법칙'의 파괴는 관습적인 사고방식의 근본적인 전환을 요구했다는 점에서 의미심장하다. 여기서 저자는 '보편성'의 주술로부터 해방될 것을 주장한다.

> "이것이야말로 절대적인 진리이자 보편적인 진리다, 하는 것에는 대개 의아한 부분이 있기 마련이며, 어느 날 전부 전복될 수 있다는 겁니다. 과학의 역사나 인간의 지의 역사도 다 그렇습니다. 역으로 그런 일이 있기 때문에 인간의 지의 역사가 빠르게 생성 발전하여 여기까지 온 것이지요... 따라서 진리라고 알려진 것이 뒤집히는 것은 좋은 일입니다." (356쪽)

여기서 그가 내세우는 전복(顚覆)의 사유는『뇌를 단련하다』곳곳에서 독자를 사로잡는데, '강의를 제껴라', '사전을 통째로 읽어라', '유급을 해라', '상식의 벽을 깨뜨려라' 등의 항목에서 그것은 구체적인 내용과 외양을 확보한다.

그는 폴 발레리의 산문 "테스트 씨와의 하룻밤"과 데카르트의 체험을 본보기로 들면서 전복의 사유, 즉 '지적인 쿠데타' 혹은 '패러다임의 전환'을 강조한다. 앞으로 전개될 인생을 설계하면서 젊은 날 반드시 맞닥뜨려야 할 필요충분조건으로써 인식과 발상을 근본적으로 전환하라고 다치바나 다카시는 힘주어 강조하고 있는 것이다.

> "종교적 전환은 모든 연령층의 사람에게 언제든지 일어날 수 있는데 반하여, 지적인 쿠데타는 열아홉에서 스물세 살 사이에 가장 많이 일어납니다. 바로 여러분의 나이입니다... 지적인 쿠데타는 '산고와 흡사한 고뇌' 끝에 일어나는 겁니다. 그런 고통이 전혀 없는, 그리하여 뇌가 늘 태평한 사람들에게는 평생 일어나지 않는 것입니다." (160쪽)

저자는 깊고도 다채로운 독서와 기록, 사유와 일상적인 실천을 통하여 자신이 도달한 지의 영역을 화려하게 펼쳐 보인다. 인문과학에서 시작하여 사회과학을 거쳐 자연과학에까지 미치는 그의 지적편력은 보는 이로 하여금 일종의 경탄을 자아내게 한다.

그런데 그는 거기서 멈추는 것이 아니라, 교양의 범주를 확산함으로써 편협한 지식인의 양산이 야기하는 폐해를 줄이자고 호소한다. "프로페셔널한 제너럴리스트", 즉 우리말로 전문적인 '팔방미인' 정도로 자신을 소개하면서도 다치바나 다카시는 "과학을 알고 있는 철학자"로 불리고자 한다.

그는 스노의 저작 『두 문화와 과학혁명』(1959)을 예로 들면서 20세기에 보다 심화된 미분화와 세밀화 과정을 거쳐 상호이해를 포기한 인문과학과 자연과학의 소통불가능을 지적한다. 문과계 지식인의 반과학적 경향, 기초연구자와 응용연구자 사이의 몰이해, 생산분야 담당자와 순수연구자 사이의 괴리라는 3중의 장벽을 지은이는 밝혀내는 것이다.

이런 논거에 기초하여 저자는 지난 세기의 폐해를 지적하면서 오늘을 사는 대학생들에게 광범하고 풍요로운 독서를 권장한다.

> "사회에 나가면 책을 읽을 수 있는 시간이 지금의 10분의 1이나 20분의 1로 줄어듭니다. 그제야 학창시절에 책을 좀 더 읽을 걸, 하고 생각합니다. 지금 여러분이 지닌 최대의 자원은 공부 가능한 시간입니다. 지금 그 시간을 배움에 쓰지 않는 사람은 자기의 가장 큰 자산을 무의미하게 하수구에 던져버리는 꼴과 마찬가지입니다." (250-251쪽)

오늘날 영상문화와 놀이문화에 익숙한 젊은 세대들에게 저자 다치바나 다카시가 던지는 문제의식은 실로 엄중하다. 나날이 늘어가는 현대사회의 과학·기술적인 발견과 진척에 뒤쳐진 채 향락하면서 '지금'과 '여기'에 함몰될 것인지, 아니면, 드넓은 지의 세계로 과감하게 뛰어들어 지식의 생산자이자 수혜자가 될 것인지를 일본의 지식 전문가는 묻고 있는 것이다.

『뇌를 단련하다』, [도쿄대 강의 ① 인간의 현재] | 다치바나 다카시, 이규원 옮김 | 청어람미디어 | 2004.

3. 달라이 라마와 20세기 티베트 역사에 관한 상세보고서

『달라이 라마 평전』

본래 '평전'이라 함은 역사적인 인물의 일대기를 평자의 관점에 따라 서술하는 것이다. 역사는 물론 현재 진행형이지만, 대개의 경우 우리는 지나간 사건과 인물에 대한 기록을 역사로 규정한다. 그러므로 살아있는 인물에 대한 평전을 대면하는 것은 상당히 드문 일이다.

'평전'은 개인사에 많은 관심과 주의를 집중한다. 왜냐하면 그것은 이미 어떤 개인의 일생에 대한 기록의 의미를 내포하기 때문이다. 이런 점에서 질 반 그라스도르프의 『달라이 라마 평전』은 우리가 항용 대면하는 평전형식과는 거리가 멀다. 문제는 새로운 틀의 『달라이 라마 평전』이 얼마나 설득력 있게 독자들에게 다가가느냐 일 것이다.

모두 4부로 이루어진 『달라이 라마 평전』은 필자가 구분한 연대순을 따르고 있다. 1933년 12월 17일 제13대 달라이 라마 툽텐 갸초가 58세를 일기로 세상을 떠나는 극적인 장면묘사와 더불어 『평전』은 서사를 시작한다. 그런데 그라스도르프의 『달라이 라마 평전』은 실제로 발생한 사건에 대한 서술, 즉 실재했던 역사기록보다는 의도적으로 제작된 기록물이라는 인상을 강하게 풍긴다.

> "문득 바람이 소용돌이치기 시작하더니 저 멀리로 안개너울이 나타났다. 눈 덮인 산봉우리들 사이, 산허리에 걸린 너울은 빛과 그림자의 놀라운 춤을 선사하며 전망을 확연하게 바꾸고 있었다. 공간이 갈라지고, 폭풍우가 으르렁거리고 번개가 하늘을 가른다. 거대한 아우성이 일고 있다." (24－25쪽)

막 서거한 13대 달라이 라마에게 경배를 마치고 집으로 돌아가는 길의 라마승이 도정에서 만난 초자연적인 현상에 대한 그림과도 같은 묘사장면이다. 티베트의 라마교와 정치체제, 그리고 환생 등과 같은 믿음의 형식에 익숙하지 못한 독자에게 이런 묘사가 불러일으키는 것은 분명 신비주의일 것이다. 『달라이 라마 평전』은 시종일관 이런 서술로 가득 차 있다.

다른 한편으로 『달라이 라마 평전』에는 매우 풍부한 각주가 우리들의 시선을 끈다. 본문의 이해를 돕기 위한 각주는 티베트의 역사와 역대 달라이 라마들, 그리고 티베트 고유의 전통과 습속 등 다양한 분야를 망라하고 있다. 그러나 과도한 각주는 본문 내용의 충실한 독서를 헤살 놓는 구실도 동시에 하고 있다. 이 점 또한 서책 『달라이 라마 평전』의 이중성을 드러내는 기제가 된다.

제13대 달라이 라마의 환생을 찾아다니는 탐사대의 긴 여정을 서술하면서 『달라이 라마 평전』은 티베트인들의 환생에 대한 믿음과 전통적인 습속을 우리에게 알려준다. 마침내 1940년 2월 22일 제14대 달라이 라마로 다섯 살 소년 라모 돈둡이 즉위하게 된다. 그는 훗날 텐진 갸초라는 이름으로 알려지는데, 흔히 '쿤

둔'('고귀한 존재'라는 뜻)이라 불리기도 한다.

유장하게 흐르는 시간은 잠시도 멈추지 않고 전진운동을 계속한다. 제2차 세계대전이 종결되고, 1947년 8월 15일 인도가 영국으로부터 독립한다. 하지만 쿤둔은 만18세가 되기 전에는 통치할 수 없었고, 전권을 쥐고 있던 탁드라 린포체 섭정과 그의 정부는 국제정세를 효과적으로 활용할 능력이 없었다. 더욱이 전임 섭정 레팅 린포체와 권력암투가 격화되고 있었다.

강성했던 청나라 이후 티베트를 지배했던 중국은 장개석의 국민당뿐 아니라, 모택동의 공산당도 티베트를 호시탐탐 노리고 있다. 그것에 대한 상세한 서술로 『달라이 라마 평전』 제3부는 시작한다. 여기서부터 티베트 전문가이자 언론인인 그라스도르프가 『달라이 라마 평전』을 집필한 진정한 의도가 독자 앞에 선명하게 모습을 드러낸다.

> "중국의 다른 황제들처럼 자금성에 입성하는 순간부터 모택동은 한국과 티베트 쪽으로 지배력을 확장하려는 야욕에 불탄다. 그리하여 1950년 그의 원정군은 김일성 군대 편에서 싸우게 된다. 남은 것은 티베트다. 모(毛)는 림표(林彪)에게 티베트를 달라이 라마의 신정으로부터 해방시키고, 티베트 국민들을 노예상태에서 벗어나게 할 계획수립을 지시한다." (235쪽)

『달라이 라마 평전』은 중국 공산당과 당국이 어떤 방법으로 얼마나 오랫동안 그리고 집요하게 티베트를 병탄해왔는지 다각도로 접근한다. 1950년 약관 15세의 달라이 라마는 여전히 통치권을 가지고 있지 못했으며, 섭정 탁드라 린포체는 티베트 문제를 유엔에 상정했지만, 서구열강은 그것을 중국 내부문제로 간주하여 외면해 버린다. 그 결과 티베트는 국제적인 미아가 된 것이다.

티베트 인민들의 뜨거운 요구로 섭정은 자리에서 물러나고 텐진 갸초가 그해 11월 17일 종교와 정치의 최고 지도자로 즉위한다. 하지만 중국은 티베트를 병탄하기 위한 조치를 차례차례 준비하기 시작하였고, 1951년 5월 23일 '17개 조항 합의안'을 통과시킨다. 바로 그날부터 독립국가 티베트는 지구상에서 사라졌고, 수많은 유혈참극이 발생하게 된다.

> "중국인들은 티베트인들을 총살하고, 목매달고, 교살하고, 끓는 물을 들이붓고, 승려들을 산 채로 묻고, 목을 자르고, 사지를 절단했다. 아이들을 시켜 부모들 목에 총을 쏘게 했고, 승려들에게는 여승들을 간음하도록 강요했다. 여자들은 12세가 되면 불임수술을 받게 했으며, 임신 8개월 반이 된 어머니들도 강제로 중절수술을 받도록 하였다." (319쪽)

티베트 인민들의 의지와 무관하게 중국정부는 티베트의 완전병합을 꾀하고 있었다. 중국은 티베트 인민의 문화와 언어를 박멸하고, 그들을 동화시킴으로써 티베트를 완벽하게 지배하려는 시도를 잠시도 멈추지 않았다. 1959년 3월 11일 독립을 선언한 달라이 라마는 일주일이 못되어 망명을 떠나야 했고, 3월 23일 티베트의 수도 라싸에는 오성홍기가 바람에 휘날렸다. 3월 20일부터 겨우 나흘 동안 1만 5천 명의 티베트인들이 수도에서 살해되었다.

이제 『달라이 라마 평전』은 한편으로는 인도 북부 다름살라로 피신한 달라이 라마와 티베트 망명정부의 활동을 기술하고, 다른 한편으로는 티베트에 남아있던 인민들에 대한 중국정부의 집요한 탄압을 써내려간다. 특히 1966년 5월 16일부터 시작된 중국의 문화혁명과 그것이 결과한 티베트 출신 홍위병들이 자행한 종교와 사원 파괴행위가 낱낱이 기록된다.

수많은 티베트 인민들이 중국의 학정과 폭압을 피하여 인도로 망명하였고, 1981년 10월 29일 달라이 라마는 공산주의와 불교 사이의 대화 가능성에 대하여 말한다. 그것은 공유재

산의 강조, 착취와 부패에 대한 공격과 저항으로 압축되며, 달라이 라마는 지금도 이런 생각을 유지하고 있다고 한다. 종교에 대한 공산주의자들의 맹목적인 무시와 억압은 파기되어야 마땅하다고 제14대 달라이 라마 텐진 갸초는 역설한다.

망명정부 내부의 이견에도 불구하고 달라이 라마는 끊임없이 비폭력을 주장한다. 1987년 9월 21일 미국 의회에서 그는 5개조의 '평화계획안'을 제시하기에 이른다. 마침내 1989년 10월 11일 달라이 라마는 노벨 평화상을 수상함으로써 자신이 줄기차게 실천해온 비폭력정책과 평화계획안에 대한 국제사회의 폭넓은 인정을 받게 된다.

티베트 망명정부의 수반으로 활동하는 달라이 라마는 다른 한편으로 위대한 깨달음을 얻은 종교지도자로 우리에게 삶의 비의를 가르쳐주고 있다. 죽음에 대한 그의 탁견을 보자.

> "죽음은 하나의 자연스러운 과정일 뿐입니다. 죽음은 현실이므로 우리가 이 땅을 거쳐 가는 동안 그것을 있는 그대로 받아들여야 합니다. 죽음은 종말이 아니라, 낡은 옷을 갈아입는 것과 마찬가지입니다." (446쪽)

『달라이 라마 평전』은 저자가 10년이 넘는 기간 동안 조사하고 탐구한 모든 것의 결정체라고 한다. 기실 서책 곳곳에 자리하고 있는 달라이 라마 텐진 갸초와 가족들과 함께 찍은 저자 그라스도르프의 사진은 그들이 어떤 단단한 유대로 엮어져 있음을 명징하게 드러낸다. 저자는 오늘의 티베트를 우리의 '꿈'으로 묘사하면서 달라이 라마 이후 공허할 티베트의 미래를 깊이 걱정하고 있다.

『달라이 라마 평전』, 그 정치적 미스터리와 영적 카리스마의 비밀 | 질 반 그라스도로프 지음, 백선희 옮김 | 아침이슬 | 2005.

4. 당신들의 문제에서 우리들의 문제로

『당신들의 대한민국』

노르웨이 오슬로 국립대학 한국학 교수 박노자의『당신들의 대한민국』은 매우 도발적이고 공격적인 서책이다. 그는 서책의 제목을 통하여 이미 자신의 집필의도를 단적으로 밝히고 있다. 왜냐하면 대한민국 앞에 자리한 수식어 '당신들의'가 중요한 의미를 함축하고 있기 때문이다. 여기서 우리는 적어도 세 가지 관점을 생각할 수 있다.

우선, 서책의 저자는 '우리들의' 대한민국이 아니라는 점을 강조하고 있다. 주지하다시피 지은이 박노자는 한국에 귀화한 러시아인이다. 따라서 그는 한국인이며 동시에 러시아인이고, 러시아인이되 또한 한국인이다. 하지만 서책『당신들의 대한민국』에서 그는 한국사회에 만연되어 있는 '우리들'의 중독증으로부터 완전히 자유로워지고자 한다. 최대한도의 객관성 확보를 위한 냉정한 시도를 과감히 꾀하고 있다는 뜻이다.

둘째로, '당신들'과 '나(박노자)'의 변별점을 강력히 희구하고 있다는 사실이다. 내가 결석한 당신들의 나라 대한민국의 실상을 낱낱이 드러내되, 그런 작업을 온전히 '나만의' 고유한 시각에서 출발하여 마무리하겠다는 강력한 의지천명으로 수식어 '당신들의'는 독해된다. 그러므로 『당신들의 대한민국』은 제목으로 보건대 매우 주관적인 서책이기도 하다.

셋째로, '당신들의' 수식어에서 풍겨 나오는 부정과 비난의 어조를 감지할 수 있다. '대한민국'의 앞과 '당신들의' 뒤에 박노자가 '그 잘난'이란 두 번째 수식어를 덧붙이고 싶어 했을 것이라는 느낌을 나는 강하게 받았다. 이질적인 두 언어와 문화에 정통한 박노자가 대한민국 사회를 향하여 잘 벼린 비수처럼 날카롭게 찔러오는 비난과 비판이 제목에서 이미 시나브로 전달되고 있는 것이다.

2002년 월드컵 축구대회 이전에 '대한민국'은 대중화되지 않은 상당히 낯선 용어였다. 그러던 것이 엇박자와 어울린 구호 '대~한민국!'으로 생생하게 살아나 이제는 매우 친숙한 용어로 우리 곁에 자리 잡았다. 그런데 박노자는 이 서책이 출간된 2001년에 이미 '대한민국'이라는 국호를 선진적으로 사용하고 있었으니, 이것이 그저 단순한 우연일까, 생각해본다.

한국과의 인연을 짤막하게 다루는 머리말 이후 박노자는 모두 4부에 걸쳐 우리사회 곳곳에 대한 해부와 비판의 시퍼런 칼날을 들이댄다. 제1부 한국사회의 초상, 제2부 대학, 한국사회의 축소판, 제3부 민족주의인가 국가주의인가, 제4부 인종주의와 대한민국. 이런 소제목은 지금 한국사회가 처해있는 부정적인 면들의 집중된 처소가 어디인지 명확하게 드러낸다.

제1부 '한국사회의 초상'에서 박노자는 독재자 박정희를 여전히 숭배하고, 미국과 유럽의 가치를 맹종하는 한국적 '오리엔탈리즘'이 횡행하는 한국사회를 통렬하게 질타한다. 이런 바탕 위에서 그는 북한사회를 맹목적으로 폄하하고 비난

하는 대한민국의 보수언론이 보여주는 권력세습에 대한 이중적인 잣대를 제시하면서 이렇게 주장한다.

> "남한 보수언론이 보여주는, 이해할 수 없는 역설은 북한의 대권세습을 열심히 비웃으면서도 남한의 거의 모든 재벌이 2세, 3세에게 소유와 경영을 세습한다는 사실을 당연한 일처럼 보도한다는 것이다. 사립학교에서 설립자나 소유주의 자녀와 가족이 누리는, 상상을 초월하는 권력은 아예 보수언론의 관심 밖이다." (제1부, 75쪽)

한국의 보수언론 역시 재벌기업들과 마찬가지로 대물려 상속되고 있음은 주지하는 사실이다. 그러므로 세습적인 보수언론사들이 여타의 재벌기업들에게 비난의 화살을 당긴다든지, 그 문제를 남한사회 공론의 마당으로 끌고 나올 수 없음은 너무도 자명하다. 인면수심(人面獸心)이 아니라면, 어떻게 "겨 묻은 개가 똥 묻은 개를 나무랄 수 있겠는가!"

예수의 희생과 톨스토이의 철학을 기초로 박노자는 폭력에 대한 끝없는 부정과 자비에 대한 가없는 예찬을 내세운다. 이른바 '연평해전'과 '서해교전'에서 죽어간 북한병사 30여명의 고통을 헤아리자는 그의 주장은 '사형제도 폐지'로까지 연결되면서 문제의식의 확장과 심화로 연결된다. 서책『당신들의 대한민국』에 내재된 보편성의 일환이 확연히 드러나는 대목이 아닐 수 없다.

내가 이 서책에서 가장 강렬한 인상을 받은 대목은 제4부 첫머리에 나오는 '서울의 이방인'이다. 여기에는 몽골의 수도 울란바토르에 소재한 대학교에서 시학과 문학이론을 가르치는 전임강사로 근무했던 '바트자갈'이 낯설고 물선 대한민국 사회로 들어선 1997년 이후 경험한 고통스럽고도 쓰라리며 가슴 아린 사연이 절절하게 담겨있다.

몽골이 필요로 하는 '진지한 근대'를 '경제·사회'의 기적을 일으킨 대한민국에서 찾으려 하였던 바트자갈에게 한국은 '선진화의 길잡이'로 보였다고 박노자는 기록한다. 그런데 실상은 어떠하였던가?

불법체류자 신분으로 전락한 바트자갈이 보따리장수들의 삐끼가 되고, 월급의 30%를 떼어먹히는 기막힌 인생유전의 드라마가 대한민국 사회를 공간적 배경으로 하여 막을 올린다. 그 후 러시아어 교습, 손 세차 주유소 노동자, 충남의 김치공장 노동자, 세탁 노동자 등으로 한국사회 구석구석을 전전하면서 피부와 언어와 인종차별을 뼛속깊이 겪은 사연이 구구절절 서술된다. 박노자가 보기에 수난자 바트자갈은 인생의 비의를 깨우친 선각자이자 증오와 미움을 버리고 선린과 공생의 전도사로 우뚝 서 있다는 것이다. 저자는 이렇게 쓴다.

> "나는 "원수를 사랑하라"고 설교하는 목사, 신부, 승려를 많이 보았지만, 인간으로서 실천하기 가장 어려운 이 대목을 몸으로 행하는 사람은 많이 보지 못했다. 그러나 고통이 낳은 지혜의 덕분인지, 바트자갈은 그 이상에 상당히 접근했다... 그는 "원망으로는 세상의 악순환을 절대 끊을 수 없다"는 『법구경』의 말을 아직도 실천하고 있다." (제4부, 265－266쪽)

민족주의와 국가주의, 그리고 이제는 인종주의에까지 깊이 물든 대한민국 사회에 깊은 성찰과 자기반성을 촉구하는 박노자의 『당신들의 대한민국』은 21세기 '전 지구적인 시공간'을 살아가는 우리 모두에게 망각되지 않을 교훈을 선사하고 있다. 그리고 이런 가르침은 몽골 지식인 바트자갈의 다음과 같은 잔잔한 지적으로 다시 한 번 살아난다.

> "민족과 국적이 너무 우스운 개념 같아요. 핏줄이 달라도 나를 살려주고 믿어주는 친구가 있는 나라를 나는 이미 '남의 나라'로 볼 수 없죠... 사람들이 왜 겉만 보고 속을 들여다보지 못하는지 모르겠어요... 옛날에 씨족과 부족의 구분이 없어졌듯이, 국가와 민족의 구분이 소멸될 날이 오기를 가만히 기다리는 수밖에 없겠죠." (제4부, 263쪽).

결국 박노자는 '당신들의' 대한민국에서 발생하는 무수한 모순과 부조리, 결함과 한계에서 논의를 시작하여, 그것을 '우리들의' 세계보편의 문제로 승화하는데 성공한다. 한국인이자 러시아인인 그에게 고유한 두 문화와 언어에서 기인하는 모순적인 창과 방패의 양면성이 이룩한 유쾌하고도 놀라운 성취에 뜨거운 박수갈채를 보낸다.

덧붙임

저자 박노자는 "아직도 감옥에 있는 모든 양심적인 병역거부자들에게 이 책을 바친다"고 제사(題詞)에서 밝히고 있다. 폭력, 특히 군대 안에서 일상화된 폭력과 그것의 지속적인 재생산에 반대하는 지은이의 자세는 오늘날, 특히 이라크에서 자행되고 있는 미군과 영국군의 용서할 수 없는 야만적인 폭력에 대한 강력한 경종이다. 대한민국 군대에서도 물리적 폭력과 아울러 성적인 학대와 폭력이 만연되어 있음을 고려할 때, 군대문제에 대한 근본적인 성찰이 절실하게 필요한 시기가 아닌가 한다.

『당신들의 대한민국』 | 박노자 지음 | 한겨레신문사 | 서울 | 2002.

5. 백 년 동안의 혼돈과 수치에 대한 문제제기

『대한민국 史 01』

우리가 책을 읽는 이유는 여러 가지로 설명 가능하다. 지식의 습득이든, 쾌락의 극대화든, 여분의 시간을 보내기 위해서든, 미지의 세계와 만나고 싶어서든 독서행위의 배후에는 각양각색의 논거와 목표가 자리하고 있다. 그러므로 책읽기가 완수된 시점에서 우리는 일반적으로 크고 작은 만족 혹은 기쁨을 경험하게 된다.

그런데 성공회대학교 한홍구 교수의 저작 『대한민국 史 01』은 이런 기대수준을 여지없이 깨뜨려버린다. 그것도 아주 산산조각으로. 거의 회복 불가능한 지경으로까지 몰고 감으로써 그는 독서행위 자체의 유쾌함이나 그것이 결과하는 최소한도의 자아만족을 공허한 무의 상태로 인도한다. 오히려 『대한민국 史 01』은 독서이전의 정신 혹은 심신 상태에 대하여 독자들에게 전혀 심상하지 않은 목소리로 되묻는다. "괜찮은 지, 후회는 없는 지"를. 하지만 우리는 자꾸만 이 책에 빠져든다.

과문한 탓인지 모르겠으나 『대한민국 史 01』이 텔레비전 방송국의 '독서관련 프로그램'을 통하여 전국적으로 알려진 책은 아닌 듯하다. 그럼에도 발간 11주 만에 4쇄를 기록한 것으로 보아 이 도전적인 역사서가 분명 오늘을 사는 독자들의 가슴 저 깊은 곳을 푹 찔렀던 모양이다.

'단군에서 김두한까지'라는 부제를 달고 있지만 『대한민국 史 01』에서 주로 다루어지는 시·공간은 개화기에 접어든 조선말 이후 일제 강점기를 거쳐, 해방공간과 6.25 남북전쟁 및 박정희 군사반란과 전두환·노태우 정권, 그 이후의 정권들과 참여정부에 이르는 대략 100여년 시간대의 한반도이다.

저자는 머리말에서 구로사와 아키라 감독의 영화 <라쇼몽羅生門>을 예로 들면서 "... 세상의 이런저런 이야기들에 대하여 합리적인 의문을 품는 자세, 세상일을 판단하는 자신의 관점을 확고히 하는 입장, 그리고 자신의 관점에 대해서도 엄격함을 유지하는 자세가 필요합니다"라고 역설한다. 그런 입장을 가지고 그는 『대한민국 史 01』을 서술해 나간다.

모두 5부 26절로 이루어져 있는 『대한민국 史 01』의 구성과 서술방식은 독특하며 신선하다. 각각의 부에는 큰 제목이 달려 있고, 각 절에도 그런 제목이 붙어 있다. 그런데, 그 각 부와 절의 제목들은 하나같이 익숙하고 쉬운 구어적인 표현으로 우리의 눈길을 끈다. 몇 가지 예를 들어보자. 제1부 [승리의 짜릿한 감격은 없었다], 제2절 [왕정은 왜 왕따당했나], 제6절 ['장군의 아들', 신화는 없다]. 제4부 [반미감정 좀 가지면 어때?], 제1절 [맥아더가 은인이라고?], 제3절 [주한미군, 뻔뻔할 자격 있다?] 등등.

여기서 나아가 한 교수는 각 절에서 다루고자 하는 내용을 짧은 명제로 구체화하고 있다. 그리고 각 부와 각 절이 시작되기 전에 자신이 전하고자 하는 주제의식을 우리의 일상적인 삶과 연계하여 혹은 직접적으로 혹은 넉넉하게 서술한다.

이런 구성과 서술방식은 역사일반에 대한 독자들의 고정된 시각, 즉 난해함, 딱딱함, 엄격함, 완고함, 고루함 등등의 눈길로부터 『대한민국 史 01』을 해방하여 보다 폭넓은 독자들, 특히 '미선이 효순이' 사건으로 촉발된 촛불시위와 '소파개정'에 적극적으로 참여한 어린 독자들을 견인하려는 저자의 바람에서 기인하는 것으로 보인다.

『대한민국 史 01』에서 다루어지고 있는 내용은 '과거청산문제', '군사문화와 입영제도 문제', '수구세력과 연좌제 문제' 및 '대미종속과 반미문제' 등이다. 결국 이런 문제들은 21세기를 사는 우리들의 '지금과 여기'를 단단히 옥죄고 있는, 따라서 반드시 해결하지 않으면 안 되는 절박한 문제들인 것이다.

이 책을 읽으면서 새롭게 인식하고 사고하게 된 여러 문제들이 있었으되, 그 가운데서도 특히 주한미군과 관련한 구절들은 내 가슴을 푹 찌르는 것이었다.

> "2002년 임오년. 근대에 들어와 우리나라에 외국군대가 주둔하기 시작한 것이 1882년이니까 꼭 120주년이 되는 해다. 그때로부터 단 하루도 이 땅에서 외국군대가 없는 날이 없었다. 이 땅을 거쳐 간 외국군대만 하더라도 청나라 · 일본 · 러시아 · 미국 · 소련 · 중국 · 미군 이외에 유엔 깃발 아래의 15개국 군이니, 중립국 감시군을 빼더라도 헤아리기에 손발이 모자란다." (제4부 [반미감정 좀 가지면 어때?], 201쪽)

대한민국 국민들이 너무도 당연시 여기는 미군의 한반도 주둔이 정말로 그렇게 당연한가의 문제를 한 교수는 아프고도 통렬하게 지적한다. 전 세계 어느 나라의 역사를 들여다보아도 이렇게 긴 시간 동안 외국군대의 주둔을 허용한 나라는 단 하나도 없다는 것이 저자의 견해이고 보면, 우리가 진정한 주권국가의 국민인지 의심스럽다는 생각이 드는 것이다.

어디 이것만이 문제이겠는가! 『대한민국 史 01』은 수많은 치욕적인 사건들을 낱낱이 들춰냄으로써 우리의 폐부를 찔러온다. 그러나 지난 100여 년 동안 우리나라의 감추고 싶은 역사를 냉정한 자기성찰과 풍부한 기록으로 입증하면서 저자는 그것으로부터 우리의 건강한 역사적 시각과 판단력의 확보를 줄기차게 요구하고 있다.

왜냐하면 역사는 지나가 버린 어떤 무형의 것이 아니라, 지금 우리 곁에서 살아 숨 쉬고 있는 지극히 구체적인 생물이기 때문이며, 따라서 우리는 역사의 대상이 아니라, 역사의 주체이기 때문이다. 나아가 지금 여기서 우리가 만들어가고 있는 바로 그 역사는 언젠가 역사적 과거가 되어 오늘 우리가 내린 선택과 결정을 냉정하게 심판할 것이기 때문이다.

그러므로 뜨거운 열정과 차가운 이성으로 우리의 과거를 반추하면서 오늘의 우리에게 삶의 향방을 아프도록 날카롭게 캐묻고 있는 저작이 『대한민국 史 01』인 것이다.

『대한민국 史』, 단군에서 김두한까지 | 한홍구 지음 | 한겨레신문사 | 2003.

6. 역사는 과연 흐를 만큼만 흐르는 것인가

『대한민국 史 02』

언젠가 강만길 교수에게 역사를 공부하면서 깨달은 것 가운데 후학들에게 들려주고 싶은 것이 무엇인지 여쭌 적이 있었다. 그는 매우 소략하게 "역사는 흐를 만큼만 흐른다"고 대답하였다. 나는 그 짧은 말에 담겨진 가슴 떨리는 함의로 격동치는 심장의 고동소리를 들을 수 있었다. 결국 역사에는 지름길이나 장애물을 피하여 에둘러 돌아가는 길이 없다는 것이다.

한홍구 교수의 『대한민국 史 02』는 '단군에서 김두한까지'의 제1권에 이어 1937년 연안에서 님 웨일스가 만난 조선의 혁명가 김산 이야기부터 박정희가 주도한 월남파병까지를 다루고 있다. 한 교수가 밝히고 있듯이 이 서책은 "대한민국의 주류를 형성해온 사람들이 지워버리려 애쓴 기억들을 되살리는 날이 선 글들"을 (8쪽) 고집스레 담아내고 있다.

제1부 '평화를 사랑한 백의민족?'에서 필자는 '만보산 사건'에 뿌리를 두고 발생한 1931년 7월의 반 (反) 중국인 폭동

을 시작으로 우리의 부끄러운 인종주의를 단적으로 지적한다. 한민족의 순진한 동포애와 방향을 잘못 찾은 민족주의가 일제에 이용당한 비극적인 사건으로 결론지으면서 그는 미군이 자행한 '노근리 학살'을 월남에서 한국군이 자행한 양민학살과 한 줄에 세워 통렬하게 비판한다.

> "베트남과 노근리. 한 곳에서 우리는 가해자였고, 다른 한 곳에서 우리는 피해자였습니다. 너무나 대조적인 것 같지만, 사실 두 사건은 본질적으로 똑같은 사건입니다. 동맹군이라는 이름의 군대가 주둔국의 민간인들에게 총을 겨눈 것이야 다 마찬가지 아니던가요. 반드시 해결되어야 할 우리의 노근리는 베트남 중부지방 곳곳에 널려 있었습니다." (47쪽)

이 대목에서 나는 21세기 판 베트남전 양상을 닮아 가는 미국의 '이라크 침략전쟁'과 어떻게든 그곳에 참전하고자 혼신의 노력을 아끼지 않는 대한민국 참여정부의 되풀이되는 오류의 우울한 그림자를 본다. "우리는 역사에서 아무것도 배우지 못한다는 것만 배운다"는 나의 우울하고 쓸쓸한 명제를 떠올리지 않을 수 없다.

제2부 '박정희, 양지를 향한 끝없는 변신'에서 우리는 오늘날까지 '영남 패권주의'와 더불어 너무도 당당하고 너무도 시퍼렇게 살아있는 박정희 담론의 깊은 뿌리를 만날 수 있다. 굴곡 많은 한국 현대사에서 박정희만큼 변신을 자주 행한 인간도 찾아보기 힘들다고 지적하면서 한 교수는 변신의 구체적인 내역을 밝힌다.

> "젊은 시절 박정희의 삶에는 네 번의 결정적인 변신이 있었다. 첫 번째는 초등학교 교사를 하다가 만주군관학교에 입학한 것이고, 두 번째는 해방직후 광복군에 가담한 것, 세 번째

는 남로당에 가담한 것, 마지막으로는 여순 사건 이후 단행된 숙군 과정에서 다시 한 번 극적인 변신을 하여 살아남은 것이다." (65쪽)

대구사범학교 재학시절에는 꼴찌를 다투던 박정희는 '다카키 마사오'로 창씨개명한 뒤 1942년 만주군관학교를 수석으로 졸업한다. 그 후 박정희는 일본인 졸업자와 성적이 우수한 조선인, 만주인 동기생들과 일본육사 3학년에 편입하여 1944년 4월 일본육사 57기를 3등으로 졸업한다. "큰 칼 차고 싶어" 교사 자리를 때려치운 그는 마침내 그토록 열망하던 일본군 소위로 부임한다.

대통령이 된 다음 박정희는 일본 군국주의 모델에 따라 한국을 병영국가로 만들었고, 헐값으로 젊은이들을 미국의 용병으로 팔아넘긴다. 한교수에 따르면 "한국군 소장이 미국으로부터 받은 월급이 354달러인 반면, 필리핀군과 타이군 소위는 각각 442달러와 389달러를 받았다"고 한다. 그리하여 5천여 명의 죽음, 1만 명의 부상자, 2만여 명의 고엽제 후유증 환자가 양산되기에 이른 것이다. (이것의 대가로 한국은 10억 달러를 벌어들였다고 한다.)

제3부 '김일성이 가짜라고?'에서 필자는 우리의 현대사에서 완전히 잊혀있던 식민지 조선의 사회주의 혁명가 김산을 대면한다. "내 인생에서 행복했던 기억은 하나도 없다"고 말했던 김산은 서른셋의 꽃다운 나이에 절명한다. 역사학자이면서도 유려한 문장을 자랑하는 한교수는 김산의 죽음을 안타까이 여기면서 명문을 남긴다.

"여러 나라의 민족과 계급을 지도하는 소련을 어머니처럼 사랑했고, 중국인의 삶과 운명을 자기 자신의 것으로 받아들

> 였기 때문에 중국혁명을 피를 나눈 형제와 같이 사랑했으며, 어리고 불확실한 어린아이와도 같은 조선혁명을 사랑하던 국제주의자 김산... 중국에 있는 조선혁명가 가운데 죽을 곳을 받아놓은 사람은 아무도 없다던 김산은 그 자신이 마지막 아리랑 고개를 넘어가고 있다고 말했다.” (124 - 136쪽)

1980년대 에드가 스노의 『중국의 붉은 별』과 함께 대한민국의 젊은 지식인들을 열광의 도가니에 몰아넣었던 『아리랑』의 주인공 김산. 우리 역사학계는 이제라도 그의 온전한 이력을 되찾아 식민지 조선의 스산한 살풍경으로부터 풀려나면 좋겠다. 윤동주와 이육사가 일제 식민통치 시절 우리의 고단한 영혼과 육신을 노래했던 것처럼, 만주에서는 무장 독립군과 유격대원들이 이념의 차이를 넘어서 조국과 민중의 해방을 위하여 투쟁하였던 것이다.

제4부 ‘군대의 역사, 병역기피의 역사’에서 우리는 요즘 인구에 회자되고 있는 ‘양심적 병역거부문제’와 김두황의 의문사로 대표되는 ‘녹화사업’의 전모, 300만의 예비군과 500만의 민방위를 보유하고 있는 병영국가 대한민국의 현주소 등을 만난다. 특히 양심적 병역거부와 관련된 글에서 한 교수의 지적은 폐부를 찌르듯 날카롭기 그지없다.

> “양심적 병역거부권을 인정하지 않는 나라가 40여 개 나라이지만, 우리나라처럼 가혹하게, 우리나라처럼 철저하게, 우리나라처럼 많은 인원을 처벌하는 나라는 없다. 전 세계에서 양심적 병역거부로 수감 중인 양심수는 200 - 300명에 불과한 것으로 알려져 있다. 그런데 우리는 1,600명이다.” (220쪽)

제5부와 6부에서는 사학비리와 지식인의 자기반성, 족벌신문 조선일보의 후안무치한 행각, 세대교체문제, 테러문제, 만

원이 된 서울 등과 같은 우리시대의 첨예한 문제들이 망라되어 있다. 역사학자 한홍구가 바라보는 대한민국 현대사는 너무도 음산하고 구슬프며 우리의 가슴을 저민다. 그러기에 이 서책의 독자들은 영화『오아시스』의 관객처럼 몹시 불편하다.

『대한민국 史 02』는 유쾌하고 흐뭇한 마음으로 읽을 수 있는 책이 결코 아니다. 하지만 언젠가는 우리의 어린것들과 그 어린것들의 후예들이 보다 편하고 넉넉한 마음으로 이런 부류의 서책들을 대면할 수 있도록 오늘의 우리는 이야기 속의 소년처럼 용감하게 이 서책을 반드시 꼼꼼하게 읽어야만 하는 것이다.

『대한민국 史 02』, 아리랑 김산에서 월남 김상사까지 | 한홍구 지음 | 한겨레신문사 | 2003.

7. 날조된 건국신화를 고발하다

『미국의 탄생』

역사를 다룬 소논문이나 단행본을 읽으면서 고개를 갸웃하는 경우가 더러 있다. 왜 이런 글을 썼을까, 하는 의문이 들거나, 반대로 참 대단하다는 생각이 들 때 그러하다. 정말 그럴까, 하는 의구심에 사로잡혀 고개를 흔드는 경우도 물론 없지 않다. '미국 역사교과서가 왜곡한 건국의 진실'이란 부제를 달고 있는 서책 『미국의 탄생』은 두 번째 경우에 해당한다.

레이 라파엘은 우리에게도 잘 알려져 있는 미국의 건국과정과 혁명기에 깃들인 여러 일화에 수술용 칼날을 들이댄다. 미국인들에게 애국심을 고취하고 선량한 시민을 육성하기 위하여 '발명된' 역사가 미국혁명과 결부된 건국역사라고 저자는 확신한다. 몇몇 영웅들의 신화적인 이야기에 기초한 집단적 정체성 부여와 애국심 함양에 담긴 폐해를 지적하는 것이다.

창작된 역사: 혁명의 전령 폴 리비어

남북전쟁 발발직전인 1860년 시인 헨리 롱펠로우는 연방분열을 목전에 둔 위기상황에서 전령 폴 리비어에 대한 민담을 듣는다. 다음날 롱펠로는 1775년 4월 18일 밤 영국군이 렉싱턴으로 이동한다는 전갈을 사무엘 아담스와 존 핸콕에게 알렸던 리비어 이야기를 거의 한 세기 뒤에 기막히게 살려낸다. 고독한 신화적 영웅이 필요했던 순간의 놀라운 고안이었다.

> 폴 리비어는 밤새 말을 달렸고/ 그가 외치는 경보도 밤새 울려 퍼졌다./ 미들섹스의 모든 마을과 농장에/ 어둠 속의 목소리, 문 두드리는 소리가/ 오래도록 메아리쳤다!/ 과거의 밤바람을 타고/ 우리 역사와 더불어 마지막까지/ 어둠과 위험과 위급의 시간을 거쳐/ 사람들은 깨어 들으리라/ 다급한 말발굽소리를/ 폴 리비어가 전하는 심야의 전갈을. (20쪽)

미들섹스 전역에 울려 퍼진 리비어의 경보. 절체절명 위기일발의 순간에 밤새 말을 달려 모든 가정을 파국으로부터 구해낸 혁명전령 폴 리비어. 절박한 순간에 신생국 미국의 운명을 오로지 혼자 감당해야 했던 혁명영웅 리비어. 롱펠로가 130행에 이르는 장시에서 만들어낸 역사적 왜곡은 그 후로 140년이 넘도록 강고한 생명력을 자랑하고 있다.

누구도 주목하지 않았던 전령 리비어 이야기는 허구를 토대로 역사가 자의적으로 제작된 경우라고 저자는 강조한다. 그도 그럴 것이 미국에서 간행되는 모든 초·중등학교 역사서에서 폴 리비어 이야기는 빠짐없이 수록되어 있기 때문이다. 수많은 전령들의 이야기를 묻어버리고 개인에게 초점을 맞춘 롱펠로의 장시는 역사에서 삭제되어야 한다고 라파엘은 말한다.

날조된 연설: 자유가 아니면 죽음을!

어릴 때부터 우리는 "자유가 아니면 죽음을 달라!"는 구절을 수없이 들어왔다. 이것은 1775년 3월 23일 버지니아 리치몬드 헨리코 교회에서 행해졌다고 기록되어 있는 패트릭 헨리의 연설 가운데 백미다. 그런데 저자에 따르면 헨리의 연설 역시 훗날 재생산되었다는 것이다.

1805년 윌리엄 워트 변호사는 패트릭 헨리의 전기를 쓰기로 결심하고 자료를 수집한다. 자료부족에 시달리던 그는 젊은이들을 위한 감동적인 이야기에 엄정한 역사기록이 필요하다고 생각하지 않는다. 그리하여 워트는 1817년 『패트릭 헨리의 생애와 인물개요』를 출간하였는데, 여기에 "자유가 아니면 죽음을 달라!"는 연설이 수록되었던 것이다.

헨리가 연설을 한 42년 뒤, 그가 사망한지 18년이 지난 시점에 세상에 온전한 형태로 등장한 감동적인 연설의 진위를 어떻게 받아들일 것인가. 워트는 연설내용을 당시 헨리코 교회에서 들었다는 조지 터커 판사로부터 입수하였다. 그러나 터커가 제공한 연설내용은 기록이 아니라, 터커의 회상에 전적으로 의지한 것이었다. 과연 그런 회상이 믿을 만한가.

서책 『미국의 탄생』 저자는 43년 전인 1962년 10월 22일 케네디 대통령의 '쿠바봉쇄' 연설을 기억하고 있는지 묻는다. 그는 대토지 소유주이자 인디언 영토를 탐낸 탐욕스런 버지니아 주지사이며 노예소유주였던 패트릭 헨리의 이중적 행태를 낱낱이 들춰낸다. 그리하여 우리가 암송하는 '자유가 아니면 죽음을!'에 내재된 후대의 날조를 거침없이 지적한다.

혁명의 이면: 추방되고 살해된 아메리카 원주민

미국인들은 독립전쟁을 혁명으로 생각한다. 그러나 미국혁명은 서부팽창을 촉진한 정복전쟁이기도 했다는 것이 라파엘의 생각이다. 미국혁명을 인디언 관점에서 바라보면 상황이 전혀 달라진다는 것이다. 백인들의 전쟁이 인디언 부족들 간의 내전으로 비화되었다고 라파엘은 말한다. 생존을 위해 어느 한 편에 가담해야 했던 인디언들의 비극은 지금도 묻혀있다.

독립전쟁 이전에 영국은 백인 이주민들이 서부로 이동하지 못하도록 금지하였다. 그러나 전쟁이 끝난 다음 이주민들은 엄청난 속도로 애팔래치아 산맥을 넘어 인디언 영토를 침략하였다. 그들의 침략배경에는 인디언은 땅을 제대로 이용할 줄 모르는 '야만인'이자 저열한 인종이기에 정복해야 마땅한 열등한 종족이라는 관념이 깊이 각인되어 있었다.

> "백인이 인디언 땅을 정복하고 이주하는 것은 백인종의 위대함과 문명화된 인류행복을 위해 반드시 필요한 일이었다... 인디언들은 어떤 백인보다도 둔하고 어리석기 때문에 결코 야만성을 탈피할 수 없다." (300쪽)

이런 인종주의적인 비방에 기초하여 미국은 불과 10여년만에 애팔래치아 산맥 서쪽의 방대한 땅으로 영역을 확장하여 태평양까지 이르게 되었던 것이다. 그러나 오늘날 미국 역사교과서 기록에서 혁명전쟁이 결과한 서부팽창과 인디언 전쟁이야기나 인디언의 관점은 조금도 나타나지 않는다고 한다. 혁명을 미화하고자 하는 역사가들의 의지 때문이다.

"초등학교, 중학교, 고등학교의 현행 교과서 13종 가운데 혁명전쟁 이후 백인들의 팽창에 대항하여 인디언들이 연합하여 저항한 이야기를 다룬 교과서는 없다... 미국이 세워질 무렵 그들의 권리가 무시되고, 그들의 땅이 백인 이주민들에게 분배된 중대한 시기에 관해서는 단 한 마디도 언급되지 않는다." (297쪽)

짧은 맺음말

이밖에도 서책『미국의 탄생』에는 다수의 허구적인 영웅 신화들이 자리한다. 메이슨 윔스가 창작하여 유명해진 정직한 조지 워싱턴의 벚나무 일화, 미국혁명의 진정한 여장부 몰리 피처 이야기, 신화가 된 포지 계곡의 겨울 이야기, 링컨이 부활시킨 제퍼슨과 독립선언문, 지나치게 평가된 혁명가 샘 애덤스 이야기 등등.

라파엘은 18쪽에 달하는 참고문헌에 입각하여 지금도 생명력을 잃지 않고 있는 독립혁명과 건국신화의 이면들을 하나하나 들춰낸다. 독립혁명에 담긴 민중주의와 국민주권, 능동적인 시민상 확립이 그의 사유 기저에 자리하고 있다. 혁명의 선두에 서서 민중을 지휘하는 영웅들의 신화가 불러오는 비민주성과 허구성, 역동적인 혁명의 평면화에 반대하기 때문이다.

소수의 혁명전쟁 영웅들이 다수를 대신하고, 영웅성이 민주주의와 민중주의를 능가하며, 날조된 허구가 실제 역사를 압도하는 역사왜곡에 단호히 반기를 드는 저작이『미국의 탄생』이다. 토론과 비판을 통해서 보다 정직하게 역사와 만나야 한다고 주장하는 라파엘은 "이야기를 통제하는 사람은 역사를 통제한다"고 뜨끔하게 일침을 놓는다.

덧붙임

서책『미국의 탄생』을 읽고 지난 세기 80년대 전두환 철권통치시기를 떠올렸다. 민중의 자유로운 담론을 '국가보안법'과 '국가원수모독죄'로 한사코 막았던 시대. 그럼에도 자유를 향한 민중의 의지가 종당에는 독재자와 하수인들의 항복을 이끌어냈던 대변혁기. 그런 1980년대 학원가 시위와 노동운동은 언제나 몇몇 신화적인 인물들과 연계되곤 하였다.

암울했던 시기에 민중을 달래주던 걸출한 인물들의 호쾌한 영웅담은 우리에게 청량제 같은 것이었다. 그러나 달리 생각하면 역사가 몇몇 선택된 소수의 손에 좌지우지될 수 있다는 생각은 천진하기도 하고 어리석기도 한 것이다. 역사적인 사건이 개인에게 미치는 영향이 아니라, 개인들이 사건에 영향을 미치는 공식은 생각하기 어렵기 때문이다.

하루가 멀다 하고 터져 나오는 대한민국의 치부를 들여다보면서 완전한 과거청산은 아니더라도 지난날의 비리와 부정에 대한 서릿발 같은 칼날이 절실하게 소용됨을 느끼지 않을 수 없다. 200년도 더 지난 건국시기 영웅들의 과거사 왜곡을 당당하게 고발하는 라파엘의 용기에 박수치면서, 불과 8년 전 과거에 발생한 아이엠에프 사태를 "케케묵은 지난날"로 규정하고 면죄부를 달라는 어느 정치인의 용감무쌍한 주장을 떠올려본다.

『미국의 탄생』, 미국 역사 교과서가 왜곡한 건국의 진실 | 레이 라파엘 지음, 남경태 옮김 | 그린비 | 2005. (원제 – *Founding Myths : Stories that Hide our Patriotic Past*)

8. 유럽 제국주의가 승리한 까닭을 찾아서

『수량화혁명』

글을 시작하면서

19세기 빅토리아 여왕의 영국은 태양이 지지 않는 제국으로 불렸다. 전성기의 프랑스나 네덜란드, 스페인과 포르투갈 역시 동일한 경험을 했다고 역사는 기록한다. 13세기 중반까지도 다른 대륙에 현저하게 뒤쳐져있던 유럽 여러 나라들이 어떻게 세계를 주름잡는 제국주의 국가들로 변모하게 되었는지를 추적하는 책이 『수량화 혁명』이다.

크로스비는 그것을 '과학과 기술' 덕분이라고 지적한다. 하지만 그는 과학과 기술 자체가 아니라 그것을 발전시킬 수 있었던 특정한 사고방식(mentalite)을 유럽인들의 장점으로 꼽는다. 이것에 근거하여 유럽이 오래도록 믿어왔던 '유서 깊은 모델' (Venerable Model) 개념의 변화를 제시한다. 시공간에 대한 질적인 이해에서 양적인 이해로의 전이가 발생했다는 것이 그의 판단이다.

> "중세후반과 르네상스 시대에 실재(reality)를 설명하는 새로운 모델이 유럽에 등장했다. 양적인 (quantitative) 모델이 질적인 (qualitative) 모델을 대체하기 시작한 것이다." (9쪽)

고전문명의 저장고이자 상식의 원천이었던 '유서 깊은 모델'은 시간과 공간을 필두로 한 인간과 세계인식에서 질적인 판단에 기초하고 있었다. 그런데 1275년부터 1325년 사이에 유럽 최초의 기계시계와 대포가 만들어지면서 유럽인들은 수량화된 시간과 공간개념을 가지고 사고하기에 이른다. 이른바 '새로운 모델'(New Model)이 등장한 것이다.

변화된 시간과 공간

'새로운 모델'은 정확성과 물리적 현상의 수량화 및 수학을 강조한다는 특징을 지니고 있다. 여기서 첫 번째로 우리의 주목을 끄는 것이 시간개념의 변화와 기계시계의 등장이다. 시간을 매끄럽게 흐르는 연속체로 생각한 인간들은 해시계, 물시계, 모래시계 등을 고안해냈다. 하지만 그런 방식은 긴 시간을 올바르게 측정할 수 있는 가능성을 주지 못했다.

시간은 일정한 길이를 가진 순간의 연속이며, 자연적인 사건에 구속되지 않는 임의적인 지속이라는 생각이 나타나면서 기계시계가 발명된다. 계절이나 밤낮과 무관하게 균질적으로 흐르는 시간과 기계시계를 유럽인들은 소유하게 된 것이다. 이미 14세기 초반에 이르러 시간은 재화개념으로 전환되어 그때까지와는 전혀 다른 의미를 지니게 된다.

> "시간이 돈임이 입증되자, 즉 이자가 해와 달의 흐름에 따라 불어난다는 것이 밝혀지자 사람들은 심리적으로도 도덕적으로도 긴장하게 되었다... 1335년 4월 24일 필립 6세는 도시

노동자들의 아침 출근시간과 식사시간, 식사 후 복귀시간, 작업 종료시간 등을 정하여 그것을 종소리로 알리고 통제할 권한을 아미앵 시장과 원로들에게 부여했다." (99 - 116쪽)

우주의 중심에서 지구를 끄집어내고 그 자리에 태양을 집어넣은 폴란드 사람 코페르니쿠스. 그는 지구를 우주의 중심에 위치시키고 위계적 구조로 공간을 이해하였던 유럽인들에게 혁명적 전환을 불러일으킨 것이다. 도미니쿠스 수도회의 조르다노 브루노는 균질적이고 무한하며 무수한 세계를 포괄하는 우주 개념을 제기하다가 화형대에서 생을 마감한다.

> "하나의 보편적인 공간이 있다. 그것은 엄청나게 광막하여 허공이라 부를 수 있다. 그 안에는 우리가 살고 자라고 있는 여기와 비슷한 구체들이 수없이 들어있다. 우리는 이 공간이 무한하다고 선언한다. 이성적으로도 편의적으로도 감각지각으로도 본성적으로도 거기에 한계를 설정할 수 없기 때문이다." (139쪽)

시간과 음악 그리고 공간과 회화

10세기 말까지도 유럽인들은 오로지 기억에 의지하여 전례음악을 연주한 것으로 알려져 있다. 따라서 기억의 오류나 개인적인 취향 등으로 인하여 동일한 음악이 서로 다른 가사와 연주방법을 지니게 되었음은 자명한 일이다. 11세기 베네딕트 수도회 성가대 지휘자였던 아레초의 구이도가 보표를 발명하여 그것을 표준화하고 널리 유포하였다고 한다.

단순했던 유럽음악은 보표의 활성화와 함께 복잡한 폴리포니로 옮아간다. 그리고 1200년 무렵에 음악가들은 소리와 정적을 계량화하였고, 이론가들은 이내 그것을 공인하고 체계화한다. 여기서 근간이 되는 것은 다시 시간개념이다. 왜냐하면 시간을 척도로 사용하면 소리가 지속되는 길이와 그것이 생략되는 길이도 측정 가능하기 때문이다.

> "작곡가들은 시간 흐름에 따라 변동하는 물리적인 현상인 소리를 미세한 부분까지 통제하게 되었다. 그들은 실재하는 시간에서 음악을 추출하고 그것을 양피지나 종이에 기록하여 소리와 기호가 밀접하게 연결되는 만족할 만한 기보법을 만들었다. 청력을 잃은 베토벤이 마지막 현악 사중주를 쓸 수 있었던 것도 그 덕분이다." (200-201쪽)

중세화가들은 고대 이집트 화가들과 마찬가지로 인물들의 중요도를 크기의 차이로 확연하게 드러낸다. 그와 함께 중세회화는 빈 공간을 처리하는 방식에서 현대회화와 두드러진 차이를 보인다. 그것은 주제 주변이나 그 사이의 공간 처리방식인데, 중세화가들은 진공을 인정하지 않았기에 그림의 공백을 인정하지도, 그것을 독자적인 것으로도 받아들이지 않았다.

1250년 이후 이탈리아 그림에서 공간은 스스로 자주성을 주장하기 시작한다고 저자 알프레드 크로스비는 말한다.

> "아기 예수를 떠받치는 성모 마리아의 무릎은 3차원의 표현형식을 선보이는 방향으로 조금씩 움직이기 시작했다. 벽, 천장, 계단, 건물과 방의 몰딩, 제단이 화면과 나란히 평행선을 그리던 전통적인 위치에서 벗어나 입체적인 윤곽을 차지하게 되었고, 기존의 평행선들은 그림 뒤쪽의 어떤 지점을 향하여 수렴되기 시작하였다." (216-217쪽)

바야흐로 정확한 그림을 그리고자 하는 원근법이 유럽회화에 등장하였던 것이다. 원근법은 『동방박사들의 아기 경배』로 유명한 지오토로부터 시작하여 『마리아의 봉헌』을 그린 타데오 가디를 거쳐 서서히 자리를 잡는다. 그러다가 건축가

브루넬레스키와 알베르티를 지나 『삼위일체』의 화가 마사초, 다빈치와 라파엘로 등에서 완전하게 꽃을 피운다.

복식부기와 인쇄술

안경과 기계시계, 새로운 음악인 '아르스 노바'가 만들어지고 지오토가 등장했던 1300년 무렵 몇몇 이탈리아 회계사들이 복식부기라 불릴 수 있는 기록방식을 사용하기 시작한다. 덕분에 유럽 상인들은 수량적인 기준에 따라 정확하고도 간결한 기록을 만들 수 있었고, 자기네의 경제활동을 올바르게 이해할 수 있게 되었다.

인간의 추상적이고 사변적인 활동이 가지는 제한적인 영향과 결과에 비추어 볼 때 복식부기의 등장은 의미심장하다. 그것은 인간의 사고방식에 광범위하고 대대적인 영향을 미쳤으며, 그 결과 인간사회와 문화에 지울 수 없는 흔적을 남겼기 때문이다.

> "부기는 철학이나 과학이 이룬 어떤 단일한 혁신보다 사람들이 실재를 인식하는데 더 큰 영향을 끼쳤다. 데카르트와 칸트가 한 말에 대해 곰곰 생각하는 사람들 수효는 얼마 되지 않지만, 열성적이고 근면한 성향을 가진 수백만의 다른 사람들은 간결한 장부에 열심히 항목을 기입했고, 세계가 자기들 장부에 들어맞기를 바랐다." (270쪽)

크로스비는 시각화와 수량화로 실재의 족쇄를 풀 수 있다고 확신한다. 그런 점에서 본다면 인쇄술은 시각화의 특권을 증폭하고, 수량화 경향을 더욱 촉진하였다. 1450년대 구텐베르크가 책을 찍어내기 시작한 후 매우 빠른 속도로 확산된 인쇄술은 다음 세기에 수백만 권의 책을 인쇄하기에 이른다. (고려와 조선의 인쇄술과 그 영향력을 차분히 비교하시기 바란다!)

결론을 대신하여

서책 『수량화 혁명』의 원제는 『실재의 측량 (Measure of Reality)』이며, '수량화와 서구사회 Quantification and Western Society 1250 – 1600'을 부제로 가지고 있다. 저자 크로스비는 중세유럽을 암흑기나 정체기로 파악한 기존의 시각에 반기를 든다. '새로운 모델'이 '유서 깊은 모델'을 대체하여 근본적인 변화가 야기된 시간대라고 말하는 것이다.

세계 4대문명처럼 '계통발생적인' 고전적 전통이 없었던 유럽사회와 유럽문명의 모순을 해결하는데 진력한 시기가 바로 중세와 르네상스 시기라고 지은이 크로스비는 힘주어 말한다. 이성적 경향이 강한 그리스적인 요소와 신비적 경향의 히브리적인 요소로 이루어진 모순적인 성격의 서구문명을 해결하는 결정적인 단서를 그는 수량화와 시각화에서 찾는다.

300년 이상 걸치는 모색과 탐구과정을 거치면서 유럽사회는 과학과 기술 측면에서, 대학으로 대표되는 새로운 제도와 상업적 기술을 고안하는 능력 면에서 괄목할 만한 성과를 이루어냈다는 것이다. 싫든 좋든 현대사회는 유럽과 그 후예인 미국의 막강한 영향력 아래 존재한다. 이 책자가 그들 배후의 동력을 이해하는 단초가 되기를 바라는 마음 간절하다.

『수량화 혁명』 | 알프레드 크로스비 지음, 김병화 옮김 | 심산출판사 | 2005.

9. 우리 시대의 영웅을 찾아서

『영웅의 역사』

영웅에 대한 향수는 제법 그 뿌리가 깊다. 서양신화의 원류가 되는 그리스 신화에서도 우리는 신에게 버금가는 영웅들의 이야기들을 듣는다. 아킬레우스, 오딧세우스, 아가멤논, 헥토르, 헤라클레스, 테세우스 등등. 2006년에 탄생 팔백 년을 맞이한 일연의 『삼국유사』에 등장하는 개국신화의 주인공들 역시 영웅들이었다. 주몽, 탈해왕, 김수로왕, 김알지 등등.

영웅의 이야기는 언제나 범속한 인간들의 꿈과 상상력을 뒤흔든다. 그것은 속절없이 스러지는 인생의 찰나적인 유한성에서, 각자에게 허여된 공간의 지나친 협소함에서, 모든 가능성의 지극한 출구 없음에서 기인하는 거의 천형과도 같은 지향이라 여겨진다.

엄격한 칼뱅주의자였던 토마스 칼라일, 그가 꿈꾸었던 영웅들의 세계가 한 권의 책 안에 고스란히 담겨 있다. 원제는 번역의 그것과 다르다. 『*On Heroes, Hero-Worship, and the Heroic in History*』. 1841년에 출간되었으니, 지금부터 160여 년 전의 일이다. 옮긴이가 머리글에서 이 책의 세계적인 반향에 대하여 쓰고 있듯이, 칼라일은 자신의 드높은 식견과 무궁무진한 독서 및 고상하고 웅장한 스타일을 동원하여 저작을 이끌어간다.

물론 이 책은 애초부터 출판을 목적한 것은 아니었다. 즉, 출간되기 한 해 전에 여섯 번에 걸친 대중강연 원고를 책으로 묶은 것이다. 당대 영국 대중의 해박한 지적 관심과 이해의 깊이와 폭에 새삼 경탄할 때가 있다. (1840년대 조선에서는 무슨 일이, 어떻게 일어났으며, 누가 있었을까? 이 점에 대한 다소의 호기심 충족은 『완당평전』에서 구하시도록!)

강연 첫머리에 칼라일은 자신의 역사관을 명료하게 단순화한다. "내가 볼 때, 세계사는 근본적으로 영웅들의 역사입니다. 그것은 위인들의 전기에 지나지 않습니다." 이런 언술 때문에 그는 종종 20세기의 광기를 웅변하는 파시즘과 니치즘의 이념적 대변자라는 불명예를 감수해야만 하였다. 지난 세기 80년대 남한의 진보적인 지식인들도 이 저작을 평온한 시각으로 접근하기는 어려웠으리라 생각된다. 오늘날 '영웅' 운운함은 시대착오적인 여운을 띠지 않을 수 없음은 주지의 사실이다. 왜냐하면 지금은 초등학교에서까지 '민중' 중심의 역사관에 대한 일정한 합의와 동의가 형성되어 있기 때문이다.

그럼에도 불구하고 칼라일의 서책 『영웅의 역사』는 대단한 노작이 아닐 수 없다. 북유럽 신화의 주인공인 '오딘'에서 아랍세계의 유일한 구원자 '알라'를 거쳐, 중세의 빛과 그림자를 온몸으로 투영한 단테와 엘리자베스조의 세계적인 문호 셰익스피어에 이르는 동서와 고금을 뛰어넘고 있기 때문이다. 물론 우리에게 친숙한 인물들 – 노자나 장자, 혹은 공자나 석가, 이순신 등 – 에 대한 언급은 없다.

칼라일은 영웅들을 몇 가지 부류로 세분한다. 신으로 나타난 영웅 – 오딘; 예언자로 나타난 영웅 – 무하마드; 시인으로 나타난 영웅－단테, 셰익스피어; 성직자로 나타난 영웅－루터, 녹스; 문인으로 나타난 영웅－존슨, 루소, 번즈; 제왕으로 나타난 영웅 －크롬웰, 나폴레옹.『프랑스 혁명사』의 저자는 이런 분류에 근거하여 나름의 독특한 영웅사관을 정립해 나가는데, 그것의 핵심개념은 놀라울 정도로 단순·소박하다. 그것은 성실성과 진실성이다.

그와 같은 영혼과 정신을 가지고 칼라일은 서구문명에서 오늘날까지도 극도로 배격하는 (예컨대 사무엘 헌팅턴의『문명의 충돌』과 같은 저작의 이면 깊숙이 흐르는 아랍 문명에 대한 혐오와 배타적인 태도와는 달리) 무하마드에 대한 성실하고도 진실한 접근을 시도한다.

그는 영국사에서 변방에, 그것도 폐허의 그늘에서 무의미하게 시들어있던 인물 올리버 크롬웰의 역사적 정당성을 과감하게 회복시킨다. 어디 그뿐인가? 역사가가 바라보는 문학적 관점은 경이롭기까지 하다. 고난의 역정을 걸어야했던 정치가이자 시인으로서 단테와 베아트리체가 나눈 사랑의 서사를 그는 얼마나 '인간적인' 시선으로 보듬고 있는가!

칼라일이 다루는 대상에 따라 문체와 수사는 더러는 현란하고, 더러는 장중하며, 더러는 신랄하다. 이런 살아있는 문체의 전달을 나는 역자인 경희대 박상익 교수의 공으로 돌리고 싶다. 이런 성의 있는 번역이야말로 이 땅의 낙후한 인문학과 번역의 새로운 지평을 열어젖히는 의미 있는 머릿돌 가운데 하나로 생각하고 있는 탓이다.

빛과 그림자가 동전의 양면이듯이 서책『영웅의 역사』에도 오류와 부당함은 존재한다. 예컨대, 칼라일은 러시아에 대하여 이렇게 말한다.

> "러시아는 아직 말을 못하고 있습니다. 그는 위대한 무엇을 가지고는 있으나, 아직 벙어리 상태에 있습니다. 그는 모든

인간과 시대에 들릴만한 천재의 소리를 가지고 있지 못합니다. 러시아는 말하는 것을 배워야 합니다." (187쪽)

과연 러시아에게는 그의 영혼을 표현할 수 있는 언어와 그것의 조련사가 부재했는가? 계관시인 알렉산드르 푸쉬킨의 문학적 활동이 불러일으킨 1820-30년대 러시아의 풍요로운 문학과정과 그 결과가 칼라일에게는 알려지지 않았음이 분명하다. 하지만 이런 오류는 수정 가능한 오류이다. (오늘날을 그가 살았더라면, 휴대전화와 인터넷을 그가 활용했다면, 능히 벗어날 수 있는 오류임에 분명하다!)

칼라일은 영웅들만이 살아가는, 그들만이 살 수 있는, 그들만을 위한 세상을 꿈꾸었던 것이 아니다.

> "영웅만 있으면 되는 것이 아니라, 영웅에게 적합한 세상이 또한 있어야 합니다. 종놈들의 것이 아닌 세상 말입니다... 종들의 세상은 가짜 영웅, 그저 왕의 차림을 한 왕에 의하여 지배되지 않을 수 없습니다."

영웅을 알아보는 자가, 영웅을 대접할 줄 아는 자가 바로 영웅이라는 말이 있다. 칼라일은 바로 그런 세상을 꿈꾸었던 것이다. 오늘의 혼탁하고 고통스런 일상은 기실 지나친 자아에의 탐닉에 있음인 바, 그런 소아병적인 자아로부터의 거리두기와 대상에 대한 형형한 시선을 확립함이 절대적으로 필요하며, 그런 출발의 이정으로써 칼라일의 영웅사관과 그 사유는 여전히 유효하다고 생각된다.

『영웅의 역사』 | T. 칼라일 지음, 박상익 옮김 | 소나무 | 1997.

10. 자아살해에 관한 백과사전적 기록

『자살』

20년의 준비 기간을 거쳐, 방대한 자료와 기록을 통하여 저술된 서책 『자살』은 아마 지금까지 이 분야에 관하여 출간된 모든 저작들을 집대성한 역작으로 보인다. 기실 '자살'의 문제는 문학, 사회학, 심리학 등과 같은 여러 분과학문들과 예술일반의 관심영역이다. 특히 문학에서 자아살해는 타자살해와 더불어 매우 오랜 전통을 연면부절하게 지켜오고 있는 터이다. 그리하여 사랑, 운명, 자연, 종교 등의 주제들과 맞물리면서 이 문제는 오늘날까지 우리에게 이런저런 문제제기와 해결에 영감을 부여하고 있는 것이다.

내가 이 저작에 관심을 가지게 된 것은 이 책의 서평과 우연한 만남 때문이기도 하였으나, 저자 모네스티에의 성실성과 인내에 감동된 탓이기도 하다. 서책은 모두 9부로 이루어져 있다. '어떻게, 왜, 누가, 어디서 자살하는가?'의 4부에서 저자는 역사 이래 인간이 생각하고 실천해왔던 온갖 자살형식과 내용을 천착한다. 제5부 자살과 사회에서는 수많은 인간을 자살로 내모는 사회와 자살자와의 관련을 밝히고, 구체적인 통계수치까지 밝히고 있다.

> "지금 세계에서는 하루에 1,200명 이상이 자살하고, 8,500명 이상이 자살미수에 그치고 있다. 즉 1년에 45만 명이 세계 이곳저곳에서 가지각색의 이유로 자살하고 있는 것이다. 이 숫자는 베트남전쟁 7년 동안 그곳에서 죽은 미군병사의 10배가 넘는 수치다." (360쪽)

제6부에서는 자살과 결부된 이해하기 어려운 문제들이 제기되어 있다. 특히 관심을 끄는 대목은 동물들의 자살이다. 지은이 모네스티에는 말, 고양이, 개, 새, 고래 등과 같은 동물들의 개체적인 혹은 집단적인 자살을 예로 들면서 인간의 '자살특권'을 부인한다.

> "개신교 신학대학장인 올리비에 아벨은 이렇게 말했다. 인간만이 자살할 수 있다는 것은 내게는 외설적인 경솔함과 허영처럼 보인다. 우리는 아무 것도 모른다. 그리고 드러난 것만으로 보아도 그것은 적어도 거짓이다." (406쪽)

제7부에서는 자살과 타살여부가 불분명한 사례들을 들어가면서 역사에 나타난 의문사 문제를 제기한다. 실제로 이 문제는 오늘날 대한민국에서 제기되고 있는 지극히 구체적인 문제, 즉 박정희, 전두환, 노태우로 이어지는 군부 철권통치의 희생자들을 추모하고, 그들의 올바른 사인을 추적하는 '의문사 진상 규명위원회'의 노력이 얼마나 의미 있는 작업인지를 통시적으로 드러내는 부분이기도 하다.

왜곡되고 굴절된 사회·정치적인 상황을 의도적으로 은

폐하기 위하여 자살을 위장한 수법으로 당사자들을 살해한 경우들이나, 그런 경우로 추정되는 사건들의 기록이 7부의 주되는 내용이다. (나는 '위원회'에 보다 강력한 수사권과 소추권을 부여하고, 이른바 공소시효라는 것을 완전히 배제하여 그동안 은폐되어왔던 역사적 진실을 낱낱이 밝히고, 사건을 사주·조종하였던 독재정권의 살인청부업자들과 앞잡이들을 모두 잡아들여 처벌하기를 간절히 희망한다.)

제8부와 9부에서는 자살과 종교, 자살과 문학의 상호성을 다루고 있다. 나로서는 스칸디나비아의 주신인 '오딘'이 자살했다는 대목이 낯설고 흥미로웠다. 오늘날까지도 자신의 이름을 후대에 남기고 있는 오딘 (Odin → Odinsday → Wednesday)이 삶의 최후를 자살로 마감했다니 의아스럽기까지 하다.

> "수명이 다하여 죽는 죽음은 자살하는 사람에 비해 비겁한 사람으로 낙인찍히며, 따라서 그 형벌로 지옥에서 고통당하게 된다. 반면 자살은 신성화된다. 이런 종교적 신념으로 죽음을 실천한 선구자가 바로 오딘이다. 어느 날 자신의 종말이 다가옴을 느끼게 된 오딘은 그가 항상 설교해온 것을 저버리지 않으려고 추종자들을 모아 자신의 종교원칙을 요약한 연설을 행한 다음 칼로 아홉 번 자기 몸을 찔러 죽었다." (452쪽)

문제는 스스로를 살해하는 행위에 대한 추체험적 관념성의 차별에서 기인하는 성싶다. 필자는 문학에서 나타난 죽음과 문학가들의 자살에 대한 구체적인 정보를 제공하고 있다. 물론 필자가 다루고 있는 정보들의 대다수는 유럽 문화권에 속해 있는 작가들과 시인들이다.

방대한 정보를 실어 나르고 있는 서책『자살』은 자살에 대한 다양한 사유와 관념의 틀을 형성하는데 도움을 줄 수 있겠으나, 어떤 이론적이며 철학적인, 따라서 일정한 내적 성찰을 추동하는 데까지는 실패하고 있다는 느낌을 준다.

20년 동안 모은 많은 자료들을 꼼꼼하게 정리하고, 분류하여 여러 가지 소제목을 붙이는 것까지가 이 책의 미덕으로 보인다. 그러므로 자살과 결부된 보다 본원적인 문제들에 대한 접근은 다른 인문·사회학적 노력이 필요하다. 이를테면, 이 책에서도 언급되었듯이, 도스토예프스키가 그의 일련의 장편소설에서 개진하고 있는 '자살'과 신성 혹은 종교와의 문제들에 대한 섬세한 접근이 '자살'에 대한 근원적인 사유를 오히려 가능하게 할 것으로 생각된다.

하나 더 말하고 싶은 것은 이 저작에 내재되어 있는 엄청난 양의 정보가 지향하는 제한성이다. 유럽과 미국, 중국, 일본 정도에 국한되어 있는 서술에서 그 이외의 지역과 역사와 종교권의 인간이 얼마나 이 책에 대한 신뢰를 보낼 수 있겠는가 하는 문제가 있다. 또한 제한된 지면에 많은 내용을 담으려는 의식적인 노력으로 인하여 제기된 문제를 너무 단순화시키고 있다는 의심도 드는 것이다.

예컨대 중국의 '도교'가 가르치는 내용이 '무관심'과 '수동성'이라는 사실을 강조하면서 도교와 자살의 인접성을 강조하는 대목은 수상쩍기 이를 데 없다는 것이다. 그들 개념과 도교의 연관성, 나아가 그것의 상호적인 인과성에 얼마나 동의할 수 있을지 나로서는 의심스럽다.

> "도교신자들 가운데 자살한 사람이 유난히 많은데, 그 원인은 방탕한 부유함에 있다. 어느 도교 전문가는 도교는 무관심이라고 주장한다. 도교 특유의 수동성 그 자체 때문에 도교의 사제들이 자살하는 일이 빈번해졌다." (542쪽)

1970년대 전태일의 그것을 효시로 80-90년대 남한 사회에서 요원의 불길처럼 번져갔던 사회·정치·경제적인 저항의 표시로써 분신이 가지는 의미에 대하여 프랑스의 저널리스트는 한마디 언급도 하지 않는다. 이것은 그가 현재와 가까운 과거의 동아시아 역사에 대하여 어떤 판관의 잣대를 가지고 있는지 명시적으로 보여주는 대목이 아닐 수 없다. 반면에 그는 일본에서 유행한 '할복자살'과 제2차 세계대전에서 일본군이 보여준 '가미가제'에 대한 내용에는 이곳저곳에서 상당한 분량을 할애하고 있음이다.

다른 한편으로는 어떤 자살자가 기록한 최후 순간까지 육체의 변화과정은 섬뜩하리만큼 적나라하다. (387-388쪽) 이런 측면은 우리의 문화 혹은 전통에서는 낯선 것이지만, 하나의 기록에 내재된 사회·역사성을 고려해 본다면, 긍정적인 요소의 충일을 쉽사리 부정할 수는 없다는 생각이 드는 것이다.

덧붙임

1. '자살'을 심각하게 고려함은 정신적인 성숙의 여러 표지들 가운데 하나일 수 있으나, 그것의 구체적인 입증자료는 아니다. 그러므로 사유와 실천 사이의 괴리가 멀수록 유익한 것이 자살일 수 있겠다는 것이 내 생각이다. 세르게이 예세닌을 비난했던 블라디미르 마야코프스키의 자살은 또 무슨 연유인가?

2. 요즘에 더러 사회문제로 부각되는 '자살 사이트'에 관심 가지기 이전에 기존의 '자살 입문서'나 '자살 모임'에 대하여 시선을 던져 봄도 의미 있는 일인 듯하다. 제5부 2장에서 필자는 자살하려는 자들을 위한 여러 가지 원조방책을 기록하고 있다 (321-338쪽). 이것은 현대의 '자살 사이트' 등장 이전에도 이미 다양한 방식을 통하여 자살문제가 사회화되어 있었음을 명시적으로 보여주는 본보기가 아닐 수 없다.

『자살』 | M. 모네스티에, 이시진·한명희 옮김 | 새움 | 2002.

11. 식민지 조선에서 통일한국을 찾다

『한국 근대사의 풍경』

글을 시작하면서

'모던 조선을 거닐다'는 부제를 가진 서적으로 『한국 근대사의 풍경』은 독자들과 만난다. 먹고살만해진 후에 우리가 관심을 가지기 시작한 가깝고 먼 과거사는 거대한 금맥처럼 오늘도 우리에게 손짓한다. 문화와 결부된 생활사나 미시사는 이제 거역하기 어려운 관심영역이 되었다. 『나의 문화유산 답사기』 이후에 익숙해진 독서생활의 편린 가운데 하나다.

왜 우리는 지난 시간과 공간에 집착하는 것일까. '젊은이는 노인의 과거이며, 노인은 젊은이의 미래'이기 때문이다. 과거를 반추하는 우리는 구세대의 미래지만, 지금과 여기를 살고 있는 우리는 다가올 새로운 세대의 과거다. 시간에 대한 관심은 '호모 사피엔스'에게 공통된 유전인자인지도 모른다. 이것은 제한된 시간을 살아가야 하는 인간숙명에 대한 정면응시다.

『한국 근대사의 풍경』은 2부로 이루어져 있다. 제1부에서는 철도와 전기·통신, 도로와 상가 및 탈것에 대한 의미천착이 주된 내용을 이룬다. '근대성' 앞에 내걸린 '뒤틀린'이란 수식어가 글쓴이의 기본자세와 입장을 적절하게 함축한다. 제2부는 제1부의 이론적인 논거를 구한말과 식민지 조선팔도에 상당히 구체적으로 적용하는 실천의 마당이다.

제1부: '뒤틀린 근대성의 상징들' 가운데서

> "앞차의 화륜이 굴면 여러 차의 바퀴가 따라서 모두 굴게 되니 우레와 번개처럼 달리고 바람과 비처럼 날뛰었다. 한 시간에 삼사백리를 달린다 하였는데, 좌우에 산천초목과 가옥, 인물이 보이기는 하나 앞에 번쩍 뒤에 번쩍함으로 도저히 잡아보기 어려웠다." (16쪽)

1876년 일본에 수신사로 파견된 김기수의『요코하마 열차 탑승기』가운데 일부다. 정확히 지금부터 130년 전에 있은 일이다. 우리보다 불과 다섯 세대 앞을 살았던 조선의 고위급 지식인이 넋을 잃은 풍경 하나가 눈앞에 또렷하게 떠오른다. 만일 그가 오늘날 서울 부산을 최고속도 300킬로미터로 달리는 고속열차를 탄다면 무슨 말을 어떻게 하겠는가.

일본이나 일본인을 통해서 수입된 조선의 근대는 당연히 식민지경영을 위한 수탈과정으로 점철되어 있었다. 다른 한편으로 그것은 식민지 조선인들의 절망과 애환의 징표로 작용하였다. 전기와 조명에 관련된 대목을 하나 살펴보자.

> "국권상실의 허탈함을 뒤로 하고 사람들은 마법에 홀린 듯 밤거리 불빛 속을 떠돌아다녔다. 대중들은 사용하는데 서툴러 전구를 켜놓고 입으로 훅훅 불어서 끄려 하는 일도 적지 않았다. 1920-30년대 조선인들 사이에는 저녁나절 뚜렷한 목적도 없이 진고개와 혼마치 (오늘날 명동과 충무로 일대)

상점가를 배회하는 풍습이 생겨났다.” (44 - 45쪽)

강제로 통상조약을 맺고 일제에 강점된 조선인들은 근대문물에 노골적으로 노출되었고, 그것에 저항할 여력도 없이 근대의 강력한 소용돌이 속으로 휩쓸려버렸다. 그리하여 식민지인의 자각마저 상실한 일부 ‘모던보이’와 ‘모던걸’은 주위를 아랑곳하지 않고 질탕하게 놀아나 사람들의 빈축을 사기도 하였다. 1933년 ‘조선일보’ 만평 「이꼴저꼴」의 한 대목.

> “요사히 보히는 게 지랄밧게 업지만 자동차 ‘드라이브’가 대유행이다. 탕남탕녀가 발광하다 못해 남산으로 룡산으로 달리는 자동차 안에서 ‘러브씬-’을 연출하는 것은 제딴에는 흥겨웁겟지만 자동차 운전수의 ‘핸들’ 쥔 손이 엇지하야 부르떨리는 것을 아럿는지.” (142쪽)

제2부: ‘변화의 소용돌이 조선팔도’를 찾아서

해방과 분단 60년 세월이 흐르면서 이산가족은 나날이 줄어들고 있다. 그와 함께 조국의 북쪽에 대한 기억이나 관심도 점점 빛바래 간다. ‘공통의 기억’을 매개로 존재하는 민족개념은 더 이상 남과 북에 존재하지 않을지도 모른다. 우리는 장엄하고 웅장한 백두산 천지에 경외심을 느끼고, 일만 이천 봉우리를 가진 금강산에 찬탄을 아끼지 않지만, 그 너머에 거주하는 북녘 동포들의 삶과 애환과 죽음에는 얼마나 둔감한가!

서책 『한국 근대사의 풍경』은 이런 점에서 읽는 사람들의 영혼을 깊숙하게 푹 찌른다. 그도 그럴 것이 이 책에는 이제는 고인이 된 사운 이종학 선생이 남긴 수많은 흑백 사진들이 내장되어 있기 때문이다. 너무도 남루하고 또 너무도 구차하여 눈물이 쏟아져 나올듯한 지난날의 풍광과 인물과 이야기들이 서책의 사진 속에 빼곡하게 실려 있는 것이다.

함경도와 평안도 그리고 황해도와 관련한 여러 자료와 사진들을 들여다보면 만감이 교차하지 않을 수 없다. 이제는 이름마저 낯선 나남, 성진, 웅기, 경성 (鏡城), 회령, 무산, 부령, 길주, 신포, 영흥, 북청, 용암포, 강계, 혜산진, 신갈파진, 진남포, 신천, 개천, 안주, 정주, 희천, 사리원, 박천, 연백, 연평도 등을 담은 사진자료들이 우리의 눈길을 붙든다.

여기에 더하여 관부연락선에 대한 부분이 나의 시선을 강렬하게 잡아끈다.

> "식민지시대 부산의 도시발전 역사에서 빼놓을 수 없는 존재가 시모노세키와 부산 사이를 오가던 관부연락선이다. 태평양전쟁 말기에는 여객보다 화물운송에 주력한 관부연락선은 일본의 경제문화권이 한반도로 뻗어나가는 촉수역할을 하였다. 동경 역에서 차표를 사면 관부연락선으로 서울과 만주의 안동은 물론이고 유럽까지 갈 수 있었다." (285쪽)

60년 전에 반도를 유럽과 연결하였던 시베리아 횡단철도에 관한 것으로 읽을 수 있는 대목이다. 반도의 허리가 잘림으로써 반도가 아니라, 섬이 되어버린 대한민국. 그곳을 다시 유라시아 전체와 연결하려는 '6.15 남북선언'은 얼마나 장쾌하였는가! 잃어버린 대륙을 향한 장대한 꿈의 실현은 우리의 상상력에 싱싱한 날개를 달아주는 것이 아닐 수 없다.

여러분은 부산에서 출발하여 서울과 평양을 거쳐 신의주에 도착한다. 거기서 중국의 여러 도시들을 지나 바이칼에 면한 이르쿠츠크를 거쳐 예카테린부르크를 지나 모스크바와 페테르부르크를 경유하여 바르샤바와 베를린, 파리를 거쳐 도버해협을 지나 런던을 타 넘고 스코틀랜드의 글라스고우까지 가는 것이다. 장장 1만 킬로미터가 넘는 대장정이다. 얼마나 장쾌하며 통쾌한가. 배편이나 비행기가 아니라, 육로를 거쳐 유라시아의 끝에서 끝을 갈 수 있다는 현실이 우리 눈앞에 와 있는 것이다. 세계지도를 펴고 한 번 응시해 보기 바란다.

글을 맺으면서

언젠가 프리드리히 쉴러는 "현재는 쏜살같이 날아가고, 미래는 주춤주춤 다가오고, 과거는 영원히 정지해있다"고 썼다. 기독교 신자였던 도이칠란트의 작가는 직선적인 시간관을 그렇게 직접적으로 서술하였다. 하지만 현대과학은 시간에 대한 새로운 개념과 이해를 촉발하였으며, 그 결과 종말론과 결부된 직선적인 시간관은 이제 수정되고 있다.

과거는 정지해 있는 것이 아니라, 현재 안에서 맹렬하게 살아 숨 쉬고 있다. 엄정한 의미에서 현재라고 규정할 수 없는 '현재'는 미래와 충돌하면서 쉬지 않고 과거로 달린다. 우리가 유쾌하지 않은 과거를 돌아보는 것은 거기서 추출해야 할 풍부한 자양분 때문이다. 성공과 실패로 점철된 인간과 사회사 전부를 명쾌하게 해명하는 과거사를 어떻게 방기하겠는가.

서책 『한국 근대사의 풍경』은 우리 조상들의 일그러진 지나간 날들을 찬찬히 살피면서 낮지만 단호하게 묻는다. 우리도 그들처럼 실패할 것인지, 아니면 과거를 반면교사로 삼아 아름답고 풍요로운 미래를 남길 것인지. 그리하여 이제는 너무도 오랜 세월 남처럼 살아온 남과 북 거주자들의 공통분모를 어떻게 찾을 것인지 조용하게 묻고 있는 듯하다.

『한국 근대사의 풍경』 | 노형석 지음, 이종학 사진과 자료제공 | 생각의 나무 | 2005.

12. 항왜 김충선을 아십니까

『한일공통 역사교재 조선통신사』

글을 시작하면서: 서책의 출간과정과 구성

'도요토미 히데요시의 조선침략과 우호의 조선통신사'가 부제로 딸린 『조선통신사』는 뜻 깊은 내력을 가지고 있다. 히로시마 현 교직원조합 소속 다섯 교사와 전교조 대구지부 소속 여섯 교사가 모임을 이루어 서책을 출간했기 때문이다. 출간작업은 2001년 8월 전교조 대구지부가 히로시마 교조를 방문하여 체결한 '상호교류와 협력에 관한 의정서'로 시작된다.

올바른 역사교육을 위한 공통 부교재 집필에 동의한 그들은 2002년 2월부터 2005년 2월까지 두 나라를 교차 방문하는 형식으로 진행된 7차례의 공동세미나를 통하여 『조선통신사』 출간에 이르렀던 것이다. 일본의 '아카시쇼텐' 출판사와 한국의 '한길사'가 동시출판을 실현함으로써 양국 교원노조의 노력은 세간으로부터 더욱 큰 빛과 반향을 얻게 되었다.

『조선통신사』는 모두 8부로 이루어져 있다. 도요토미의 조선침략부터 19세기 중반 통신사 단절에 이르기까지 발생한 여러 사건들이 연대기적으로 서술된다. 이 서책이 나에게 특히 흥미로웠던 대목은 제3부 '조선으로 귀순한 사람들'에 나오는 사무라이 '사야카 沙也可' 이야기와 제4부 '다시 파견된 통신사'에서 상세하게 기술된 '통신사의 편성'이다.

항왜(抗倭)란 무엇인가

우리는 임진왜란에서 조선이 궁극적으로 승리하게 된 배경으로 대개 이순신의 해상권 장악, 명나라의 지원, 의병활동 등을 거론한다. 그런데 『조선통신사』의 공동저자들은 여기에 '항왜'를 덧붙인다. 장기간의 전쟁에 지치고, 조명 연합군에 쫓기는 심리적인 압박감, 식량부족으로 인한 고통, 명분 없는 전쟁에 대한 회의 등으로 괴로운 일본병사들이 많았다고 한다.

조선정부는 투항하는 일본병사들을 우대하는 대책을 내놓음으로써 적군의 투항을 적극적으로 권유하였다. 그 결과 임진왜란 기간에 1만 명에 달하는 일본병사가 조선에 투항하였으며, 이들을 항왜라 불렀다고 한다. (이와 반면에 조선인이면서 일본에 협력한 자들도 있었는데, 이들을 가리켜 순왜(順倭)라고 하였다.) (76쪽)

> "항왜는 조선군에게 화승총과 화약제조기술, 검술과 포술 등을 가르치고, 일본군에 관한 정보를 제공하였습니다. 그리고 직접 전투에 참가하여 큰 공훈을 세우기도 하고 목숨을 잃기도 하였습니다... 선조는 눈부신 활약을 한 항왜에게 벼슬을 주고 은으로 포상하였습니다. 그들에게 일본인이 아니라 조선인이라는 징표로 조선의 성과 이름을 주었습니다." (64-66쪽)

항왜 김충선의 행적과 의의

사야카는 선조에게 김해김씨 성을 하사받고 이름을 충선(忠善)이라 지었다. 『조선왕조실록』과 그의 호 '모하당 慕夏堂'에서 유래한 『모하당문집』을 통하여 우리는 김충선의 인물됨을 알 수 있다. 그는 임진왜란이 발발했을 때 가등청정(加藤淸正)의 좌선봉장으로 조선을 침략하였다. 하지만 한 차례의 전투도 하지 않은 채 경상도 병마절도사 박진에게 귀순한다. 그가 쓴 강화서에 귀순이유가 잘 나타나 있다.

> "이번에 명분 없는 전쟁을 당하여 본의 아니게 선봉이 되어 삼천 명의 병사를 이끌고 조선으로 왔습니다... 인의의 나라를 도저히 공격할 수 없어 저는 전의를 잃고 말았습니다... 다만 저의 소원은 이 나라의 예의문물과 의관풍속을 아름답게 여겨 예의의 나라에서 성인나라 조선의 백성이 되고자 할 따름입니다." (72쪽)

풍신수길이 일으킨 전쟁의 대의명분을 찾을 길 없던 사야카는 항왜의 길로 접어들었고, 조선장수가 되어 경상도 여러 전투에서 공훈을 세운다. 도원수 권율과 어사 한준겸 등의 주청으로 지금의 차관급 지위인 자헌대부에 오른다. 1600년에 진주목사 장춘점의 딸과 혼인하여 우록동에 거처를 두고 살았고, 이괄의 난과 병자호란 때에도 큰 공을 세웠다고 전한다.

사야카는 일본인으로 태어나 22년을 살았으며, 김충선이 되어 제2의 조국인 조선을 위하여 50년을 살다가 1642년 72세의 나이로 삶을 마감한다. 인조는 그의 죽음을 기리면서 오늘날 장관급에 해당하는 정헌대부 품계를 하사한다. 『모하당문집』에 실린 한시 『남풍유감』에 드러나 있는 사야카의 인간적인 정리가 나를 격동하였다. 번역으로 전문을 옮긴다.

> 남풍 때때로 불 제 고향 생각하네/ 조상무덤은 평안한지 일곱 형제는 무사한지/ 구름을 보며 고향 생각하고/ 봄풀을 봐도 고향 생각하는 마음 어느 땐들 없겠는가/ 일가친척은 살아있을까 아니면 세상을 하직했을까/ 고향산천 그리움 끊일 날 없도다/ 나라엔 불충이요 집에는 불행 불러왔으니/ 세상 제일 큰 죄인 나 말고 또 뉘 있으랴/ 아마 세상에 흉한 팔자는 나뿐인가 하노라. (70쪽)

무의미한 전쟁을 반대하였던 평화주의자 사야카. 조국을 위하여 육순 노구를 이끌고 여진족과 맞서 싸운 애국주의자 김충선. 새로 정착한 우록동에서 가훈과 향약 등으로 백성교화에 진력한 정신적 지도자이자 사성 (賜姓) 김해김씨의 시조 김충선. 그런 김충선도 끝내 고향산천과 부모형제에 대한 그리움을 잊을 수는 없었다.

낳아주고 길러준 부모와 나라를 버리고 적국의 장수로 동족을 무찌르는 일에 앞장서야 했던 사야카의 인간적인 번뇌가 손에 잡힐 듯 그려져 있다. 해마다 천여 명이 넘는 일본인들이 대구광역시 달성군 우록동을 찾고 있으며, 십여 년 전에는 일본에 사야카 연구단체들이 설립되었다고 한다. 임란 이후 400여년 만에 사야카는 평화주의자로 부활하고 있는 것이다.

임진왜란 후의 조선통신사에 대하여

7년 동안의 전쟁이 끝난 9년 뒤 선조는 덕천가강의 국서에 대한 회답과 일본으로 끌려간 조선인들을 귀국시킨다는 의미의 '회답겸쇄환사'를 파견한다. 이로부터 1811년 순조 11년에 이르기까지 조선왕조는 모두 12차례에 걸쳐 통신사를 파견한다. 『조선통신사』는 특히 1682년 숙종 8년에 파견된 제7회 통신사에 대하여 상세하게 기술하고 있다. 정사 윤지완을 대표로 하여 모두 475명의 대규모 통신사가 파견되었는데, 지은이들은 제7회 통신사의 성격을 이렇게 규정한다.

> "7회 통신사는 의사만이 아니라 문재(文才)가 있는 사람, 한시 잘하는 사람, 서예나 그림에 능통한 사람, 악기연주의 명인, 춤의 명수 등 문화교류를 위한 다양한 인재가 선발되어 문화사절단의 의미를 강하게 띠고 있습니다." (89쪽)

통신사 구성원의 면모를 간략히 살피면, 우선 통신사를 인솔한 정사와 부사 및 종사관을 일컫는 삼사가 있다. 통사와 훈도는 통역을 맡았으며, 제술관과 사자관, 서기 등은 서도로 문화교류를 담당하였다. 일본의 요청으로 특별히 파견된 사람들로는 의원, 영원, 마상재인 등을 들 수 있는데, 이들은 오늘날 의사, 화가, 곡마단의 기예단원이라 할 수 있다.

악대도 파견되었는데, 전악은 지휘자였으며, 고수는 큰북, 동고수는 꽹과리, 세악수는 장구, 큰북, 피리, 해금을 연주하였다고 한다. 행렬의 위엄을 과시하기 위하여 기수나 월도수 등이 동참하였다. 별파진, 자제군관, 궁수 등은 통신사를 호위하는 역할을 맡았다. 소동들은 통신사 일행을 수행하면서 견문을 넓히고 노래와 춤으로 일행의 무료함을 달래주었다고 전한다.

이렇게 살핀다면 조선통신사는 문자 그대로 대규모 문화사절단으로 '문文'을 숭상하면서도 '무武'도 갖추고 있는 조선의 위엄을 일본에 널리 떨쳤다고 말할 수 있겠다. 『조선통신사』는 한양에서 에도, 즉 오늘날 서울에서 동경에 이르는 2,000 킬로미터의 길을 두 쪽에 걸쳐 지도를 통하여 상세히 보여준다. 이것이 서책의 두드러진 장점 가운데 하나다.

조선통신사가 어떻게 한양에서 쓰시마로, 쓰시마에서 경도로, 경도에서 동경에 이르게 되었는지를 다음과 같이 설명하면서 마무리한다.

> "일본에서는 통신사 일행의 많은 짐을 운반하기 위해 총인원 30여만 명의 일꾼과 8만 마리의 말이 동원되었습니다. 통신사가 한양을 출발하여 에도에 이르기까지 6~9달 가까이 걸렸습니다. 통신사의 여정은 화려했지만 매우 힘든 여행이었습니다." (111쪽)

막부의 권위를 높이고 국내의 정치적 안정을 위하여 조선과 평화를 원했던 쇼군들의 통신사 환대는 극진하였다. 18세기 초반 조선통신사를 맞이하는데 막부가 사용한 비용은 대략 100만 냥이었다. 그런데 당시 막부의 연간 예산은 78만 냥 정도였다고 하니 (156쪽) 통신사 접대가 얼마나 융숭한 것이었는지 미루어 짐작할 수 있을 것이다.

짧은 맺음말

19세기 초반에 이르러 일본에 이른바 '존왕양이 尊王攘夷 운동'이 격화되고, 일본식의 화이의식(華夷意識)이 발전됨으로써 통신사에 대한 요구가 사라지게 된다. 1858년 일미수호통상조약이 맺어지고, 명치유신이 이루어지면서 '요시다 쇼인' 등의 정한론(征韓論)이 대두한다. 그것은 1876년 강화도조약, 1905년 을사늑약과 1910년 일한합방으로 구체화되고 말았다.

이 서책은 '조선통신사' 개념을 가지고 300여년의 시간대에 걸쳐 거시적이면서 미시적으로 양국관계를 살피고 있다.

실감나는 천연색 사진들과 지도, 인물화 및 도해 등과 같은 다채로운 볼거리를 통하여 읽는 이의 이해를 돕고 있다는 점도 『조선통신사』의 커다란 강점이라 하겠다. 통신사가 받았던 밥상까지 사진자료로 재구성한 저자들의 노력이 실로 아름답게 다가온다.

한 가지 아쉬운 점을 지적하고자 한다. 그것은 필요하다면 과감하게 한자를 병기하였으면 더욱 좋았을 것이라는 점이다. 일본인들과는 아직도 한자로 필담이 가능한데도, 저자들이 원어표기에 지나치게 충실한 느낌이 든다. 한자 문화권에 동시에 거주하는 양국 독자들을 고려할 때 적절한 한자사용은 필수적인 작업이 아닌가, 그런 생각을 떨치기 어려운 터다.

덧붙임

2005년 4월 22일 오후 7시 대구광역시 문화웨딩에서 『조선통신사』 출판기념회가 성황리에 열렸다. 히로시마 교조와 전교조 대구지부 관계자들 및 대구 지역인사들이 참석하여 서책의 역사적인 의미를 조명하면서, 일본에서 이루어지고 있는 역사 교과서 왜곡문제와 독도문제 등에 대한 성찰을 촉구하는 진지한 분위기였다. 나 또한 말석에 한 자리 차지하고 『조선통신사』에 내재된 의미를 생각하면서 우리의 나아갈 길에 대하여 다시 한 번 깊이 되새기는 계기를 가지게 되었다. 이래저래 어수선한 분위기 속에서도 작지 않은 등불을 밝혀든 여러 선생님들의 노고에 다시 한 번 깊이 고개 숙인다.

『조선통신사』 | 한일공통역사교재 제작팀 지음 | 한길사 | 2005.

13. 전율의 시간과 공간을 찾아서

『혁명의 역사』

글을 시작하면서

'혁명'이란 단어보다 우리를 전율케 하고 짜릿한 흥분으로 몰고 가는 것이 또 있을까. 기존의 사회·정치체제는 물론이려니와 인간의 의식과 생활방식까지 본원적으로 뒤집어엎어 버리는 혁명이야말로 얼마나 감동적이며 아름다운가. 만일 인류역사에 혁명이 결석하였다면 오늘날 우리는 어떤 삶의 양상과 대면할 수 있을 것인지, 생각한다면 혁명의 깊고도 너르며 장구한 영향력을 이내 감지할 수 있을 것이다.

도이칠란트 태생으로 1994년 이래 런던의 '도이칠란트 역사연구소'를 책임지고 있는 역사학자 페터 벤데가 엮어낸 서책『혁명의 역사 *Grosse Revolutionen der Geschichte*』는 주로 유럽과 미국의 혁명들을 짧지만 깊이 있게 다루고 있다. 역자 권세훈이 밝힌 대로 이 책은 모두 20개의 혁명적인 사건을 다루고 있지만, 고대 이집트와 로마 및 농민전쟁 관련된 글은 제외하고 있다.

한나 아렌트가 바라본 혁명의 정의와 서책의 구성

서책을 엮은 벤데는 서문에서 혁명의 의미와 그것의 역사적인 변화과정, 그리고 혁명의 전개양상 등에 대한 이론적 틀을 세운다. 여기서 무엇보다도 우리의 관심을 끄는 것은 혁명의 정의에 대한 유태인 출신 여성 철학자이자 하이데거의 영혼과 철학의 정신적 반려였던 한나 아렌트의 직접적인 인용일 것이다. (훗날 하이데거는, 아렌트가 없었다면 『존재와 시간』을 쓸 수 없었을 것이라고 고백하였다고 한다.)

> "새로운 시작에 대한 열정이 강렬할 뿐만 아니라, 자유에 대한 전망과 결합된 경우만을 혁명이라 할 수 있다... 교체를 통하여 새로운 시작이 가시화되는 경우, 새로운 국가형태를 구성하고 새로운 정치주체에 근거를 제공하기 위하여 폭력이 사용되는 경우, 억압세력에 대한 해방투쟁이 자유의 확립이라는 의도를 지닌 경우만을 본질적인 의미에서 혁명이라 말할 수 있다." (11쪽)

혁명에 대한 아렌트의 이런 견해는 근본주의적인 입장과 최대강령주의에 충실한 정의가 아닐 수 없다. 벤데는 아렌트의 견해에 가장 부합하는 본보기를 프랑스 혁명(1789 - 1799)에서 보고 있다. (나는 이쯤에서 독자 여러분이 우리 역사에서 어떤 혁명들을 찾아낼 수 있는지, 깊이 숙고하기를 기원한다. 아렌트의 정의에 합당한 혁명을 과연 우리의 유구한 역사에서 만날 수 있겠는지를 물어보자는 것이다.)

그런데 『혁명의 역사』는 그렇게 만만하고 편안하게 읽히는 책은 아니다. 영국과 도이칠란트의 대학교수들이 각각의 혁명에 대하여 상당히 간략하게 분석하고 평가하는 내용이 서책의 골간을 이루고 있다. 20-30쪽 남짓한 분량으로 길게는 60여년의 시간대를 포괄하는 (중국혁명의 경우 19세기 후반에서 1957년까지를 상정하고 있다) 혁명의 주요한 내역을 담아내는 일이 간단치 않은 노릇인 탓이다.

『혁명의 역사』에서 다루고 있는 지난 시기의 대표적인 혁명들의 면면을 살펴보면, 영국의 청교도 혁명과 명예혁명, 1789년의 프랑스 혁명과 1871년 파리코뮌, 1848년의 도이칠란트 혁명과 신대륙의 미국혁명, 유럽전역을 거쳐 미국과 일본에까지 파급된 68혁명, 멕시코와 쿠바 혁명과 이집트 및 이슬람 혁명, 중국의 문화대혁명 등등을 아우르고 있다. 우리에게 친숙한 프랑스 대혁명과 중국의 문화대혁명을 본보기로 생각해보자.

프랑스 대혁명을 찾아서

> "프랑스 혁명은 프랑스에서 계급적 특권사회의 권력체계를 파괴하고, 그 자리에 형식상 법적으로 동등한 권리를 가진 개인들의 사회를 세웠다. 그러나 실제적인 사회구조는 별로 변화시키지 못했다. 그럼에도 혁명을 통해 촉발된 정치적 동력, 국민의 정식동의를 통한 정치권력의 합법화, 시민들의 참정권 요구 등은 더 이상 돌이킬 수 없는 것이 되었다." (125쪽)

이것은 프랑스 대혁명이 야기한 가능성과 한계를 동시에 짚어내는 평가가 아닐 수 없다. 우선, 대부분의 귀족이 혁명가들의 편에 동조함으로써 그들은 혁명 이후에도 여전히 가장 부유한 사회계층에 남게 되었다는 것이 최근의 정설이라는 것이다. 따라서 귀족은 부유한 시민들과 함께 최고 엘리트 계층을 형성하여 19세기까지 사회·정치적인 지배계급이었다.

선거권은 특정한 세금을 내는 남성들에게 국한되었으며,

여성들에게는 어떤 정치적인 권리도 부여되지 않았다. (이 점에서 우리는 유럽사회의 뿌리 깊은 '헬라스' 전통과 남녀불평등 의식을 목도할 수 있다.) 프랑스 혁명으로 새롭게 부상한 계급은 은행가나 실업가와 같은 산업 부르주아가 아니라, 변호사나 관리, 의사와 저널리스트 같은 부르주아 인텔리 계층이었다는 점이 주목된다.

그러나 프랑스 혁명이 결과한 대중의 폭발적인 성장은 근대적인 민주주의 정치의식의 발로로 평가되며, 여기에 프랑스 혁명의 잠재력이 자리하고 있다. 왜냐하면, "프랑스의 신질서는 토착적인 관계와 전통을 거의 고려하지 않고, 개인적 또는 제도적인 모든 특권의 폐지와 개인의 정치적·경제적 자유에 중점을 둔 합리적인 사고방식에 근거하고 있었기"(114쪽) 때문이다.

문화혁명은 과연 무엇이었는가

현대중국의 역사에 심각한 외상(外傷)을 남긴 문화대혁명은 우리에게 혁명의 부정적인 그림자가 얼마나 긴 시간 동안 그 폐해를 남길 수 있는지를 깊이 각인시키는 본보기다. 문화대혁명은 1958-60년까지 진행된 '대약진운동'의 실패로 야기된 마오쩌뚱의 새로운 정치적 구상에서 비롯되었다. 자신의 오류와 실패를 시인하지 않고 계급투쟁을 통하여 권력과 정치적 목표를 공고히 하려는 최고 권력자의 야망이 문화대혁명의 단초가 되었다는 것이다.

1966년 8월 1일 당 중앙위원회 본회의에서 반수를 겨우 넘는 찬성으로 시작된 문화대혁명은 현실에 불만족한 젊은이들 사이에 '홍위병'을 급속도로 조직하는 결과를 낳게 되었다.

그런데, 주지하듯이 홍위병 조직은, "새로운 인간형을 창출하려는 목적과 함께 상부구조의 변혁"(347쪽)을 시도하려는 문화혁명의 애초 목적과는 거리가 먼 테러집단으로 전락하게 된다. 그 결과 400만 명이 넘는 희생자가 발생하였고, 이른바 '상흔문학 傷痕文學'이 70년대 말 80년대 초에 발생하는 계기가 만들어진다. (이와 더불어 우리는 천개가의 <패왕별희>(1993)나 베르톨루치의 <마지막 황제> (1987) 등의 영화를 이내 연상할 수 있다.)

그러나 문화대혁명이 부정적인 결과만을 야기한 것은 아니다. 뒤스부르크 대학의 토마스 헤버러 교수의 견해를 인용한다.

> "문화대혁명의 종말은 수만 명에 이르는 정치범, 시골로 쫓겨난 이른바 계급의 적, 우익, 지식인, 관료 등의 복권과 함께 이루어졌다. 보다 높은 차원의 정치적 투명성, 외국과 세계시장에 대한 문호개방, 법과 법제도의 확립, 비교적 확대된 개인적 자유, 경제자유화 등 사회에 대한 국가와 당의 간섭 철회 역시 문화혁명 경험의 결과로 이해되어야 한다." (367쪽)

지난 세기 90년대를 전후로 한 동구 사회주의 국가들의 몰락과 북한의 난맥상, 쿠바와 리비아 등지의 점증하는 문제들과는 달리 오늘날 사회주의 중국이 거두고 있는 괄목할만한 성장배경의 이면에는 1966년부터 1976년까지 중국인민 전체를 억압하였던 문화대혁명의 뼈저린 경험과 극복이 자리하고 있다는 것이다.

이제 한반도를 필두로 한 국제문제에 적극적으로 개입하기 시작한 중국의 정치적인 의도를 명확하게 이해할 사명이 우리에게 있으며, 그 일단의 해결은 문화대혁명의 전개과정과 결과를 면밀하게 재검토하는 작업이 될 수 있을 것이다.

글을 마치면서

『혁명의 역사』는 세계전역에서 다양한 시기에 전개된 혁명들을 살피고 있기 때문에 독자는 나름의 관심영역에 따라 선별하여 혁명을 만날 수 있다.

사르트르가 '가장 완전한 인간'이라 명명했던 아르헨티나 출신의 혁명가 체 게바라와 피델 카스트로가 이끌었던 쿠바 혁명, 파리에 바리케이드를 둘러치고 1871년 5월 21일부터 28일까지 노동자가 주축이 된 반란세력과 정부군 사이의 '피의 일주일'로 오래도록 기억되는 파리코뮌, 사회주의 이데올로기로 무장된 일단의 러시아 혁명가들이 제1차 세계대전의 와중에 성공시킨 1917년 사회주의 10월 혁명 등을 대표적인 본보기로 들 수 있을 것이다.

얼마나 많은 혁명들이 우리를 앞서 지나갔고, 얼마나 많은 혁명이 진행 중이며, 앞으로 다가올 것인가. 바로 이런 문제에 대한 '역사의 거울'로써 『혁명의 역사』는 매우 의미 있는 서책이라고 할 것이다.

『혁명의 역사』 | 페터 벤데 엮음, 권세훈 옮김 | 시아출판사 | 2004.

제3부 문화와 세계

1. 시인이 만나는 포구풍경과 사람들

『곽재구의 포구기행』

여행, 듣기만 해도 유쾌하고 가슴 설레는 어휘다. 판박이 같은 일상의 탈출구로 각광받는 대상 가운데서도 으뜸가는 자리를 차지하는 것이 여행이다. 여행을 떠나지 못하는 사람들은 남들의 여행기록을 접하면서 대리만족을 얻으며, 기회가 오면 반드시 어느 곳은 가보리라 다짐하곤 하는 것이다. 그래서 여행기는 무엇보다도 다정다감한 사람들의 몫이어야만 한다.

곽재구 시인의 『포구기행』은 이런 관점에서 그야말로 제격이 아닐 수 없다. 삼면이 바다로 둘러싸인 대한민국의 포구들을 찾아다닌 시인의 발품이 만들어낸 기록물이 『포구기행』이다. 필자의 천직이 시인이므로 서책에는 여느 여행기들과는 달리 시와 시인에 대한 이야기들이 자주 얼굴을 내민다. 서문격인 '섬에서 보낸 엽서'의 한 구절을 보자.

"당신이 바다 속 깊은 어딘가에서 아주 근사한 시를 쓰고 있을 거란 생각을 했지요. 아주 깊은 바다 어딘가에 당신이

> 시를 써서 읽어주는 신비하고 아름다운 극장이 있을 거라 생각했지요... 온몸으로 자신을 느끼는 시간, 축제, 꿈, 기억, 방랑... 당신이 일러준 삶의 비밀 하나로 나뭇잎 같은 내 인생이 가끔은 파도처럼 술렁이는 꿈을 지니기도 했지요." (8쪽)

해신(海神)이 깊은 바다 어딘가에서 맑은 영혼을 드러내는 일, 즉 시를 쓰는 일에 몰두하고 있을 거라는, 참으로 시인다운 발상이 우리를 미소 짓게 한다. 그리고 아름다운 영혼의 작업이 창출한 결과를 낭송하는 그리 크지 않은 극장이 있고, 거기서 뭍 생명들이 각자의 내면을 전신으로 향유하는 시간을 생각해내는 시인의 상상력으로 우리는 끝없이 따뜻해진다.

대한민국 세 바다의 항구들과 점점이 떠 있는 섬들과 해수욕장과 '만'에 대한 따사롭고 넉넉한 이야기들이 『포구기행』의 책장을 빼곡하게 채우고 있다. 그리하여 독자는 우리가 살고 있는 풍광 수려한 반도의 여러 섬들과 해안풍경, 그리고 그곳에 뿌리내리고 있는 사람들의 내력과 사연을 자연스레 만나게 되는 것이다.

'진도 인지리에서 남동리 포구로 가는 길'에서 시인 곽재구는 조공례 할머니를 만나고 그이에게서 '육자배기' 가락을 얻어듣는다. 소리를 하는 도중에 만난 할머니의 형형한 두 눈을 감당하기 어려웠다고 시인은 고백한다. 깊이를 알 수 없는 인생의 심연에서 울려 퍼지는 소리와 눈빛의 향연으로 축복받은 시인은 여로의 끄트머리에서 시 한 편을 쓴다.

> 진도 지산면 인지리 사는 조공례 할머니는/ 소리에 미쳐 젊은 날 남편 수발 서운케 했더니만/ 어느 날은 영영 소리를 못하게 하겠노라/ 큰 돌멩이 두 개로 윗입술을 남편 손수 짓찧어 놓았는디/ 그날 흘린 피가 꼭 매화송이처럼 송이송이 서럽고 고왔는디/ 정이월 어느 날 눈 속에 핀 조선매화 한 그루/ 할머니 곁으로 살살 걸어와 입술의 굳은 딱지를 떼어주며/

> 조선매화 향기처럼 아름다운 조선소리 한 번 해보시오, 했다더라/ 장롱 속에 숨겨둔 두 개의 돌멩이를 찾아와/ 이 돌 속에 스민 조선의 핏방울을 꼭 터뜨리시오, 했다더라 (105-106쪽)

젊은 아내가 육자배기 가락에 취하여 섬을 떠돌며 노래하는 것이 못마땅한 지아비가 돌멩이로 짓찧어버린 윗입술의 상처를 고스란히 간직한 채 소리를 해야 했던 조공례 할머니의 기막힌 사연을 시인은 담담하게 풀어낸다. 할머니의 고통과 인고의 세월을 그는 조선매화와 견줌으로써 끈질기되 향기 드높은 미적·예술적 성취로 승화시키고 있다. 아름다운 일이다.

곽재구 시인은 사라져버린 것들에 대해서도 안쓰러운 시선을 던진다. 전북 고창의 포구 구시포의 본래 이름은 '새나리불뜽'이었다고 한다. 그 아름다운 이름이 일제시대에 구시포로 바뀌었다고 전하면서 시인은 순 우리말로 이루어진 포구 '새나리불뜽'의 의미를 설명한다.

> "새나리의 '나리'는 갯가를 의미하는 우리말이요, '불뜽'은 아마 '불뜸'에서 전이된 말일 것이다. '뜸'은 우리말에서 자연부락을 뜻한다. 그렇게 보았을 때 구시포의 옛 이름은 '새 바닷가의 불같이 일어날 마을' 쯤이 된다." (200쪽)

'새나리불뜽'이 일제의 강압 때문에 구시포로 바뀌고, 그곳의 대표적인 명물이었던 해당화마저 당뇨병에 특효란 소문으로 완전히 사라져버린 황량함을 시인은 서러워한다. 모든 사라져간 것들에 대한 훈훈한 만가를 흉중에 오래도록 품고 시인은 오늘도 길을 걷고 또 걷는다.

매우 서정적이고 감각적인 시인이지만 곽재구의 내면에는 인간과 인간적인 것에 대한 깊은 성찰이 자리하고 있다. '하늘 먼 곳, 푸른빛의 별들이 꿈처럼 빛나고'에서 시인은 잉여의 노동을 거부하는 어청도의 늙은 어부에 대하여 소략하게 쓴다.

> "노인은 고기를 잡지 않았다. 달빛들이 스러질 무렵이면 노인은 그물을 걷고 자신의 오두막집으로 돌아갔다. 이익을 위해 자신의 시간을 파는 노동은 평온할 수가 없다. 하루의 노동이 자신의 하루 생계의 몫을 넘어서고, 더더욱 그것이 다른 사람의 몫을 침범하는 경우라면 그 노동은 신성함을 잃는다. 그런 의미에서 노인의 노동은 무능력한 것이었다." (53쪽)

만월의 밤바다에서 푸른색의 그물을 던지고 푸른빛의 고기들을 잡는 듯 놓아주는 듯 하는 노인의 평온한 노동에서 곽재구는 하루의 소용을 깨달은 자의 진실한 면모를 독서하는 것이다. 시인은 일용할 양식에 충분히 만족하고 잉여의 노동으로 자신의 육신과 타인과 고기를 괴롭히지 아니하는 진정 풍요로운 자의 무능력이 숨 쉬는 어청도를 그림처럼 그려낸다.

『포구기행』은 단지 읽을거리로만 풍성한 서책이 아니다. 시인이 발품을 팔아 기록한 사람과 자연의 풍광이 아름다운 사진들로 더욱 그 빛을 환하게 발하고 있기 때문이다. 그가 닿고 만나본 포구와 바람과 갯벌과 백사장과 그곳에 삶의 터전을 일군 사람들의 온갖 삶의 양태가 천연색 사진으로 제 모습을 드러내고 있는 것이다.

따뜻한 마음과 푸근한 서정으로 남다른 여로를 택한 시인 곽재구의 독특한 『포구기행』은 여적 남아있는 우리나라의 푸근한 인심과 포구의 다채로운 면면들을 간결하고 꾸밈없이 보여준다. 혹자는 좁은 한반도, 더욱이 분단된 작은 나라 대한민국을 말하지만, 우리는 얼마나 우리의 자연과 산천, 그리고 그곳에 뿌리내리고 살아가는 인간들과 삶의 내력을 알고 있는 것일까!

『곽재구의 포구기행』 | 곽재구 지음 | 도서출판 열림원 | 2002.

2. 대중의 출현과 반역의 의미에 관한 역사·철학적 고찰

『대중의 반역』

대중은 누구인가

현대사회에서 대중만큼 자주 쓰이는 어휘도 많지 않을 것이다. 대중은 민중이나 시민, 국민 등에 함유된 사회·정치적인 의미보다 한결 광범하고 포괄적이다. 오늘날 여러 사회계급이나 계층을 아우르면서 문화에서 적극적으로 수용하는 개념으로 대중을 이해하면 편할 것 같다. 왜냐면 우리는 현대의 대중문화와 대중매체에 익숙한 일상을 살고 있기 때문이다.

오르테가 이 가세트는 『대중의 반역』에서 대중의 개념을 명징하게 설명한다.

> "대중이란 특정한 기준에 따라 자신에 대해 선악의 가치판단을 내리는 것이 아니라, 자신을 '다른 모든 사람들'과 동일시하면서 불편함보다는 편안함을 느끼는 사람들 모두를 의미한다." (20쪽)

에스파냐 철학자가 지적하는 '특정한 기준'이란 절차, 규칙, 예의, 간접적인 방식, 정의, 이성 등을 가리키며, 그것을 그는 '문명'이란 단어로 요약한다. 하지만 대중은 문명을 거부하고 '지금'과 '여기'에 함몰된 채 자아만족에 빠져 있다는 것이다. 문제는 문명의 원리와 이론에 전혀 무관심한 대중이 사회의 주도권을 장악했다는 사실이라고 그는 강조한다.

'무식한 식자'와 대중, 그리고 '뛰어난 소수'

여기서 특기할만한 것은 현대사회의 전문가 집단에 대한 저자의 통렬한 비판이다.

> "전문가는 자신이 연구하는 우주의 지극히 미세한 어떤 분야는 잘 알지만, 나머지 분야는 전혀 모른다. 전문가는 자신의 전문영역과 무관한 것은 모르기 때문에 유식한 자도 아니고, 과학자로서 미세한 전공분야는 매우 잘 알기 때문에 무식한 자도 아니다." (153쪽)

『대중의 반역』 저자는 그런 전문가를 '무식한 식자'라고 규정한다. 그들은 자기의 전문영역뿐만 아니라, 다른 영역에 대해서도 전문가를 자임하며, 해당분야 전문가의 견해를 경청하지 않는다는 것이다. 나아가 그들은 정치와 예술, 사회관습 등과 같은 분야에서 대중이 취하는 자세와 입장을 고스란히 되풀이함으로써 대중의 지배를 가중시키고 있다.

그런데 사회 안에는 대중과 함께 진정한 의미에서 '선택된 소수'가 존재한다. 선택된 소수는 우수한 인간과 동의어로서, 그들은 끝없는 긴장과 힘겨운 훈련을 당연한 것으로 받아들인다. 그들은 탁월한 것을 위하여 자신의 삶을 바치며, 질서와 법을 존중하면서 자신의 한계를 절감한다. 하지만 바로 그들이 인류의 미래를 담보하며 상층권위를 형성한다.

문제는 무식한 식자를 포함한 오늘날의 대중이 선택된 소수를 거부하는 현상이 발생하였으며, 저자는 이것을 대중의 반역이라 부른 것이다.

> "대중은 자신의 삶을 우수한 소수로 구성된 상층권위에 맡길 필요가 있다. 우수한 자들이 없다면 인류는 본질적으로 지속될 수 없다. 대중이 독자적인 행동을 시도하는 것은 자신의 운명을 거스르는 일이다. 진실로 반역이라 부를 수 있는 유일한 경우는 자신의 운명을 받아들이지 않고 자기 자신을 거스르는 경우다." (157 - 158쪽)

과거와 미래를 어떻게 수용할 것인가

현대사회의 주도권을 장악한 대중은 육체적인 경험만을 통해서 배우고, 그것만을 절대적인 진리인 것처럼 믿고 말한다. 문제는 그들이 문명의 발전을 따라잡지 못하고 있다는 사실이다. 오르테가 이 가세트는 문명의 진척과 연결되어 있는 역사지식 혹은 역사문화가 실종된 위기상황을 지적한다. 역사에서 배우지 못하는 우매한 대중을 질타하는 것이다.

> "문명의 진보는 문명의 배후를 열심히 배우고 많은 경험을 하는 것, 즉 역사를 배우는 것과 밀접하게 연결되어 있다. 역사지식은 새로운 상황에 처한 삶의 갈등에 적극적인 해결책을 주기 때문이 아니라, 다른 시대에 범한 순진한 과오를 범하지 않도록 한다. 대중의 행동은 즉흥적일뿐 아니라, 오랜 기억도 역사의식도 없는 사람들에 의하여 좌우되는 특징을 지니고 있다." (125 - 127쪽)

인간은 과거를 배움으로써 미래를 예견하고 준비한다. 과거가 사라지지 않고 현재와 미래에 그림자를 드리우면 필연적으로 미래는 과거에 패배한다. 과거는 망각하고 파괴하며 폐기처분한다고 해서 사라지거나 극복되지 않는다. 과거를 극복하는 유일한 방법은 과거를 버리지 않고 과거에 유의하면서 날카로운 역사의식을 가지고 현재를 살아가는 것이다.

그러므로 상층권위를 확보한 선택적 소수, 혹은 토마스 칼라일 방식으로 말하면 '영웅'의 안내와 인도를 받고 전진하는 대중의 존재가 아름다운 미래를 만들어가는 하나의 방법이다. 『대중의 반역』에서 저자가 시종일관 강조하는 것은 그런 상층권위를 수용하지 않고, 방종과 타락에 젖어 허위의식에 빠진 비역사적인 대중에 대한 질책이다.

유럽문명과 근대 (유럽연합구상과 관련하여)

에스파냐 철학자는 16세기 이후 세계를 지배해온 유럽의 헤게모니를 주장하면서 그것을 '근대'라는 개념으로 명쾌하게 설명한다. 근대를 가능하게 한 원리를 그는 '자유민주주의'와 '과학기술'로 해석한다. 이런 원리에 기초하여 그는 12세기 동안 1억 8천만 명을 유지하였던 유럽인구가 1800년부터 1914년까지 4억 6천만 명으로 늘어났다고 주장한다.

문제는 급속하게 늘어난 대중을 전통문화와 역사지식을 통하여 계몽하는데 실패했다는 사실이다. 대중에게 생존기술과 생존방식을 전수하는데 성공했지만, 그것을 가능하도록 한 문명의 원리와 정신과 같은 위대한 역사의식을 전달하지는 못했다는 것이다. 여기에 기초하여 그는 반역하는 대중이 등장하고, 선택받은 소수가 탈주하기 시작하였다는 점을 강조한다.

나아가 그는 1930년대 유럽에 등장한 볼셰비즘과 파시즘을 통렬하게 비판한다. 볼셰비즘과 마르크스의 사회주의가 공통적인 차원이 거의 없다는 사실과 파시즘의 폭력적인 야만성을 설파한 것이다. 이런 토대 위에서 그는 유럽연합 창설구상을 제시한다.

> "오직 대륙의 여러 민족 집단으로 하나의 거대한 국가를 건설하겠다는 결정만이 유럽의 맥박을 다시 뛰게 만들 것이다. 유럽을 거대한 국민국가로 건설하는 일이야말로 소련의 5개년계획의 성공에 대항하는 유일한 사업이라고 생각한다." (255 - 256쪽)

마침내 유럽연합은 출범하였고, 그것은 21세기 새로운 세계질서를 창출하는 하나의 강력한 동력원이 되고 있다. 서책 『대중의 반역』은 철학자 오르테가 이 가세트의 번뜩이는 혜안이 도처에서 돋보이는 수작이자 역작이다. 뒤돌아선 예언자로서 역사가를 말했던 그 자신이 이미 탁월한 역사가가 아니었나 생각해본다.

남는 문제들 - 역동적인 대한민국

흔히 21세기 우리사회를 '역동적인 한국'(다이내믹 코리아)로 표현한다. 여기에는 빛과 그림자처럼 양면성이 혼재한다. 한편에서는 미래를 향해 질주하는 고속철도의 강력한 심장의 고동소리가 울린다. 다른 한편에서는 갈등과 대결의 충돌과 대폭발이 하루가 멀다않고 발생한다. 긍정과 부정의 혼재는 당연하다. 하지만 충돌과 폭발은 최대한 피해야 한다.

그런데 우리사회에는 적어도 효과적인 완충장치나 신뢰할 만한 상층권위 혹은 지식인 집단이 거의 실종된 상태다. 사회전체가 마치 전시동원 체제를 방불케 하는 획일주의와 전체주의 양상을 보이는 경우가 다반사다. 인터넷 매체를 중심으로 21세기 대한민국 사회의 가장 강력한 여론형성 주체세력인 누리꾼들이 보이는 파쇼적인 광기는 가공할만한 것이 아닌가!

그런 파괴적이고 공격적인 여론을 등에 업고 언론매체는 선정적인 보도경쟁에 나서고 있다. (배아줄기세포 논쟁을 둘러싼 언론의 보도양상을 고려하시라!) 기자들과 대학교수들, 그리고 언론권력자들과 대중적인 인기를 향수하는 정치인들의 행태를 생각한다면 우리사회의 무식한 식자들은 너무도 많다. 이런 선정주의와 대중추수주의는 이제 떠나보내야 한다.

대한민국 사회에 팽배한 지역주의, 세대갈등, 노사대결과 양극화현상, 이제는 천석고황이 되어버린 '잘먹고 잘살자주의'('먹고사니즘'의 변용)을 극복하는 대안을 만들어내야 한다. 이른바 무식한 식자들의 현저한 자기반성과 대중의 깊은 성찰, 그들과 연계된 언론권력의 자기정화가 절실하다. 더욱이 상층권위와 건강한 원로의 양생은 두말할 나위 없을 것이다.

『대중의 반역』 | 오르테가 이 가세트 지음, 황보영조 옮김 | 역사비평사 | 2005.

3. 끝까지 하지 못한 마음속 이야기

『데스데모나, 당신이 말을 했더라면』

글을 시작하면서: 인간의 말과 서책의 형식

인간의 말에는 여러 가지 얼굴이 있다. 말이 그것에 고유한 본래의 속성에 충실할 경우, 다시 말해 그것이 인간관계의 매개구실을 하면 우리는 그것을 대화라고 부른다. 사람들 사이의 대화가 단절되고 거기에 고립과 단절이 지배자로 등장하면 대화 대신 침묵과 독백이 모습을 드러낸다.

대화보다 훨씬 더 많은 것을 표현하는 침묵도 있으며, 대화보다 다채로운 양상으로 인간의 내면과 관계를 드러내는 독백도 존재한다. 그런 까닭에 "웅변은 은이고, 침묵은 금이다"는 서양속담이 우리에게 낯설지 않을지도 모르겠다. 하지만 말의 가장 본원적이고 핵심적인 역할이 의사소통을 통한 인간들의 상호이해와 관계설정 및 그것의 진척임을 부정할 수 없다.

여기 삶의 마지막 여정에서, 절대고독과 절망의 시간대에서, 혹은 전혀 다른 방식으로 세상과 대면하고자 하는 열망의 문턱에서 여성들이 격렬한 폭포수처럼 또는 부드러운 바람결처럼 쏟아내는 다채로운 말의 성찬과 향연이 있다.

다양한 경력의 소유자이며 도이칠란트의 현역 소설가이자 극작가로 활동하고 있는 크리스티네 브뤼크너는 『데스데모나, 당신이 말을 했더라면!』에서 (이하: 『데스데모나』로 줄임) 열 한 명의 여성 주인공들을 내세워 그녀들이 현실세상에서 결코 토로하지 못했던 말을 씨줄과 날줄로 삼아 자기의 생각을 교묘하게 짜 내려가고 있다.

『데스데모나』는 일곱 사람의 실존인물과 네 사람의 작중인물이 등장하여 스스로를 변론하고, 상대방을 비난하거나 원망하는 형식을 취하고 있다. 그러므로 이 작품은 여주인공들이 행하는 독백의 형식을 취하고 있지만, 그것은 예외 없이 그녀들의 대화 상대방을 매양 겨냥하는 독특한 면모를 보여준다.

루터와 카타리나 폰 보라

비텐베르크의 신학교수이자 종교개혁가 마틴 루터의 아내 카타리나 폰 보라가 루터 대신 사오십 명에 이르는 집안 사람들과 식객들을 대상으로 '식탁담화'를 했다는 가정에서 출발하는 '마르티누스, 당신은 확신이 있나요?' 장은 세간에서 회자되는 루터 내외의 가정생활을 여성의 섬세하고도 따뜻한 시각으로 조명한다.

한편으로는 노동으로 분주한 마르다이며, 다른 한편으로는 예수의 말에 귀 기울이는 마리아임을 자인하는 카타리나는 지나치게 근엄하고 남성 우월주의에 빠져있는 루터를 공박한다. 루터와 살을 맞대고 사는 아내의 입장에서 카타리나는 세상 사람들의 시선에 비친 남편의 허와 실을 가장 정확하게 포착할 수 있다는 자신감을 피력한다.

> "당신이 초인적인 존재로 마구 부풀려질 때 당신을 다시 초라하게 만들 수 있는 사람도 바로 나예요. 내가 세상 모든 일에 대한 잣대를 가지고 있는 것은 아니지만, 적어도 마틴 루터에 대한 정확한 잣대만은 지니고 있답니다." (57쪽)

카타리나는 루터의 이기적인 생각을 지적하면서, 그가 식탁담화에서 습관적으로 말하는 '나의 식탁'을 '우리 식탁'으로, '나의 아들'을 '우리 아들'로, '나의 하느님'을 '우리 하느님'으로 교정한다. 루터가 만든 교리문답을 외우고, 그가 말하는 내용을 기록하느라 분주한 어린이들과 시민들을 동정하면서 카타리나는 놀랄 만큼 큰 깨우침으로 우리를 인도한다.

> "사실 모든 사람이 다른 사람들의 부족한 면을 채우면서 먹고살아요. 구두뒤축이 닳아 없어지니까 구두 수선공이 먹고살고, 옷을 수선해야 하니까 재단사도 먹고사는 거잖아요... 의사는 우리 질병 덕을 보고, 무덤 파는 사람은 우리 죽음 덕에 살지요. 목사도 마찬가지예요. 목사는 사람들이 죄를 짓기 때문에 먹고사는 거예요." (69쪽)

전쟁이 싫은 희극의 여주인공 뤼시스트라테

펠로폰네소스 전쟁을 배경으로 창작된 아리스토파네스의 반전희극 『뤼시스트라테』에서 모티프를 찾은 '뤼시스트라테, 당신이 틀렸어요!' 장은 기막힌 반전과 예기치 못한 결론으로 우리를 이끈다. 30년 가까이 지속된 아테네와 스파르타 사이의 전쟁으로 수많은 과부와 예비과부가 생겨나는 상황에서 전쟁을 종식하고 남자들을 가정으로 돌아오게 하려는 묘책을 세우는 여주인공이 뤼시스트라테다. 그녀는 사려분별 있는 아름답고 교양을 갖춘 젊은 여성이다. 그런데 아테네의 고급 매춘부 메가라가 뤼시스트라테와 아테네 여성들에게 반기를 든 것이다.

'나는 당신네보다 남자들을 잘 안다. 전쟁에 대해서는 여자도 남자만큼 책임이 있다. 매춘부에게서도 배울 것이 있다.' 이런 논거를 내세우면서 메가라는 아테네 여자들에게 남자들을 전쟁에서 집으로 돌아오게 할 수 있는 몇 단계의 비법을 전수한다.

영혼과 함께 육신의 아름다움을 유지하도록 노력할 것. 남편으로 하여금 질투를 유발하도록 인도할 것. 남편이 없다고 해서 금욕생활을 하지는 말 것. 남자들이 후천적으로 상실한 여성성을 어릴 적부터 환기할 것. 노인들, 어린이들, 부모들과 함께 아고라로 나아가 전쟁반대를 외칠 것 등등. 그리고 마침내 그녀는 참으로 기발한 착상을 설파한다.

> "남자들처럼 근육에 기름을 바르고 스파르타 사람들에게 달려들겠다고 외치세요!... 아티카 (살라미스 제도를 포함한 아테네의 영역 - 평자) 여인들의 아름다움으로 스파르타 사람들을 매혹시키세요. 그리고 마지막 순간에 남자의 무기를 여자의 무기로 바꿔치기 하는 거예요. 우리가 스파르타 사람들의 힘을 빼놓아야 해요." (113쪽)

이렇듯 거의 극단으로까지 나아가는 메가라는 아테네가 전쟁을 그만두고 평화를 얻기 위해서는 적국인 스파르타 여자들과도 연합해야 한다고 주장한다. 결국 메가라는 아테네나 스파르타 여성들 모두가 전쟁으로 인하여 똑같은 고통을 겪는 공동 운명체임을 강조하고 있는 것이다.

다른 여인들의 못 다한 이야기

소네트 형식으로 돈나 라우라에 대한 사랑의 시를 남김으로써 우리에게 동시대의 단테와 베아트리체 관계를 연상시키는 계관시인 프란체스코 페트라르카. 정의와 진보, 여성해방을 주장했지만 우아하고 완전한 소수만의 세계를 열망했던 모순된 엘리트주의자이며 니체 숭배자인 말비다 폰 마이젠북. 이들 역시 저자 브뤼크너의 날카롭게 벼려진 비판의 칼날을 결코 피하지 못한다.

이야고의 꼬임에 빠져 질투의 화신이 된 오델로의 손에 목을 졸리기 직전 10분 동안의 시간을 얻어낸 데스데모나의 처절한 자기변호와 남편에 대한 원망의 절절한 토로. 정부 아이귀스토스와 함께 남편 아가멤논을 살해할 수밖에 없었던 비운의 왕비 클뤼타임네스트라의 절규에 가까운 자기고백. 이런 내용들로 『데스데모나』는 풍요로움을 확보하고 있다.

지난 세기 68세대의 가장 과격한 여성 지도자 구드룬 엔슬린이 자살을 앞두고 슈탐하임 감옥의 장벽을 향하여 내지르는 처절한 고백. 아끼던 제자들을 시집보내는 길에 삶의 수수께끼와 비의를 잔잔한 어조로 전하는 고전 그리스의 최고 서정시인 사포. 자신의 아들이자 신의 아들인 예수의 죽음과 부활 이후 시련에 직면한 마리아의 하느님을 향한 광야에서의 독백체 대화 등이 『데스데모나』를 비옥하게 채우고 있다.

짧은 맺음말

과문한 탓인지 모르겠지만 나는 일찍이 이런 형식과 장르의 서책을 접한 적이 없다. 작가의 자유로운 상상력과 풍부한 인생경험과 넉넉한 세계관을 바탕으로 하여 종횡무진 펼쳐나가는 『데스데모나』는 소설도 아니고, 수필도 아니며, 본격적인 미셀러니도 아니다. 그러나 서책 『데스데모나』는 독자의 손에 들리는 순간 바로 그를 사로잡을 것이다.

마지막으로 한 가지만 더. 혹시 저자 브뤼크너가 편협한 여성주의 시각을 가지고 『데스데모나』를 집필했을 것이라고 예단하는 독자가 있다면, 그것은 그다지 적절하지 못하다는 점을 지적해두고 싶다. 오히려 그녀는 인간 심리에 밝은, 지극히 사려 깊고 명민한 보편적인 인간주의 관점에 입각하여 여성들의 최후변론을 경청하면서 그것을 기록하고 있다.

덧붙임

이 서책은 '러시아문학의 이해' 종강파티가 열렸던 주점 '우후'에서 학생들로부터 받은 문화상품권으로 구입했음을 알려드립니다. 고맙다, 얘들아!

『데스데모나, 당신이 말을 했더라면!』 | 크리스티네 브뤼크너 지음, 전옥례 옮김 | 현문서가 | 2003.

4. 꿈꾸는 자를 위한 서사(敍事)

『마르코스와 안토니오 할아버지』

우화는 짧은 혀로 길고 깊으며 함축적인 의미를 토해낸다. 평이하되 어려우며, 찌르되 상쾌하고, 넘어가되 걸려든다. 작은 이야기들에서 커다란 무엇을 건져내는 언어의 마술이자, 처세의 신비와 삶의 방편이 우화의 핵심이다. 더러 거기에는 누천년에 걸친 인간영혼의 총화가 생생하고 형형하게 두 눈을 부릅뜨고 있는 경우도 있다.

> "투쟁은 둥근 원과 같다. 어디에서나 시작할 수 있다. 그러나 결코 끝나지 않는다." (145쪽)

2001년 3월 11일 사파티스타 민족해방군 대표단 24명이 보름 전에 치아파스에서 시작한 비무장 장정을 마치고 멕시코시티 대광장에 도착했다. 20여만 명의 시민들이 그들을 맞이하였고, 주제 사라마구와 가브리엘 마르케스 등과 같은 문사, 다니엘 미테랑으로 대표되는 진보적인 사회운동가들이 속속 그 모습을 드러냈다고 전해진다.

세계적으로 광풍을 불러일으켰던 신자유주의의 북미판인 '북미자유무역협정 NAFTA'에 저항하는 치아파스주의 반란군이 봉기의 깃발을 휘날렸던 1994년 1월 1일 이후 7년 만에 성사된 위대한 투쟁의 시작과 대미는 그렇게 장식되었다. 물론 투쟁의 불길은 앞으로도 계속 불타오를 것이다!

투쟁의 선두 어딘가에 마르코스 부사령관이 자리한다. 체 게바라처럼 넉넉한 집안의 인텔리 출신인 그는 1984년 치아파스의 라칸도나 정글에 도착하여 무장 게릴라가 되었다. 세르반테스의 장편소설 『돈 키호테』와 셰익스피어의 비극 『햄릿』과 『맥베스』로 세상을 배웠다는 그는 상상의 인물, 세상의 가장 지혜로운 노인이자 실천가인 안토니오 할아버지를 창조하였다.

마르코스의 이야기는 책속의 화자인 '나'와 '안토니오 할아버지' 사이의 대화로 이루어져 있다. 그는 태초의 신화로부터 멕시코의 위대한 영웅 에밀리아노 사파타에 이르는 역사적인 실제와 허구를 자유롭게 넘나들면서 멕시코뿐 아니라, 우리의 지구적인 삶의 조건을 통시적이자 공시적인 시선으로 포착한다.

'사자는 눈을 보면서 죽인다' 부분에서 안토니오 할아버지는 사자에 대한 공포 그 자체로 인하여 사멸하는 가엾고도 어리석은 짐승들을 말한다. 거기에 대항하는 유일한 동물로 그는 두더지를 거명한다. 자기의 내면만을 응시하다가 신들에게 벌을 받은 두더지. 그는 내면만을 응시하기 때문에 사자를 두려워하지 않으며, 이 점은 사람도 마찬가지라고 할아버지는 잔잔하게 말한다.

"사람은 마음을 들여다볼 줄 알기 때문에 사자의 힘을 보지 않고 자기 자신의 마음이 지닌 힘을 본다네. 그래서 사자를 똑바로 쳐다보지. 사자도 사람을 보지만, 사자는 사람이 자기를 보는 대로 보게 된다네. 사람의 시야 속에서 보게 된다는 말일세. 하여 사자는 자신이 한 마리 사자에 불과하다는 것을 깨닫고, 사람이 보는 대로 자기를 생각하면서 공포에 사로잡혀 이내 도망치게 된다네." (51 - 52쪽)

대상에 대한 공포의 근원은 자기내면에 대한 성찰부족과 그로 인하여 야기되는 공포의 절대화임을 마르코스는 말하고 있는 것이다. 투쟁의 대상에 대한 내적인 응시와 자기성찰에 충실하다면 공포와 그로 인한 패배는 가능하지 않다는 것을 그는 에둘러 말하고 있다.

이른바 신자유주의의 야만성이 멕시코의 오지 정글에까지 휘몰아쳐 인간생존을 위협하는 상황에 직면하여 그것에 어떻게 대항할 것인지에 대한 해답을 반란자이자 철학자이며 문사인 마르코스는 평이한 수사로 명료하게 제시한다. 책속에 들어있는, 그가 그린 원색의 투박한 그림들은 어쩌면 일천 만에 달하는 멕시코 원주민들의 꿈과 희망을 일목요연하게 보여주고 있는 것일지도 모른다.

500여 년 전 저 무지한 에스파냐와 포르투갈의 식민지 개척단 앞잡이들이 무참하게 파괴하고 학살한 마야문명과 마야인들의 후손이 거주하는 멕시코 땅에 여전히 떠도는 슬픔과 우울의 만가가 새로운 희망과 빛을 만나기를 나는 간절하게 바란다. 그것은 백인 식민주의자들의 흉악한 학살과 폭정과 야만을 척결하는 시간대의 도래에서야 가능하겠지만.

그럼에도 이제는 그곳에 이미 있던 아메리카를 백인들의 시선으로 포착하는 어리석음으로부터 자유로울 때가 왔다고 생각한다. '콜럼부스는 결코 아메리카를 발견하지 않았다!' 이미 그곳은 수많은 인디언과 여타 종족들의 건강한 삶의 현장이었고, 그곳은 또한 눈부신 문명의 개화가 존재했던 빛의 왕국이 아니었던가! '마야'를 떠나 승천한 그들 문명의 자취들은 여전히 해결 불가능한 과제로 남아 있는 터이다.

덧붙임

이 책의 번역에는 열정과 사랑 그리고 힘이 있다. 역자는 지금 '오마이뉴스' 멕시코 통신원으로 활약하고 있는 서른 살의 맹렬한 활동가이다. 나는 이런 아름다운 사람들의 숫자가 자꾸만 늘어나기를 간절히 바라고 있다. 그것은 헐벗고 쓸쓸하며 허접한 우리들의 '지금'과 '여기'에 풍요롭고 따뜻하며 넉넉한 내일과 그 후의 내일을 기약하기 때문이다.

2006년을 기준으로 한 요즘 대한민국 사회를 강타하고 있는 한미 자유무역협정을 생각하지 않을 수 없다. '스크린쿼터'와 같은 유력한 협상무기를 상대방에게 슬며시 쥐어주고서 맨손으로 협상장에 들어서는 대한민국 대표들을 보면서 절망하지 않을 수 없다. 그렇게 많은 사람들이 극구 반대하는 데도 끝까지 밀고 나가려는 저 사람들의 결연함에서 살기마저 느껴진다. '민심이 천심'이라 했는데, 그들의 귀에는 아무것도 들리지 않는 모양이다. 나는 그들이 한 번만이라도 『마르코스와 안토니오 할아버지』를 읽어 보았으면 좋겠다.

『마르코스와 안토니오 할아버지』 | 사파티스타 부사령관 마르코스 지음, 박정훈 옮김 | 다빈치 | 2001.

5. 식민지 조선을 바라보는 만화가의 비판적인 시선

『모던 뽀이, 京城을 거닐다』

글을 시작하면서: 만문만화란 무엇인가

다채로운 경력의 저자 신명직의 근간『모던뽀이, 京城을 거닐다』의 부제는 이 책에서 담고자 하는 거의 모든 것을 드러낸다. – 만문만화로 보는 근대의 얼굴. 따라서 우리에게 낯선 용어인 만문만화를 이해할 수 있다면 문제의 상당부분이 해소될 수 있겠다.

> "만문만화는 1920 – 30년대에 주로 신문과 잡지 등의 지면에 발표되었는데, 한 컷 짜리 만화에 짧은 줄글이 결합된 형태를 취하고 있다. 여느 만화에 말풍선이 있는 것과는 달리 만문만화는 서술문으로 의미를 전달한다. 말풍선의 유무가 일반만화와 만문만화의 가장 큰 차이점이라고 할 수 있다." (책머리에, 6 – 7쪽)

물론 예외도 있다.『그림 65 – 67』양화공과 그 청공 靑空

(상중하)『人生 인생 스켓취 第4景』을 (120－125쪽) 본보기로 들 수 있다. 동경유학을 마친 구두 수선공 영섭과 돈 때문에 늙은이의 첩실로 삶을 꾸려나가는 아리따운 여자 사이의 하룻밤 사랑을 안타까운 필치로 그려낸 이 작품은 짧지 않은 길이의 서정적인 창작산문을 담고 있기 때문이다.

오늘날에는 완전히 사라져 명맥조차 없는 형식인 만문만화를 통하여 1920년대 말 30년대 초반의 식민지 조선, 그 중에서도 경성의 다채로운 풍경을 담아내고자 하였던 만화가 석영 안석주의 작품을 오늘의 관점에서 재조명하고자 하는 것이 이 저작의 근본적인 목표다.

석영 안석주와 그의 시선

'카프'(조선 프롤레타리아 예술동맹)의 중앙위원을 지내다 '신간회'에서 활동하였고, 일제 말에는 친일행각을 일삼았던 안석주는 해방공간에서 좌우익의 대립을 온몸으로 겪다가 세상을 버린 인물이다. 그의 파란만장한 이력과 변절은 근대적 시·공간인 식민지 조선을 살다간 인텔리겐차들의 비극적인 전형들 가운데 하나로 보인다. (『부록』, 327－333쪽 참조)

그런데 『모던뽀이, 京城을 거닐다』에서 안석주의 시선은 건강하고 단호하기 이를 데 없다. 식민지 조선의 간판도시 경성이 드러내 보이는 여러 가지 얼굴 모습을 비판적인 관점으로 조명하는 석영의 화필과 문장은 상당히 견고하다. 그것은 시대와 불협화 하면서 좌익운동과 민족주의에 심취해 있던 시간대의 만화가에게 유지되었던 건강한 이데올로기적 토양에서 기인하는 것으로 생각된다.

만화가의 흉중과 눈길을 자극한 당대의 거의 모든 사회·문화적인 현상이 안석주의 만문만화에는 넘쳐흐른다. 그러므로 독자들은 70여 년 전의 경성을 둘러싸고 벌어졌던 온갖 염량세태와 어렵지 않게 만날 수 있다. 유희와 자살의 공간이었던 한강 인도교, 새로운 의상과 노출, 영화, 유성기와 댄스, 양키문화, 결혼과 가족관계, 부르주아와 프롤레타리아의 대립, 박람회와 백화점 등등 석영 안석주의 시선으로부터 자유로운 당대적인 인간과 사회현상은 거의 없었다.

흥미로운 대상: 모던보이와 모던걸

이 책의 제목에 등장하는 '모던뽀이'와 그의 상대역 '모던껄'은 특히 우리의 흥미를 자극한다. 근대적인 교육기관을 마친 인텔리들의 곤궁한 삶과 거기서 발원하는 룸펜의 생활을 적시하는 만문만화는 독자의 폐부를 찌른다. 그림 63)에 나오는 지식인 실업자 '나'는 부랑자 수준으로 전락해 있으며, 그림 47)의 등장인물 '양복장이 룸펜'은 그 시대를 살았던 인텔리들의 신산했던 일상을 여과 없이 보여주고 있는 것이다.

하지만 그들은 여전히 경기구를 타고 하늘로 오르는 야무진 꿈을 꾸고 있다. "학교를 마친 다음, 돈을 모아 별장을 짓고, 첩을 얻고, 요정을 전전하는" (89쪽) 꿈을 꾸지만, 그들이 맞닥뜨리는 현실은 차갑고 건조하다. 그리하여 그들은 병실을 전전하거나 (그림 34), 택시 운전사로 취직하여 호구지책을 마련하는 것이다. (그림 39, 99)

어려운 현실을 살면서도 모던보이들은 시대의 첨단유행을 맹렬하게 추종한다. "경성 거리에 어떤 모던보이가 거미발 같은 손으로 금칠한 책을 움켜쥐고, 폴대님한 바지에 레인코트를 입고, 사쿠라 몽둥이를 들고서 연애시를 외우며 비척거리며 걸어간다." (132쪽) 이들은 영화와 축음기가 대표하는 당대의 유행에 누구보다 민감하게 반응하였다.

그런데 만화가 안석주의 눈길을 강렬하게 잡아끈 존재는 누구보다도 모던걸이었다. 근대로의 이행기를 자주적인 역량으로 경험하지 못한 식민지 조선의 신여성들이 겪어야 했던 고단한 삶의 양태가 자연스레 그의 관심 대상이었기 때문이다. 교육받고 주체적으로 사유하는 근대적인 여학생들의 형상과 기생적인 존재로 등장하는 모던걸 사이의 아슬아슬한 경계를 석영은 가감 없이 그려낸다. (그림 42, 44, 62)

모던걸에 대하여 안석주는 매우 비판적인 자세를 취한다. 곤궁한 살림에도 불구하고 옷치장에 여념이 없으며, 유행이라면 물불 가리지 않고, 백색피부를 열망하는 텅 빈 머리의 소유자로 그려지는 모던걸의 기생성을 만화가는 정면으로 공격한다.

> "요사이 조선에는 늘어가는 은근짜와 같이 그 기원도 모를 새 직업부인이 생겼고... '스틱껄'이라는 것은 사나이의 다리를 대신하는 것이고, '핸드껄'이라는 것은 사나이의 손을 대신하는 것이다... 두 가지는 다 각기 그 거리가 다르다 하겠으나, 사나이의 겨드랑이 밑에서 살아가기는 매한가지다." (107쪽)

이런 모던걸과 모던보이들이 유성기의 음악에 맞춰 때와 장소를 가리지 않고 댄스, 블루스, 재즈와 같은 서양 춤에 정신을 빼앗기고 (157쪽), 어린아이들까지 유행가『낙화유수』를 따라 부르는 풍속도에 대한 신랄한 칼날이 (274쪽) 안석주의 만문만화에서 그 빛을 발한다.

결론을 대신하여

『모던뽀이, 京城을 거닐다』를 접하면 누구라도 그 시대와 공간을 이내 떠올릴 수 있으며, 따라서 여기 실린 만문만화들은 시대의 소중한 기록이 아닐 수 없다. 이 책을 만들어내기 위하여 저자가 기울인 공은 대단한 것으로 생각된다. 「저자 후기」에 드러나 있듯이, 마이크로필름에서 만문만화 대부분을 일일이 찾아내 복사하는 작업을 거쳐 한 권의 책으로 만들어진 것을 생각하면 쉽게 이해가 되리라 믿는다.

몇 가지 흠을 지적하고자 한다. 만문만화에 실린 만화가의 고어투 문체를 지나치게 고집하여 우리 시대 독자들의 이해를 고려하지 않은 점, 동일한 만화를 두 군데 이상 인용·해설함으로써 야기되는 반복의 지루함을 선사한 점, 저자가 문화과학적인 입장을 취하고 있으며, 적지 않은 원고분량임에도 참고문헌 목록을 책의 말미에 싣지 않음으로써 학문적인 가치와 효용을 스스로 떨어뜨린 점, 원문과 배치되는 표기상의 오류들이 적지 않다는 점이 눈에 띈다.

그럼에도 불구하고 『우리의 소원은 통일』의 작사자 석영 안석주의 만화작업을 오늘에 되살려 20세기 초반 식민지 경성의 풍경화를 선명하게 드러냈다는 점에서 현대독자의 역사의식 고취에 기여하고 있음은 의미 있는 작업이 아닐 수 없다. 고대사를 포함한 잃어버린 우리의 과거사 연구 지평은 어떤 경우에라도 마땅히 복원·확장되어야 하기 때문이다.

『모던뽀이, 京城을 거닐다』–만문만화로 보는 근대의 얼굴 | 신명직 지음 | 현실문화연구 | 2003.

6. 일상에 묻혀있는 색깔의 신비

『색의 유혹 1, 2』

짧은 머리말: 색의 일상성과 작가소개

우리의 삶에서 '빛'이나 '색'은 없어서는 아니 되는 필수적인 존재들이다. 대개의 일상에서 흔하고 자주 눈에 띄는 것들은 일반적으로 그 의미에 가름하는 대접을 제대로 받지 못한다. 이를테면, 물이나 공기, 부모 자식 간의 관계 등이 그러하다. 그런 일상사에서 어떤 특별하고 가치 있는 것을 찾아내는 시선이나 안목은 비범하거나 아름다운 일이 아닐 수 없다.

그것은 일상성의 이면에 존재하는 천재성 혹은 비범성에 착안함이 그다지 용이한 일도, 나아가 아무나 감행하여 성공할 수 있는 작업이 아닌 터이기 때문이다. 우리가 항용 나직이 속삭이는 '대단한데'의 배후에는 거의 언제나 새로운 시선과 해석의 지평이 자리하고 있음을 진지하게 부인하기란 거의 불가능한 법이다.

도이칠란트 출생의 에바 헬러는 사회학자이며 심리학자이

자 소설가로 알려져 있다. 『다른 남자를 만나면 모든 것이 달라진다』, 『복수한 다음에 인생을 즐기자』 등의 이른바 '페미니즘' 소설로 그녀는 남한 독자들에게 알려져 있다고 한다. 이 책을 출간하기 위하여 에바는 도이칠란트 전역에서 다양한 직업에 종사하는 14세에서 97세에 이르는 2,000명에게 설문조사를 실시하였다.

어떤 사회학적·심리학적 편견이나 부정확한 이론적 준거틀로 색에 접근한 것이 아니라, 전통적이며 경험적인 접근방식을 통하여 색의 의미와 그것이 인간에게 미치는 여러 가지 영향을 차분하게 추적하고 있다는 점이 책의 미덕이다. (저작의 원제는 『색은 감정과 이성에 어떻게 영향을 미치는가 *Wie Farben auf Gefuehl und Verstand wirken*』이다).

색의 의미와 지은이의 접근방법

그녀는 서문에서 "색과 감정의 관계는 우연이나 개인적인 취향이 아니라, 일생 동안 쌓아가는 일반적인 경험, 어린 시절부터 언어와 사고에 깊이 뿌리 내린 경험의 산물"이라고 말한다. 이런 논거 위에서 에바는 "색과 감정의 관계는 심리학적인 상징과 역사적인 전통에 근거를 두고 있다"고 힘주어 말한다. 우리가 알게 모르게 내적으로 규정하고 있는 어떤 색깔에 대한 호·불호의 기저에는 개인적인 경험과 사회·역사적인 전통이 자리하고 있음을 그녀는 주장하고 있는 것이다.

『색의 유혹』에서 에바 헬러는 모두 13가지 색깔을 다루고 있다. 빨강, 노랑, 파랑의 일차색; 녹색, 주황, 보라의 이차색; 분홍, 회색, 갈색의 혼합색; 색인지 아닌지가 논쟁 중이라는 검정과 흰색; 일반적으로 무시되고 있다는 금색과 은색. 이런 색깔들이 우리의 영혼과 정서에 어떤 영향을 주고 있는

지, 즉 우리가 위에 언급된 색들과 대면하게 되면 어떤 심리적 이성적 반응을 보이는지를 도이칠란트의 연구자는 여러 각도에서 역사적인 맥락을 가지고 치밀하게 파고 들어간다.

그녀가 이 책에서 제시하는 여러 가지 자료들은 비단 서양의 역사적 전통에만 의지하거나, 그들의 색에 대한 심리적 미학적 감성에만 초점을 맞추고 있지는 않다. 헬러는 더러 인도와 중국, 남미의 여러 문화권 및 아프리카에 이르는 지구촌 구석구석의 색감에 대한 관찰과 풍부한 실례를 제공함으로써 '문화 제국주의'의 편견이나 오류를 자연스레 극복하는 미덕을 보여준다.

더욱이 하나의 색에 오늘날 부여되고 있는 일반적인 의미를 넘어서 그것의 과거적 수용을 회화나 일상, 혹은 당대의 여러 문헌들을 통하여 고찰함으로써 색깔의 연대기를 방불케까지 한다.

서책의 흥미로운 읽을거리

그녀가 제시한 흥미로운 자료를 한 가지 소개한다.

> "스칼렛이란 이름은 마가렛 미첼의 장편소설 『바람과 함께 사라지다』의 여주인공 스칼렛 오하라로 인하여 유명해졌다. 그 소설의 주요 등장인물들은 색 이름으로 두드러진다. 비전통적이며 정열적인 스칼렛은 레트와 결혼하는데, 레트의 이름은 레드와 매우 유사하다. 하지만 스칼렛은 이상하게도 애슐리에게 이끌린다. 애슐리는 회색의 '애쉬'를 연상시킬 뿐 아니라, 성격도 색깔이 없고 단조롭다. 애슐리는 멜라니와 결혼한다. '검정'을 뜻하는 멜라니는 잿빛 애슐리와 가깝고, 빛나는 빨강을 의미하는 '스칼렛'과 대척점을 이룬다." (『색의 유혹』, 1권, 119쪽).

문학과 예술에서 색이 가지는 의미를 이런 형식으로 자연스럽게 풀어나가는 논리의 아름다움이 그대에게는 느껴지지 않는가?

『색의 유혹』에는 색과 결부된 동서양의 다채로운 일화들이 잔잔하게 소개되어 있다. 세인트헬레나 섬에서 1821년 52세로 사망한 나폴레옹 죽음의 비밀 (비소 중독과 녹색의 관계); 오렌지의 어원 추적 (원산지 인도에서의 명칭 nareng → 아라비아 narang → 프랑스 황금 or + narang → 최종적인 명칭 orange). 토마스 모어의 『유토피아』에서 묘사되고 있는 금의 효용 (범죄자를 묶는 밧줄) 등등.

여성운동을 상징한다는 세 가지 색에 대한 영국 여성 에멀린 페틱 로렌스의 주장을 보자.

> "지배자의 색인 보라는 여성의 투표권을 위해 싸우는 모든 여성의 혈관에 흐르고 있는 왕의 피를 상징하며, 자유와 품위에 대한 여성의 자각을 상징한다. 흰색은 사적인 삶과 정치적인 삶에서 정직을 상징한다. 녹색은 새로운 시작에 대한 희망을 상징한다." (2권, 120쪽)

이런 흥미로운 읽을거리와 더불어 에바 헬러는 1948년 스위스의 심리학자인 막스 뤼셔가 처음 만들어 시도한 '색채 테스트'를 언급한다. 뤼셔의 주장에 따르면, 색채 테스트는 인간의 성격 뿐 아니라, 인격의 숨겨진 구조, 심지어는 범죄경향까지도 밝혀낼 수 있다고 한다.

그가 제시하고 있는 여덟 가지 색깔은 빨강, 파랑, 노랑, 녹색, 보라, 회색, 검정, 갈색이며, 헬러는 색과 감정의 연관성 추적이 완전히 전통적인 색채상징에 따르고 있음을 밝히고 있다. (이것에 대한 보다 자세한 내용과 해석은 2권, 224－232

쪽 참조).

에바 헬러, 괴테의 필생역작 『색채론』을 비판하다

『색의 유혹』이 우리에게 특히 유용한 것은 괴테의 (1749 - 1832) 『색채론』(1810)에 대한 에바의 비판일 것이다. 이른바 세계적인 문호로 추앙되는 괴테의 평생에 걸친 노작에 대한 그녀의 예리한 비판적 논거는 시인의 아이작 뉴턴과 (1643 - 1727) 그의 저작 『광학』 및 『빛의 반사, 굴절, 굴곡과 색에 대한 논문』(1704)에 대한 반기에 근거하고 있다.

결론적으로 말하면, 괴테는 색채의 감산혼합과 (물질적인 색을 혼합하는 것은 감산혼합으로 색이 하나씩 더해질 때마다 빛을 삼키기 때문에 빛은 감산된다. 따라서 색은 많이 섞을수록 어두워진다) 부가혼합을 (비물질적인 빛의 색들을 혼합한다면 그것은 부가혼합이다. 빛은 많을수록 환하기 때문에 모든 빛을 합하면 흰색이 나온다) 구별하지 못했다는 것이다. (2권, 239 - 250쪽 참조).

그러므로 괴테는 빛의 기본색이 녹색, 주황, 보라이며, 그것은 색의 기본색과 근본적으로 다름을 알지 못했다는 것이다. (녹색 + 보라 = 파랑; 주황 + 녹색 = 보라; 보라 + 주황 = 빨강; 녹색 + 주황 + 보라 = 흰색). 나아가 만년의 괴테는 자신의 『색채론』에 대한 강력한 확신 속에서 살았던 것으로 전해지는데, 이것은 오늘날까지도 지나친 쓸쓸함을 불러일으키고 있다.

> "내가 시인으로서 성취한 모든 일에 대해서 나는 어떤 망상도 가지고 있지 않다. 내 시대에도 훌륭한 시인들이 있었으며, 나 이전의 시대에도 그보다 더 훌륭한 시인들이 있었고, 내 시대 이후에도 그렇게 훌륭한 시인들이 나올 것이다. 하지만

내가 살았던 시대에 색채학에 대하여 올바르게 알고 있었던 사람은 나 한 사람뿐이었다. 나는 이 점에서 우월감을 가지고 있다." (1829년 2월 29일 대화; 2권 244쪽).

덧붙임

여러분은 색에 대하여 얼마나 관심이 있으신가요? 남한, 특히 경상도에서 선거철만 되면 쏟아져 나오는 그 유명한 "색깔론"에 대해서는 어떤 생각들을 하고 있습니까? 아직도 붉은색을 싫어하십니까? 그런데 '붉은 악마'는 어떻습니까? 댁의 색깔은 안전합니까? 하하!

『색의 유혹』 – 재미있는 열세 가지 색깔 이야기 1, 2 | 에바 헬러 지음, 이영희 옮김 | 예담 | 2002.

7. 인간에게 시간은 무엇인가

『시간의 발견』

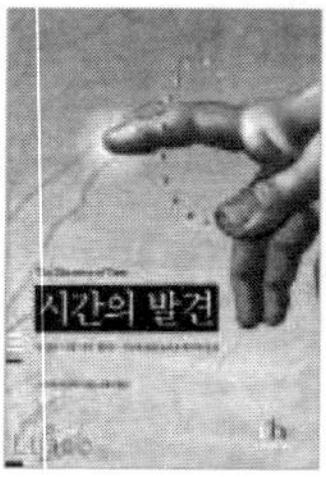

우리가 세상을 살면서 항용 맞닥뜨리게 되는 중요한 문제들 가운데 하나는 '시간'에 대한 것이다. 이 글을 읽는 독자들 가운데 "시간 없는데", "나 지금 바빠", "그렇게 한가하냐" 등등의 표현을 해보지 않은 사람들은 없을 것이라고 나는 단언한다. 그만큼 시간은 언제나 우리들 곁에 있으며, 따라서 우리는 거의 언제나 시간의 영향이나 하중을 경험하고 있는 셈이다. 지구에 존재하는 생물체 가운데 인간은 시간을 의식하고, 그것과의 대면과 대화 혹은 대결에 익숙해 있는 유일자이다. 그러므로 시간을 배제한 인간의 생애는 실제적으로나 관념적으로나 완전히 불가능하다고 말할 도리밖에 없다.

서책 『시간의 발견 *The Discovery of Time*』은 동서양과 고금을 막론하여 인간이 경험하고 인식해왔던 '시간'을 주제로 여러 연구자들이 저간의 성과를 묶어서 펴낸 것이다. 이 저작에는 고천문학자부터 리듬 연구소장을 거쳐 시간 심리학자 및 고전연구자에 이르는 다양한 분야의 전문가 여덟 사람이 참여하였다. 그러므로 우리는 시간에 내재되어 있는 여러 가지 얼굴을 다양한 입장과 관점에서 조명할 수 있는 기회를 자연스레 소유하게 되는 것이다. 이 점이 『시간의 발견』에 허여된 첫 번째 미덕이다.

이 저작에서 우리는 적지 않은 유쾌한 상식을 얻게 되는데, 예를 들어 영어로 표기되는 1년 열두 달의 이름에 대한 설명을 들 수 있겠다. "January, February, March, April, May, June, July, August, September, October, November, December (여기서 살펴보면, 1월부터 6월까지는 로마의 신이나 축제의 이름에서 따왔고, 7-8월은 황제의 이름 (율리우스 카이사르와 아우구스투스 황제)에서, 9-12월은 숫자에서 따온 것이다." 101쪽).

재미있는 것은 septem, octo, novem, decem은 라틴어로 7, 8, 9, 10을 의미하는데, 7-8월의 이름에 황제들이 끼어드는 바람에 밀려나게 되어서 본래의 의미에서 벗어나게 되었다는 사실이다. 절대 권력자들은 예나 지금이나 무소불위의 권한을 행사한다는 씁쓸한 뒷맛을 남기는 대목이다.

『시간의 발견』에 담겨 있는 미덕 가운데 하나는 저자들이 '문화제국주의' 관점에서 멀리 비켜서 있다는 사실이다. 그것은 이 책의 곳곳에서 발견되지만, 특히 제5장 '고대의 다양한 시간개념'에서 필자 러글스는 명시적으로 다음과 같이 지적한다.

> "인류학적 관점에서 볼 때, 다른 사회들을 우리사회에 (서구사회-필자) 비추어 판단하거나, 우리가 이룬 업적을 잣대로 다른 사회의 발전정도를 재려는 것은 위험한 발상이다... 우리는 수많은 인간 사회들이 나름대로 주변세계를 이해하고, 그 이해를 토대로 환경에 어울리는 다양한 방식을 가지고 있다는 사실을 무시하면 안 된다. 비록 그들의 사고방식이

> 서구세계에 지배적인 사고방식과 크게 다르다 하더라도, 그것은 다양한 환경에서 그 사회들이 발전하고 번영하는데 크게 기여했다." (138쪽)

"세상에서 가장 귀한 것"(158쪽)으로 인식된 서양에서의 시간은 매시기 다양한 얼굴로 사람들에게 다가왔는데, 이것은 특히 고전 그리스 시대와 르네상스 시기에 매우 대립적인 모습을 취하였다고 전해진다.

> "고전시대에 해시계를 들고 있는 날개 달린 쾌활한 젊은이로 묘사되었던 시간은 르네상스 시대에 이르러 파괴와 쇠퇴의 피할 수 없는 힘을 가진 냉혹한 노인으로 바뀌었다." (155-156쪽)

시간에 대한 명징한 인식과 사유가 불필요했던, 저 풍요롭고 넉넉한 고전시대의 시간이 해시계가 일반화된 로마 시대를 거쳐, 14-17세기의 상인의 시대를 지나면서 어떻게 그것의 본질적인 개념이 바뀌어졌는지를 명시적으로 웅변하는 내용이 위의 인용문인 것이다.

그 이후의 일상에서 시간을 측정하고, 시간에 맞추어 일상을 영위해 나가는 것은 보편적인 현상으로 자리하게 된다. 따라서 정밀한 시계에 대한 욕구가 팽배하게 되었고, 그에 따라 시계산업은 급속한 진전을 이룩하게 된다. 이런 바탕 위에서 21세기에 과학자들은 100억년에 1초의 오차 밖에 나지 않는 '이온 트랩 (ion trap)' 시계를 개발하고 있다 한다.

일반적으로 기독교도들은 직선적인 시간관을 가지고 있는데, 이것은 마르크스주의자들과 동일한 시간관이라 할 수 있다. 이에 반하여, 고전 그리스와 동양에서는 순환론적 시간관을 가지고 있는 것으로 알려져 있는데, 이 부문에 대한 상세한 서술의 부재가 아쉽다고 생각된다. (제9장의 '먼 시간으로의 여행'은 본질적으로 직선적인 시간관에 대하여 언급하고 있을 따름이다.)

'우리 내부의 시계'에서 필자는 시간이 어떻게 지각되는지를 인간이 처한 다양한 물리적 정신적 상황과 결부하여 해명하려고 노력한다. 이상과 같은 여러 자료들을 기초로 마지막 장인 '시간에 관한 수수께끼'가 집필되었는데, 여기서 필자는 '시간이란 무엇인가'의 문제를 다각적으로 조명하고 있다.

아리스토텔레스, 아우구스투스, 칸트에 이르는 일군의 철학자들의 사유와 저작에 기초하여 필자는 시간에 내재된 철학적이고 형이상학적인 문제들을 유쾌한 형식으로 제기한다. 예를 들어, 필자는 제논의 역설을 제기하는데, 이것은 나를 예전의 학창시절로 돌이키는 결정적인 구실을 하기도 하였다. 문제는 시간이 시간으로만 기능하는 것이 아니라, 그것은 반드시 공간과 상호연관 되어있다는, 당연하면서도 더러 잊히는 명제라는 사실에 있다.

『시간의 발견』| S. 매크리디 엮음, 남경태 옮김 | 휴머니스트 | 2002.

8. 서양문화와 예술의 마르지 않는 샘

『신화』

요즘 우리나라에 그리스 (로마) 신화의 열풍이 분다고 한다. 그리하여 유치원과 초등학교에 다니는 어린 아이들은 그 많고 복잡한 신들의 이야기를 줄줄이 꿰는 지경에 이르렀다는 말이 인구에 회자되고 있다. 모를 일이다. 저 먼 나라의 고대의 신들과 영웅 및 인간들과 얽힌 이야기들이 21세기 첨단의 인터넷 강국이라는 이 땅에서 느닷없이 살아나는 까닭이 무엇인지 나는 자못 궁금하다. 그럼에도 그런 관심의 확산이 궁극적으로는 우리의 내면을 성찰하는 계기를 제공하는 데까지 이르렀으면 하는 바람을 가지고 있다.

그리스 (로마) 신화는 여러 가지 원천을 지니고 있으며, 따라서 수많은 판본과 이본을 오늘날까지도 양산하고 있다. 어떤 규범적이며 모범이 되는 정본이 부재하기 때문에 일정한 혼란이 야기될 수도 있겠으나, 그와는 반대로 하나의 신화에 대한 다채로운 접근과 해석 가능성을 제시하고 있다는 점에서 긍정적인 측면도 존재한다고 생각된다. 그런 연유로 이제는 우리나라 사람들의 시각으로 포착한 그리스 (로마) 신화에 대한 저서들도 어렵지 않게 대면할 수 있는 지경에까지 이르게 되었음이니, 경하할 일이다.

『클라시커 'Klassiker'』의 연재물로 기획되어 출판된 『신화』는 도이칠란트에서 출판되어 '해냄' 출판사에서 번역 출간하였다. 서양문화의 근간을 이루는 두 가지 뿌리 가운데 하나인 헬레니즘 문화에 풍요로운 자양분을 제공하는 그리스 (로마) 신화를 50가지 항목으로 분류하고, 거기에 일정한 의미를 부여한 책이 『신화』다.

이 책은 일반적인 신화 관련 서적들과는 색다른 구조를 가지고 있다. 각각의 항목에 신이나 영웅, 혹은 신화의 사건들에 대한 상세한 설명을 제시하고, 거기에 문학과 예술 일반에서 그 대상을 어떻게 수용했는지를 덧붙이는 형식을 취하고 있다. 나아가 그런 문화·예술적인 성과물과 결부하여 각각의 신화 혹은 사건이 오늘날에 어떤 의미망을 내재하고 있는지에 이르기까지 저자는 관심을 보이고 있는 것이다.

'오이디푸스' 항목에서 저자는 어떻게 비극의 주인공이 아버지인 라이오스 왕을 죽이고, 어머니인 이오카스테와 결혼하게 되는지, 그리고 어떻게 자식들을 (에테오클레스, 폴뤼네이케스, 안티고네, 이스메네) 낳게 되는지를 설명한다. 신탁에서 전혀 자유롭지 못한 인간·영웅의 운명을 가감 없이 제시하면서 저자는 소포클레스의 비극 <오이디푸스>와 <콜로누스의 오이디푸스> 등의 작품을 거명한다.

또한 회화, 조각, 연극 등에서 어떻게 오이디푸스의 비극이 형상화되었는지를 일목요연하게 제시한다. '역사적 전승'의 항목에서 저자는 신화의 원전과 그것의 역사적·문화적·예술적인 계승을 설명함으로써 '오이디푸스'가 망각된 과거의 이야기가 아니라, 어떻게 지금까지도 서양인들의 영혼과 정신

속에서 살아가고 있는지를 명쾌하게 보여준다.

서양의 고대와 중세 및 근대의 그림과 건축, 조각, 음악, 오페라 등의 거의 모든 예술과 문학의 거대한 원천 가운데 하나가 그리스 (로마) 신화임을 부정하기란 어려운 일이다. 그들은 '지금'과 '여기'의 문제를 해결할 경우에도 신화에 관심을 돌렸으며, 이것은 앞으로도 지속될 것이다. (예컨대, 아이스퀼로스의 『오레스테스 삼부작』이 프랑스 고전주의를 거쳐 20세기 현대 유럽연극에서 어떻게 현재화되었는지를 고려하라).

나는 그들의 이 거대한 '원천'(샘)이 엄청나게 부럽다. 우리가 가지고 있지 못한, 그 바닥 모를 마르지 않는 샘을 가진 그들의 문화·예술적인 뿌리가 왜 우리에게는 부재한가를 생각한다. 우리의 오늘날에도 빈약한 상상력의 근원적인 원인 제공자는 바로 이런 이야기의 존재부정이거나 혹은 그것의 탈 가치화 내지는 일상성·현재성에의 지나친 함몰이 아니었을까, 생각하는 것이다.

"유럽은 한 지붕 아래 있다 Europa ist unter einem Dach"라고 자랑스레 말했던 어떤 도이칠란트 사람을 기억한다. '유럽공동체'(EC)가 '유럽연합'(EU)으로 진전되기를 바라면서 1988년에 그가 언급한 말은 당시의 나에게는 다소 허황하게 들렸다. 하지만, 요즘의 유럽을 들여다보면, 위에 인용된 말은 더 이상 허구의 그 어떤 것이 아니다. 세월이 흐르고 이제 어느 만큼 그들의 역사와 문화에 관심을 가지면서 나는 그가 말한 "한 지붕"의 뜻을 알아가고 있다. 그리고 다시 생각한다. '동아시아 전반을 아우르는 큰 틀 안에서 사유와 연구가 절실하지 않겠는가' 하고.

『신화 (클라시커 50)』 | 게롤트 구드리히 지음, 안성찬 옮김 | 해냄 출판사 | 2001.

9. 감옥에서 만난 들풀들의 오묘한 세계

『야생초 편지』

지은이에 대하여

여러분은 우리의 산야 어디에서고 시절에 따라 지천으로 나고 죽는 들풀들의 이름을 얼마나 알고 계시는지? 이를테면 며느리밑씻개, 닭의 덩굴, 딱지꽃, 주름잎, 방가지똥, 까마중, 땅빈대, 수까치깨, 왕고들빼기 등등의 이름을 들어보셨는가? 어디 이뿐이겠는가! 수크령, 조뱅이, 괭이밥, 매듭풀, 중대가리풀, 돌콩, 박주가리 덩굴...

서책 『야생초 편지』의 지은이 황대권씨는 조금 특이한 이력의 소유자다. 전두환 철권통치 시절, 이른바 '구미 유학생 간첩단 사건'에 연루되어 13년 2개월의 길고도 무고한 옥살이를 경험하였기 때문이다. 그는 문화방송이 2001년 6월 8일 방영한 프로그램 『이제는 말할 수 있다』에서 밝혀낸 공안당국 조작사건의 희생자로 중년의 나이에 출옥하였다.

내가 '조금'이라고 쓴 것은 이유가 있다. 『인도의 발견』과 『세계역사 이야기』를 쓴 네루. 시집 『조국은 하나다』로 우리에게 친숙한 시인 김남주. 『감옥으로부터의 사색』으로 널리 알려져 있는 신영복. 『고대 문명교류사』로 이 땅의 인문학 분야 가운데 문명교류사 분야에서 새로운 지평을 연 정수일. 이들 모두가 지은이처럼 이른바 '빵잡이' 출신이다.

어디 이들뿐인가! 영화 『선택』의 주인공 김선명씨는 43년 10개월 동안 옥살이를 함으로써 세계 최장기수 기록을 가지고 있다. (아아! 부끄럽고 또 부끄럽다!) 남아공 대통령을 지낸 대표적인 인권운동가 넬슨 만델라는 28년 동안 세상과 격리되어 있어야 했다. 러시아의 혁명적인 극작가이자 시인 블라지미르 마야코프스키 역시 어린 시절 감옥에서 사사하였다.

높다란 장벽과 철조망으로 자유로운 세계와 완전히 절연되어 있는 차가운 유폐의 공간. 그 감옥에서 들풀을 들여다보며 자신의 인생을 반추했다는 지은이의 이야기가 잔잔하게 울려 나오는 서책이 『야생초 편지』다.

야생초란 무엇인가

지은이는 우리가 흔히 '잡초'라 부르는 풀들을 '야초'나 '야생초'로 부르면서 잡초에 대한 일상화된 개념을 수정해야 한다고 주장한다.

> "잡초를 한자로 풀면 '잡스러운 풀'이 됩니다. 학술서적을 뒤져보면 영어로는 수십 가지 정의가 나와요. 그 가운데서 가장 대표적인 정의를 한두 가지 들어보면, '원치 않은 장소에 난 모든 풀들', 또는 '잘못된 자리에 난 잘못된 풀'. 대개 이렇습니다. 이것은 풀에 대한 철저히 인간 중심주의적인 정의입니다." (264쪽)

농대를 나온 그의 말에 따르면 지구상에 알려져 있는 식물은 약 35만종이라 하는데, 인간이 재배하여 먹는 식물은 고작 3천종 정도 밖에 안 된다고 한다. 이런 수치와 생물종의 다양성 확보 및 유지에 근거하여 지은이는 잡초에 대한 그릇된 규정부터 고쳐야 한다고 말하고 있는 것이다.

『야생초 편지』는 유익하고 재미있는 서책이다. 본래 화가 되기를 꿈꾸었다는 지은이가 꼼꼼하게 그려낸 야생초 그림들이 우선 우리의 시선을 붙든다. 동생에게 보내는 봉함엽서의 글줄들 사이참에 단아하게 그려나간 야생초들의 전신상이 이 책에 고스란히 담겨져 있다. 콜라병에 거주하는 청개구리나, 마아가린 통에 담긴 스타펠리아 그림도 매력적이다.

그가 감옥에서 만난 백여 종의 야생초 가운데 서른 대여섯 종류의 야생초에 대한 지은이의 설명과 독특한 시각이 독자에게는 더욱 소중하다. 언제 피어나서, 언제 꽃을 피우고, 어떤 특성을 가지고 있으며, 인체에 어떤 약효가 있고, 어느 때 다시 자연으로 돌아가는지를 상세하게 기록하고 있는 서책이 『야생초 편지』인 것이다.

야생초와 더불어 가능한 우리의 살림살이

나아가 지은이는 야생초를 식용이나 차로 만들어 마시는 방식까지도 설명한다. 한 가지만 예를 들어보자.

> "저녁에 끓는 물을 얻어다 살짝 데쳐서 된장에 무쳐놓았다. 이름하여 '들풀모듬'. 먹으면서 세어보니 무려 열네 가지 풀들이 섞여 있더구나. 명아주, 쇠비름, 쇠별꽃, 뽀리뱅이, 부추, 제비꽃, 조뱅이, 꿀풀, 씀바귀, 민들레, 꽃마리, 달맞이꽃, 질경이, 방가지똥." (46 - 47쪽)

이런 그의 생활방식은 야생초와 더불어 짓는 농사의 가능성과 장점까지 이어진다. 자연이 필요해서 세상에 내보내 키우는 것이 야생초라 주장하면서 그가 내세우는 이점은 이러하다. '종 다양성 유지, 토양침식과 오염방지, 이산화탄소 증가억제, 환경과 경관미화, 다양한 먹을거리와 풍부한 영양원 확보, 생필품 재료획득, 상실된 개인의 삶에 대한 총체성 회복.'

지은이는 야생초를 들여다보면서 자신의 내부에 자리하고 있는 교만이나 그릇된 자의식을 성찰하고, 그것으로부터 자유로워지고자 노력하는 수행자의 자세도 보여준다. 교만에 사로잡혀 자연의 향기를 잃어가고 있는 현대인에게 감옥의 수인이 낮지만 단호한 목소리로 경종을 울리고 있는 셈이다.

감옥생활에서 얻은 것은 '공동체'와 '생태주의'라고 지은이는 말한다. 따라서 그는 박정희 시절에 이른바 '녹색혁명'을 대대적으로 선전하면서 농민들로 하여금 강제로 통일벼를 심게 한 행위를 신랄하게 비판한다. 그리고 우리의 토종씨앗 보존이 무엇보다 절실하게 요구된다고 쓰고 있다.

> "우리는 이미 박통 시절에 이런 생태적 재앙을 겪었다. 바로 통일벼에 의한 싹쓸이 경작이 그것이지. 통일벼 심기는 새마을운동과 결합되어 생태적 재앙뿐 아니라, 우리 농촌에 문화적 재앙까지 몰고 왔다. 우루과이 라운드가 타결되어 농산물시장이 완전히 개방되기 전에 우리는 하루빨리 우리의 토종종자를 보존, 발굴, 연구, 보급하는 체계를 갖추어야 할 것이다." (106 - 107쪽)

짧은 맺음말

『야생초 편지』는 지은이의 민중적인 관점을 가감 없이 드러내며, 그의 풍부한 서정성과 이웃에 대한 따뜻한 시선, 대한민국 사회의 이런저런 병폐들에 대한 날카로운 통찰도 보여준다. 1.5평의 삭막한 독방에서 기나긴 인고의 삶을 살아야했던 그가 자가 치료의 일환으로 시작한 야생초 섭생이 그에게 어떤 변화를 가져왔는지 우리는 빼놓지 않고 목도할 수 있다.

지은이는 우리에게 필요한 몇 권의 서책을 소개한다. 『우리가 알아야 할 우리나무 백 가지』, 『약용식물사전』, 『나무백과』, 『몸에 좋은 산야초』, 『산과 들의 계절식물』 등등. 이런 서책들을 읽고 기억하면서 우리의 아름다운 산야로 나간다면 우리는 얼마나 풍요로운 삶을 누릴 수 있겠는가! 여러분의 일독을 권한다.

『야생초 편지』 | 황대권 글과 그림 | 도솔 | 2003.

10. 자아와 타자가 교감하는 통로

『얼굴의 역사』

나는 보지 못하되, 타자는 그것을 보며, 타자 또한 스스로를 보지 못하지만, 자아는 타자의 그것을 본다. 그것도 뚫어지게, 혹은 격정적으로, 더러는 분노나 슬픔으로 가득 차서 바라본다. 그것이 바로 얼굴이다. 우리의 신체 가운데서 등을 포함한 배면을 제외하고, 거울과 같은 반사체의 도움을 받지 않고서는 형상을 제대로 포착할 수 없는 유일한 대상이 얼굴이다.

하지만 얼굴은 인간의 역사 이래로 언제나 인간을 가장 잘 드러내고 보증하는 징표였다. 드문 예외를 제외한다면, 얼굴은 일정한 시간과 더불어 인간내면까지도 적절하게 밖으로 드러내기 때문이다. 그런 이유로 "나이 마흔이 넘으면 자기 얼굴에 책임을 지라"는 말까지 회자되는 것 같다.

프랑스 소설가이며 탁월한 이야기꾼인 니콜 아브릴은 이 서책에서 얼굴에 대한 다채로운 서사를 펼쳐나간다. 물론 서양문화에 친숙한 그녀의 시선은 주로 서양의 역사와 문화, 그 가운데서도 특히 그림과 사진 및 영화부문에 초점을 맞추고 있지만, 얼굴에 대한 고대 이집트나 일본의 문화적 자양분까지 두루 섭렵하여 독자에게 선사하고 있다.

『얼굴의 역사』에서 아브릴이 설명해나가는 서술의 바탕에는 그리스와 로마의 신화, 그리고 성서가 깔려 있다. 그러므로 그녀의 사유와 인식 및 문화·예술적 바탕에는 헬레니즘과 헤브라이즘이 상호 보완적으로 대화하고 있다고 믿어도 좋을 듯하다. 그녀의 서술에서 첫째가는 미덕은 균형 잡힌 변증법에 있다고 생각된다.

> "성형수술은 얼굴의 한 부분을 변형시킴으로써 얼굴의 순결성을 빼앗아간다. 성형수술은 과거의 얼굴보다 낫게 만든다는 명목으로 얼굴의 순수함을 빼앗았다. 똑같은 얼굴은 없다. 여기에 얼굴의 성스러운 가치가 있는 법이다." (294쪽)

> "여자나 남자에게 삶을 고달프게 하는 부분을 성형수술로 고치려는 것을 무슨 권리로, 어떤 도덕적인 기준으로 금지할 수 있겠는가? 남녀를 불문하고 머리털을 염색해보지 않은 사람, 금니를 박아 넣지 않은 사람, 주름살을 펴지 않은 사람, 주근깨나 사마귀를 없애지 않은 사람, 그들에게 저주 있으라!" (298쪽)

하나의 타고난 얼굴에 내재한 고유성과 성형수술을 통한 순수성의 상실을 언급하면서도, 그런 작업에 깃들어 있는 아름다움을 향한 인간본성에 대한 강렬한 예찬이 『얼굴의 역사』에 자리하고 있다. 외모에 대한 관심이 나날이 증폭되어 가는 요즘 세태를 반추한다면 니콜 아브릴의 관점은 시대를 앞서가는 측면까지도 보여준다.

무한히 아름다워지고 싶어 하는 인간의 욕망과 그것을 향한 부단한 노력의 역사가 얼굴에 고스란히 드러나 있으며, 니콜은 그 역사를 짤막한 단편소설들의 묶음 형식으로 포착한다. 이 책의 원제는 그 점을 웅변한다. 『*Le roman du visage*』.

서양회화에 대한 풍부한 지식과 문화적 감수성을 동반한 그녀의 글쓰기는 읽는 독자로 하여금 섬세하고 우아한 필치에서 연유하는 감흥과 차분함을 동시에 경험하도록 인도한다. 어쩌면 이런 측면이 인문학의 또 다른 지평을 여는 방식이 아닐까, 그런 생각을 해보았다. 하지만 이 책은 그다지 쉽사리 읽히지 않는다. 이 점은 또 어떻게 설명할 것인가?

하나의 조각이나 그림, 혹은 사진이나 영상을 이해하고, 그것을 해석하는 탁월한 감식안과 뛰어난 필력은 서양 문화사의 단편 가운데 하나를 우리에게 보여준다. 아마도 이런 전통은 『영웅의 역사』에서 토마스 칼라일이 일찍이 선보인 역량에서 기원하는 것이 아닌가 한다. 그 서책의 제3강 '시인으로 나타난 영웅'에서 칼라일은 지오토가 그린 단테의 초상화에 기초하여 『신곡』의 저자에 대한 풍요롭고도 신뢰할 만한 해석에 도달하고 있다.

더러 과다한 감상과 여과되지 않은 주장은 그녀에게 고유한 풍요로운 천성의 범람이라 믿고 싶다. 하지만 그와는 달리 인간 일반의 내면에 대한 냉정한 지적도 자리하고 있음은 이 서책의 또 다른 미덕이라 하겠다.

> "내 감성은 인간의 잔혹성을 고발해야 하지만, 오늘날 끊임없이 밀어닥치는 현실세계에 휩쓸리며 소멸되어간다. 우리는 한편에서는 현실과 과감하게 맞서지만, 다른 한편에서는 점점 무감각하게 현실을 받아들인다. 따라서 현실을 좀 더 극적으로 표현하고, 생경하면서도 잔혹한 것으로 장식할 수 있어야 한다." (281쪽)

나는 니콜의 견문이 더욱 확장되어 보다 폭넓은 공간과 시간대와 조우하기를 바란다. 고대 아시아와 탈레반의 시선으로부터 유라시아 전반과 남미대륙의 시공간에 대한 시선의 자유자재한 넘나들기가 이루어지기를 희망하는 것이다. 그럼에도 그녀의 결론에 어렵지 않게 동의할 수 있음은 자못 유쾌한 일이다.

> "이제 마주 보는 얼굴에서 인간의 숙명적인 허약함을 재발견해야 한다. 타인의 얼굴에서 새로운 형식의 규범을 확인하려 애쓸 필요가 없을 것이다. 말로 통하고 얼굴에 드러나는 그 관계를 설정하는데 대화보다 나은 것이 있겠는가? 그런 관계는 교환, 우정, 사랑, 그 어떤 것으로 불려도 좋다. 감동과 감정, 그리고 생각을 교환하게 해주는 '둘'이라는 수의 숭고한 의미를 생각해본다. 서로의 마음을 주고받는 얼굴들!" (313쪽).

덧붙임

만일 우리가 하루에 적어도 세 번 이상 거울을 들여다본다면 어떤 일이 생길까요? 아마도 지금까지와는 전혀 다른 삶의 양상이 우리를 기다리게 되지는 않을까요? 얼굴을 들여다보는 일은 결국 얼굴만이 아니라, 우리의 내면을 찬찬히 닦는 일이기도 한 것이니까요. 여러분은 하루에 몇 번이나 거울을, 아니 여러분 자신의 얼굴을 들여다보고 있나요? 또 하늘은 몇 번이나 올려다보고 살고 있습니까?

『얼굴의 역사』 | 니콜 아브릴, 강주헌 옮김 | 작가정신 | 2001.

11. 우리의 삶과 용의 관계를 생각하다

『용, 불멸의 신화』

별 볼일 없는 사람이 벼락출세하거나, 인물 없는 여자가 느닷없이 어여빠지면 흔히 "미꾸라지 용됐다"고들 말한다. 사람들은 흔히 돼지꿈 이상으로 용꿈을 꾸고 싶어 하며, 그것은 대개 부귀공명이나 귀한 자식의 태몽 등으로 해석되었다.

우리가 더러 찾는 크고 작은 규모의 사찰 어느 곳에서도 용과 결부된 조각이나 그림, 혹은 전설을 어렵지 않게 만날 수 있는데, 이것은 우리문화와 영혼 및 일상에 폭 넓고 깊이 있게 침윤되어 있는 용의 존재를 매우 구체적으로 입증하는 것이다.

『용, 불멸의 신화』는 용과 결부되어 있는 사안을 여러 가지 관점에서 접근하여 우리 일상에서 용이 얼마나 중요한 자리를 차지하고 있는지를 서술한다. 필자는 중국의 고전적인 문헌들인 『광아』, 『춘추좌전』, 『본초강목』 등에 기술된 용의 형상을 참조하여 상상의 동물인 용의 형상을 설명하면서, 용을 아래와 같이 몇 가지로 분류한다.

> "응룡 (應龍), 촉룡 (燭龍), 저파룡 (猪婆龍), 훼룡, 교룡 (蛟龍), 규룡 (叫龍), 이룡, 규룡, 사룡 (蛇龍), 기룡 (夔龍), 용어 (龍魚)." (17－22쪽).

여기에 덧붙여 그는 음양오행이나 계절에 따른 용의 분류를 시도한다. 나아가 용이 되지 못한 뱀을 일컫는 용어들, 예컨대 '이무기, 이시미, 미리, 영노, 꽝철이, 바리' 등을 설명한다. 이것들은 악행을 일삼는 부정적인 괴물 비슷한 존재로 "용 못된 이무기 심술만 남았다"는 속담에서 알 수 있듯이 어떤 특별한 능력을 가지고 있지만, 목적한 바를 이루지 못하여 심술이 꼬여 있는 사악한 뱀 등속을 가리킨다.

저자는『용, 불멸의 신화』에서 용의 기원을 네 가지로 파악하는데, 그것은 '뱀 기원설', '토테미즘', '기상현상에 따른 착시', '공룡 기원설'이다. 이 가운데 '뱀 기원설'의 핵심을 아우르면 다음과 같다.

> "뱀 신앙은 기우와 주술과 결합하여 태어나, 농업의 확대와 더불어 세계적으로 발생한 듯하다. 중국과 메소포타미아에서도 뱀은 물과 풍양의 상징으로 숭배되었다." (53쪽)

그러므로 지은이는 세계적으로 널리 분포되어 있는 용의 전설 혹은 설화의 바탕에 깔려 있는 배경을 용의 형상뿐만 아니라, 그것에 내재해 있는 본원적 의미에 비추어 천착하고 있는 셈이다.

내가 서책『용, 불멸의 신화』에서 가장 동의한 대목은 필자의 성실함이다. 그는 미술작품에 나타난 여러 형태의 용, 예컨대 '용 그림, 용 조각, 금속과 목칠공예, 도자기' 등을 두루 망라하고, 일본과 중국의 미술품에 표현되어 있는 용을 추적한다.

여기에 그치지 않고 우리 사서에 기록되어 있는 용의 흔적을 따라 『삼국유사』, 『고려사』, 『조선왕조실록』, 『세종실록지리지』 등을 섭렵하고, 궁극적으로는 민속학적으로 용과 결부되어 있는 여러 형태의 문화적 소산들을 찾아 나서고 있다. 예를 들어 경배대상으로서 용, 민속놀이에 나타난 용, 기우제와 용 등등.

『용, 불멸의 신화』는 활자기록과 아울러 다양한 화보를 통하여 용과 결부된 여러 가지 문화 예술적 자취들, 즉 건축, 그림, 도자기 무늬, 조각, 용왕제 등을 고스란히 보여준다. 그러므로 이 서책은 우리생활 깊숙이 파고들어 그것의 빼놓을 수 없는 일부를 구성하고 있는 용의 실체를 다각적으로 구현하고 있는 것이다.

이런 작업은 우리가 어디를 가든 쉽사리 마주치게 되는 용 문화유산과 친숙하게 대면할 수 있도록 인도하는 것이다. 따라서 서책 『용, 불멸의 신화』는 용이 얼마나 뿌리 깊고, 역사적으로 연면하게 우리의 일상과 밀접하게 결합되어 있는가를 명시적으로 입증하는 귀중한 자료로 자리할 것이라고 생각된다.

저자는 『용, 불멸의 신화』 말미에 흥미로운 자료를 첨부하였는데, 그 하나는 '용'자 들어가는 지명이며 (310-325쪽), 그 둘은 '용'자 들어가는 절 이름이다. (모두 마흔 개의 절이 등장한다; 326쪽). 특히 지명은 1917년 일제 총독부가 발간한 자료에 기초하고 있어서, 90여 년 전 조선팔도 전역에 얼마나 많은 '용'자 지명이 현존하였는지를 일목요연하게 드러내 보이고 있다. 이런 사실들은 무엇을 입증하는가? 그것은 '용'을 제외한 우리문화와 일상의 성립 불가능성이 아니겠는가고, 나는 생각한다.

한자와 한문에 익숙하지 않은 사람들이라도 '등용문' (登龍

門), '용호상박'(龍虎相搏), '화룡점정'(畵龍點睛) 등의 고사성어는 견문한 바 있을 터이며, 프로야구에 관심 있다면, 대한민국 초기 프로야구에서 '엠비시 청룡'이 얼마나 맹렬한 기세를 올렸는지 기억할 것이다.

오늘도 옥동자를 낳고 싶어 하는 많은 어머니들은 '용꿈'을 갈망하며, 성공시대를 꿈꾸는 자들은 '용꿈'의 대박을 기다리고 있다. 이제 꿈만 꾸지 말고 거리에서 광장에서 지하철역에서 혹은 사찰에서 얼마나 많은 용들이 여러분을 둘러싸고 있는지 몸소 확인하기 바란다.

그런데 서책 『용, 불멸의 신화』에도 일정한 흠이 있다. 용과 결부된 다채로운 정보와 사진 및 역사적인 배경 등과 같은 자상한 설명은 독자에게 상당한 흥미와 관심을 유발하지만, 시종일관되고 있는 단조로운 서술과 평이한 문체는 필자의 내공을 상당 정도 약화시키고 있다는 사실이다.

예컨대 12간지에 따른 우리의 띠를 생각할 때, 유일한 상상의 동물인 '용'에 고유한 특이성과 이질성에 초점을 맞추어 이런저런 문헌학적인 고증과 자유로운 상상력을 동원하여 풍요로운 문체로 기술한 대목이 『용, 불멸의 신화』에 자리하였다면 얼마나 넉넉하고 흐뭇한 책 읽기가 되었겠는가 생각하는 것이다.

덧붙임

일제가 기승을 부리던 1940년 식민지 조선의 지식인이자 시인이었던 조지훈은 창덕궁에 찾아가 텅 빈 옥좌를 보고 망국의 한을 절창 『봉황수 鳳凰愁』로 노래한다.

벌레 먹은 두리기둥, 빛 낡은 단청, 풍경소리 날러간 추녀 끝에는 참새도 비둘기도 둥주리를 마구 쳤다. 큰 나라 섬기다 거미줄 친 옥좌에는 여의주 희롱하는 쌍룡 대신에 두 마리 봉황새를 틀어 올렸다. 어느 땐들 봉황이 울었으랴만 푸르른 하늘 밑 추석을 밟고 가는 나의 그림자. 패옥소리도 없었다. 품석 옆에서 정일품 종구품 어느 줄에도 나의 몸 둘 곳은 바이없었다. 눈물이 속된 줄 모를 양이면 봉황새야 구천에 호곡하리라. (『봉황수』 전문)

중국과 조공관계에 있었던 조선은 중국의 천자를 상징하는 '황룡' 무늬를 쓰지 못하고, 그보다 격이 떨어지는 '봉황'무늬를 써야 했다. 이렇듯 철저하게 대국을 받들었건만, 끝끝내 몰락하고만 사대소국의 우울했던 기억을 시인은 반추하였던 것이다. 곤룡포나 용안, 용수 등의 어휘를 궐내에서 찾을 수 있었으나, 실질적인 대외적 표상으로 굳어진 것은 봉황이었다. 그리하여 역사의식과 민족자존으로 충만한 식민지 조선 지식인의 울분을 거침없이 쏟아낸 시인의 일갈은 아직도 나의 귓전에 오늘처럼 쟁쟁하다.

이런 전통의 연면 부절한 현대적 표현이 대한민국 대통령이 기자회견 등에서 활용하는 탁자 무늬에 그대로 계승되어 있다. 예컨대, 청와대에서 거행되는 연두기자회견에서 대통령이 낭독하면서 의지하는 탁자를 보면 두 마리 봉황새 무늬가 선명하게 여러분을 바라보고 있을 것이다. 우리는 아직도 조공관계에서 자유롭지 못한 것일까? 그렇다면, 우리의 새로운 조공대상은 어디인가, 묻고 싶다.

『용, 불멸의 역사』 | 윤열수 지음 | 대원사 | 1999.

12. 맹렬여성 자청비를 찾아서

『우리가 정말 알아야 할 우리 신화』

글을 시작하면서

그리스 로마신화의 등장인물이나 사건을 줄줄 꿰는 어린이나 젊은이들을 요즘 어렵지 않게 찾을 수 있다. 이른바 '신화 열풍'이 불어 닥친 이후 발생한 당연한 귀결이 아닐 수 없다. 이런 와중에 우리 신화의 본령과 근원을 찾으려는 노력도 도처에서 이루어졌으며, 결실도 곳곳에서 만날 수 있게 되었다. 이제 신화는 우리 일상의 일부가 된 것으로 보인다.

신화를 의미하는 그리스어 '뮈토스 Mythos'는 본래 '이야기된 것'을 뜻한다. 그러므로 신화의 첫 번째 속성은 입에서 입으로 전해진 것이라 할 수 있다. 구전(口傳)에 의지하였으므로 신화는 하나의 완결된 판본이 아니라, 다양한 이본과 변형본을 지니게 되었다. 그 결과 신화는 때로 매우 모순적이고 모호한 양상을 띠기도 하는 것이다.

하지만 구전되면서도 반드시 유지되는 기본적인 얼개나 틀은 일정하게 양식화되면서 특정 모티프와 사건전개 그리고 반복법 같은 언어형식을 창출하게 된다. 따라서 여러 판본의 등장인물이나 사건전개에 다소간 편차가 있다 하더라도 반드시 확인할 수 있는 공통적인 내용이 있기 마련이다. 『신화』의 저자 돔머무트-구드리히는 그것을 명쾌하게 요약한다.

> "신화에는 기억, 전통, 관습과 같은 문화전반이 표현되어 있다. 신화에는 하나의 세계상 전체가 들어있다. 낮과 밤의 변화, 사계의 흐름에 따르는 초목의 생장과 소멸, 인간의 탄생과 죽음, 천둥과 번개 등과 같은 자연의 힘을 비유적으로 설명한다. 그런데 이야기되는 신들과 신화의 의미는 상황과 장소, 역사의 흐름에 따라 많은 변화를 겪는다." (『신화』, 해냄, 2001, 9쪽)

짚어 볼만한 지은이의 몇 가지 생각

『우리가 정말 알아야 할 우리 신화』(이하 『우리 신화』)에는 모두 스물한 편의 신화가 담겨있다. 지은이는 머리말에서 작품 선별기준을 확연히 밝힌다.

첫째, 문헌신화를 배제하고 대부분 무속신화인 구전신화만을 대상으로 삼았다는 것이다. 둘째, 구전신화 가운데 우리 겨레의 정서를 온전하게 담아내고 보편성을 갖춘 것을 골랐다고 한다. 그리고 이런 신화를 자신의 상상력을 보태 다시 쓰거나 고쳐 썼다고 덧붙인다. 구전된 것은 우리 겨레의 것이므로 지은이는 개작을 그다지 저어하지 않았다고 말한다.

과문한 내가 보기에 우리 무속에는 '유불선' 삼교의 영향이 골고루 담겨 있는 듯하다. '장유유서'로 표현되는 유교의 근간은 오늘도 온 나라에서 맹렬하게 활동하고 있다. 무속 혹은 민간신앙에 깊이 침윤해 있는 유교의 가르침은 재론의 여지가 없다. 거의 모든 사찰에서 '삼성각'이나 '산신각'을 만날 수 있으며, 수많은 성황당 내지 당산나무가 존재한다.

이런 연유로 『우리 신화』에서는 '삼교'의 가르침을 손쉽게 찾아낼 수 있다. 누구나 인정하듯 하나의 정본을 고집할 수 없는 것이 신화의 세계이자 본질이다. 지은이가 개작이나 윤색에 괴로워하지 않았음은 그가 신화의 본질 가운데 하나에 도달해 있음을 뜻한다. 그것의 적절성 여부, 이를테면 얼마나 설득력 있게 읽힐 수 있는가는 문제로 남는다.

스물한 편의 신화 가운데 세 편을 골라 독자 여러분께 소개하고자 한다. 그것은 '지금'과 '여기'를 살아가는 현대인들에게도 재미있으며, 유용한 정보와 적정선의 도덕을 설파하고 있기 때문이다. 나아가 세 편의 신화에 담긴 이야기 줄거리가 자연스럽고 매끄러워 하나의 생생한 '설화문학' 내지는 '서사문학'으로 시원하게 독서될 수 있음도 큰 원인이다.

오구신 바리데기: 버린 자식의 지극한 효성과 환생신화

인간세상 삼나라의 오구대왕은 옥황상제가 거주하는 천하궁의 점쟁이 가리박사의 말을 무시하고 서둘러 길대부인과 결혼했다가 딸만 내리 일곱을 낳는다. 일곱째 딸을 보게 된 오구대왕은 분노로 몸을 떨다가 아이를 버린다. 이름도 제대로 지어주지 않고 바리데기란 별명만 붙여줄 따름이다. 버려진 바리데기는 늙은 거지부부 손에서 잘 자라 15세에 이른다.

이 무렵 오구대왕은 중병에 걸려 사경을 헤맨다. 유일한 희망은 서천서역국 동대산의 약수를 마시는 것이다. 길대부인의 간절한 요청에도 금지옥엽 키운 여섯 딸은 서역정토 혹은 저승세계인 그곳에 가려하지 않는다. 길대부인은 마지막 희망 바리데기를 찾아 나서고, 모녀상봉이 이루어진다. 바리데기는 갖은 어려움을 뚫고 환생(還生)꽃을 가지고 귀환한다.

『우리 신화』에서 되풀이되는 몇 가지 전형화가 '바리데기'에 들어있다. 우선 인간의 모든 것을 주재하는 천하궁 (내지는 옥황궁) 주인의 위세와 권위에 관한 것이다. 가리박사의 권고를 무시하고 자신의 욕망에 따른 업보가 줄줄이 세상에 나온 딸 일곱으로 표현된다.

(『우리 신화』에서 '병막이신 거북이와 남생이 형제'를 빼면 자식이 하나나 셋, 일곱 내지 아홉으로 드러나 있는 점이 흥미롭다. 불균형과 부조화에서 균형과 조화로 나아가려는 지향의 발현이 아닌가 한다.)

두 번째는 자식을 버리거나 내쫓는 행위다. 다산으로 인한 폐해를 줄이거나, 지나친 자의식을 지닌 자식을 벌주거나 ('감은장 아기'), 공동체 규율을 깨뜨린 자를 징벌할 경우 ('자청비') 자식은 집밖으로 내쫓긴다. 하지만 그들은 성공하여 귀환한다. 신화 수용자인 민중의 기대지평을 만족시키면서 다른 한편으로 윤리적 경계를 늦추지 않으려는 전략이다.

세 번째는 '15세' 나이에 관한 것이다. 『우리 신화』의 주인공들은 예외 없이 정형화된 성장과정을 겪는다. 순서가 더러 바뀌지만 그것은 돌에 걸음마, 세 살에 말하기, 다섯 살에 짐지기, 일곱 살에 말 타기, 아홉 살에 글공부, 15세에 과거응시 내지는 자신의 뿌리를 찾기 시작한다. 바리데기의 영웅적인 모험도 15세에 시작하여 파란만장한 역정을 내보인다.

(공자는 열다섯 살에 학문에 뜻을 두고, 서른 살에야 비로소 홀로 설 수 있었다는데, 신화 속 인물들은 훨씬 빠른 인생살이를 경험한다.)

네 번째는 환생화(還生花)에 대한 것이다. 바리데기는 동대산 산지기 동수자의 요구를 들어준 다음에야 거기서 삼천리 떨어진 서천꽃밭에서 환생화를 구할 수 있었다.

> "칠흑 같은 검은 꽃은 죽은 사람 뼈를 살리는 뼈살이 꽃, 살빛처럼 샛노란 꽃은 살을 살리는 살살이 꽃. 핏빛처럼 새빨간 꽃은 피를 살리는 피살이 꽃, 물빛처럼 새파란 꽃은 숨을 살리는 숨살이 꽃, 눈처럼 새하얀 꽃은 혼을 살리는 혼살이 꽃이라." (71 – 72쪽)

부당하거나 억울한 죽음, 제 명을 다하지 못한 죽음, 원한에 사무친 죽음은 반드시 해원상생 시키려는 신화 수용자들의 간절한 바람이 '환생화'를 통하여 이루어지는 것이다. 특히 버려진 자나 쫓겨난 자가 그런 소망을 실현한다는 점에서 고정된 틀과 도덕률에 제한받지 않는 유연성을 확인할 수 있다. 주류가 늘 옳은 것은 아니라는 민중의 지혜라고나 할까!

자청비와 문도령: 남존여비에 도전하는 맹렬 여인상

농신으로 널리 알려진 '자청비' 이야기는 색다른 데가 있다. 옥황궁 문곡성의 아들 문도령과 한날한시에 태어난 자청비는 동개남상주절과 서개남금수절의 경쟁관계로 인하여 정수남이라는 경쟁자를 가지게 된다. 정수남은 자청비 아버지 오로대감의 여종 정수남의 아들이다. 여기에는 시주를 둘러싸고 벌어진 사찰 사이의 치열한 경쟁이 나타나 있다.

그들 모두가 열다섯 살 되었을 때 사건이 시작된다. 동개남상주절로 글공부하러 가던 문도령이 우물가에서 빨래하던 자청비를 만난다. 부모를 어렵게 설득한 자청비는 남장한 채 글공부하러 문도령과 동행한다. 떠나려는 딸과 그것을 막는 부모의 대화를 보자.

> "딸자식이 무슨 글공부를 한단 말이냐? 물 길어 밥하고 베짜서 옷 짓는 일만 배우면 그만이지?" "어머님, 아버님. 그런

> 말씀 마세요. 딸자식이라고 글 못 배우게 하면 나중에 두 분 돌아가신 뒤 제사에 축문, 지방은 누가 쓴단 말입니까?" (106쪽)

여자는 집안 살림, 남자는 글공부와 과거급제라는 정해진 도식과 역할분담에 반기를 드는 자청비의 태도는 당당하다. 그녀가 부모를 설득하는 무기는 무남독녀 외딸로 부모의 제사를 제대로 모시겠다는 것이다. 축문과 지방으로 표현되는 유교적 전통과 습속 및 그것을 준수하고자 하는 대갓집의 일상이 눈에 선하게 들어오는 대목이 아닐 수 없다.

자청비는 글공부하는 과정에서 번번이 문도령을 능가하여 그를 괴롭히는데, 문도령이 제안한 '오줌 멀리 내갈기기' 내기 장면은 그 가운데서도 특히 압권이다.

> "오줌 멀리 갈기기 내기라니! 자청비가 어찌할 바를 모르고 있는데, 문도령은 벌써 오줌을 여섯 발이나 갈겨 놓고 뽐내면서 어서 해보라고 하는 거야. 자청비는 궁리 끝에 대나무 대롱을 몰래 바지춤에 감추어두고 그리로 오줌을 갈기니 열두 발이나 나가거든." (108쪽)

남장여자가 실행하기 불가능해 보이는 시험을 무사히 통과하는 장면인데, 여기서 우리는 신화에 담겨있는 생활상의 일면을 웃음과 함께 보고 있는 것이다. 어쩌면 이런 악의 없는 해학이야말로 우리 신화 내지는 문학과 예술의 정수 가운데 하나일지 모르겠다. (해학과 대비되는 '풍자'는 우리 문학과 예술에서 깊이 착근하지 못한 채 오늘에 이르고 있다.)

늦깎이 문도령은 먼저 정체를 밝힌 자청비에게 돌아오리라 기약하고 하늘로 올라가지만 감감무소식이다. 그는 아버지 명에 따라 서수대왕 딸아기에게 장가들어야 한다. 자청비는 정수남의 유혹과 잔꾀를 물리치고 마침내 하늘로 올라가 문도령을 만나지만 예비 시부모의 고된 시험을 이겨내야 한다. 그것은 불 위에 작두를 걸어놓고 작둣날을 타는 일이다.

그러므로 '자청비' 이야기는 본질적으로 오늘까지도 남아 있는 '무속의 전형'을 보여주는 본보기다. 시련을 극복한 자청비는 문도령을 대신하여 서역의 백귀군대까지 격파한다. 옥황상제로부터 공로의 대가로 갖가지 씨앗을 받은 자청비는 인간 세상에 그것들을 뿌린다. 그런데 정작 문제가 되는 것은 이야기의 결말 부분이다.

> "그 뒤로 문도령은 상세경으로 큰 농신이 되고, 자청비는 중세경으로 작은 농신이 되어 인간세상 농사짓는 법을 잘 다스렸어. 정수남은 무엇이 되었는고 하니, 하세경으로 목축신이 되어 온갖 집짐승 기르는 일을 다스리게 됐지." (121쪽)

자질과 능력에서 문도령을 훨씬 능가하는 자청비는 중세경에 멈춰버린다. 적극적이고 능동적인 자청비는 남존여비 사상이 지배하는 세상에 도전장을 내고 당당히 승리했지만 끝내 그런 세상의 지배질서에 편입된다. 전복이 아니라 순응에 익숙했던 우리사회와 구성원들의 시각과 관점을 모두 만족시키는 결말이다. 여성우위는 여전히 실현되지 않았다!

조왕신 여산부인과 문왕신 녹두생이: 후덕한 본처와 악독한 후처의 전형화

집안에는 집을 지키는 열명의 신이 있다고 한다. '시왕'이라 불리는 그들은 주신인 성주신 이외에 지신, 터주신, 조왕신, 삼신 (아기 탄생을 주관하는 신), 문왕신, 업왕신 (곳간의 재물 지키는 신), 철융신 (장독간 지키는 신), 마부왕 (마구간과 외양간 지키는 신), 측신이다. 그 가운데 조왕신과 문왕신,

그리고 측신을 한 번 살펴보자.

주년국 남선고을의 남선비와 여산부인은 혼인하던 해부터 아들을 출생하여 일곱 형제를 내리 얻는다. 알뜰한 여산부인은 천성이 게으른 남선비에게 장사밑천을 장만해주고 배를 태워 보낸다. 오동나라 오동고을에 도착한 남선비는 장사고 집이고 다 잊은 채 주막집 딸 노일자대에게 홀려 돈을 몽땅 날리고 눈까지 멀게 된다. 여산부인은 남편을 찾아 나선다.

후처 노릇을 자처한 노일자대는 여산부인을 오천강 연못에 빠뜨려 죽인다. 눈먼 남편 남선비는 그런 노일자대가 여산부인인 줄 알고 고향으로 데리고 온다. 일곱 아들 가운데 막내인 녹두생이만 노일자대가 친어머니가 아님을 간파하고 의붓어미의 정체를 밝힌다. 달아나던 노일자대는 급한 나머지 뒷간으로 들어갔다가 문기둥에 목을 매 자살한다.

녹두생이는 형들과 함께 어머니 여산부인의 시신을 오천강에서 찾아낸다. 그리고는 하늘나라 서천꽃밭에서 환생화를 구해다가 죽은 어머니를 살려낸다. 그들이 죽을 때가 되자 옥황상제는 여산부인을 부엌을 지키는 조왕신으로, 녹두생이를 문을 지키는 문왕신으로 노일자대를 뒷간을 지키는 측신으로 만들어주되 부엌 쪽으로는 얼씬도 못하게 한다.

악독한 의붓어미는 동서고금의 전형적인 이야기 모티프 가운데 하나다. 『우리 신화』의 '칠성님과 옥녀부인'에서도 이것은 나타난다. 시기와 질투에 불타는 후처의 악행은 전처소생 아들의 생간을 요구하는 지경까지 이른다. 이런 극단적인 이야기 전개는 조선왕조 태종대에 만들어진 '재가금지법'과 무관하지 않은 듯하며, 소월의 시에서도 되풀이된다.

'조왕신과 문왕신'에서 흥미로운 대목은 게으르며 놀기 좋아했던 남편 남선비를 옥황상제가 헛간이나 지키는 '잡신'으로 만든 일이다. 일부종사한 여산부인이 따뜻한 부엌의 신이

된 것과 비교하면 이것은 형벌에 가까운 결과다. 그러나 의붓어미를 알아보지도 못했던 다섯 아들을 '오방신'으로, 여섯 째 아들을 '뒷문왕'으로 삼은 것은 다소 작위적이다.

> "오방신(장)은 중국 도교계통의 신령으로 인간에게 평안과 태평과 재수를 가져다준다고 생각된다. 무당들은 이 신령을 관성제군 (관우) 만큼이나 위력적인 신으로 생각한다." (『한국의 무』, 조흥윤, 1985, 98쪽)

'자청비'에서도 옥황상제의 논공행상은 불공평하였다. 하지만 온 가족을 고루 고려하고, 부족한 가부장을 가차 없이 질타하는 최고 권력자의 선고는 추운 물속에서 오래도록 죽어있던 여산부인에 대한 배려만큼 정당한 것이다. 부엌 쪽을 보고 뒷간을 짓지 않는 우리 건축의 오랜 전통을 설명하는데 유용한 자료가 '조왕신'과 '측신'의 대립이기도 하다.

글을 마치면서

『우리 신화』의 지은이는 글을 쓴 목적과 바람을 명징하게 드러낸다.

> "글쓴이는 우리 신화에 나름의 질서를 얹고 싶었다. 각각의 독립된 이야기가 거대한 '한국 신화'의 틀 안에서 톱니바퀴 구실을 하는 새로운 세계를 만들어보고 싶었던 것이다." (6쪽)

지은이가 밝히고 있는 것처럼 이런 의도가 어느 정도 관철되었는지는 생각할 여지가 있다. 내가 보기에 그것은 자료에 대한 폭넓은 대조와 면밀한 분석 및 종합적인 작업이 선행되어야 가능할 것으로 보인다. 예컨대, 문헌신화에 주로 나타나는 '건국신화'와 전국 각지에서 수집되는 전통적인 이야기와 설화에 대한 전체적인 조명이 선결되어야 할 터이다.

충분히 겹쳐지고 반복되는 모티프와 공통되는 형식적·내용적 특징들을 전면적으로 살피면서 동아시아 전반에 출현하는 신화와 전설로 시야를 확장하면 더욱 풍요롭고 튼튼한 얼개가 마련되지 않을까 한다. 요즘 국문학계를 필두로 몇몇 연구자들의 집념 어린 노력과 풍요로운 결실이 조만간 상호침투와 상승작용을 일으키기를 진심으로 바란다.

우리가 마침내 문학과 예술의 다하지 않는 원천을 발굴한다면 '문화의 시대' 21세기를 훨씬 의미 있고 아름다운 시간대로 만들어 갈 수 있을 것이다. '스크린쿼터' 축소문제가 집중적으로 논의되고 있는 마당에 제도적인 틀과 아울러 내용적인 면까지 깊이 사유할 근거를 우리는 반드시 만들어가야 하기 때문이다. 그 점에서도 『우리 신화』가 제기하는 문제는 결코 작지 않다.

『우리가 정말 알아야 할 우리 신화』 | 서정오 지음 | 현암사 | 2004.

13. 큰 학문은 언제나 우리 곁에 있다

『유배지에서 보낸 편지』

편지글은 본래 인간의 내면이나 정리를 절실하게 드러내는 형식이다. 얼굴을 마주 대하고 이야기를 나누는 것이 좋은 일이겠으나, 더러는 그것이 여의치 못한 경우도 있는 법. 이 경우에 서한은 더할 나위 없이 좋은 수단인 셈이다. 현대의 신속한 삶과 과학기술문명은 그런 가능성마저도 호사가의 취미로 만들어버렸으니 실로 애석한 일이 아닐 수 없다.

위당 정인보가 "한자가 생긴 이래 가장 많은 저술을 남긴 대학자" 라고 칭송하였던 다산 정약용 선생의 서간문 『유배지에서 보낸 편지』는 여러모로 어제와 오늘을 반추하도록 한다. 오늘날에도 우리가 즐겨 쓰는 '온고이지신 溫故而知新'이란 어구가 온전하게 빛을 발하는 형국이 아닐 수 없다. 옛것을 돌이켜 오늘을 일깨움은 얼마나 흐뭇하며 유의미한 노릇인가!

두 아들과 둘째 형님 정약전, 그리고 제자들에게 보낸 편지글 모음집 형식을 취하고 있는 서책은 역자 박석무의 말처럼 다산에게 다가서는 입문서로도 충분한 가치가 있어 보인다. 1979년 초간본 서문에서 역자는 서책의 출간에 즈음하여 자신의 바람 하나를 피력한다.

> "근래 학계의 노력으로 다산학에 대한 체계적 연구가 많이 되어가고 있는 줄 안다. 그러나 다산의 유배지 서한문에 보인 그의 철학사상, 인간적 고민, 아버지로서의 자식에 대한 애정 등이 다산을 이해하는 입문 자료로 역할을 했으면 하는 것도 역자의 욕심이다." (13쪽)

『유배지에서 보낸 편지』에서 내가 특히 유의하여 읽고 마음에 새긴 대목은 학문과 관련된 글들이다. 다산 선생은 도처에서 조선후기 사회가 직면하고 있던 학문의 낙후와 과거제도의 폐해를 통렬하게 지적한다. 이런 지적은 비단 조선사회의 문제를 적시하는 글에만 국한되는 것이 아니라, 일본과 중국의 학문경향을 두 아들에게 일깨우는 글에서도 산견된다.

> "대개 일본이라는 나라는 원래 백제에서 책을 얻어다 보았는데 처음에는 매우 몽매하였다. 그 후 중국의 절강지방과 직접 교역을 트면서 좋은 책을 모조리 구입해갔다. 책도 책이려니와 과거를 보아 관리를 뽑는 잘못된 제도가 없어 제대로 학문을 할 수 있었기 때문에 지금 와서는 그 학문이 우리나라를 능가하게 되었으니 부끄럽기 짝이 없는 일이다." (101쪽)

일본과 중국의 명유들이 정밀하게 학문을 연구한 결과를 기술하면서 다산은 학문하는 기본자세를 벼슬살이와 거리두기나 (112쪽), 곤궁한 생활형편에서 (113쪽) 보고 있다. 이런 자세는 과거를 통해 세상과 임금을 만났던 정암 조광조나 퇴계 이황과 연결되면서 변증법적으로 진척된다. 국법이 준엄하

니 그를 따르되 제대로 된 경전공부를 하라고 선생은 강조한다. (295쪽)

다른 한편으로 다산은 학문하는 근본적인 동기를 명쾌하게 밝히고 있는데, 그것은 인간과 금수를 구분하는 잣대가 독서에 있음을 갈파하는 것으로 드러난다. 고산 윤선도의 후손이자 공재 윤두서의 현손이며, 다산의 18제자 가운데 한 사람이었던 윤종문에게 당부하는 글을 보자.

> "독서 한 가지 일만은 위로는 성현을 뒤따라가 짝할 수 있고, 아래로는 수많은 백성들을 깊이 깨우칠 수 있으며, 어두운 면에서는 귀신의 정상을 통달하고, 밝은 면에서는 왕도와 패도의 정책을 도울 수 있어 짐승과 벌레의 부류에서 초월하여 큰 우주도 지탱할 수 있으니, 이것이야말로 우리 인간이 해야 할 본분인 것이다." (257쪽)

끊임없는 독서를 통하여 깨우친 바를 다시 서책으로 펴낼 때 갖추어야 할 기본자세를 다산은 상세하게 일깨운다. 실학자 다산이 사유하는 저서의 순서는 경전에 대한 저서가 최우선이며, 그 다음이 세상을 경륜하고 백성을 보살피는 책이며, 국방과 대소기구에 대한 분야도 중시한다. 그러나 일시적인 웃음이나, 진부한 논의들의 저서는 일소에 부치고 있다.

이런 바탕 위에서 다산은 저서출간의 의미를 "단 한 사람만이라도 그 책의 진가를 알아주는 사람이 있기를 바라서이다" (150쪽)고 밝힌다. 이 문구를 세간의 명리를 좇는 허랑방탕한 자세라고 비난함은 사뭇 그릇된 것이다. 학문에 몰두하는 지식인으로서 자신이 노력하여 얻어낸 성과를 조금이라도 세상에 알리고자 하는 간절한 바람으로 읽히는 구절이 아닐 수 없다.

그런데 조선의 대표적인 유학자이자 실학자인 다산 선생의 학문적인 입장을 가장 명쾌하게 드러내는 대목은『자산어보』의 저자인 정약전 선생에게 보내는 서한에서 찾을 수 있다.

> "이 세상에 살면서 두 가지 학문을 겸해서 공부하지 않을 수 없으니, 하나는 속학(俗學)이요, 하나는 아학(雅學)입니다. 이는 후세의 악부(樂府)에 아악(雅樂)과 속악(俗樂)이 있는 것과 같습니다. 이곳 아이들은 아(雅)만 알고서 속(俗)을 알지 못하므로 오히려 아를 속으로 여겨버리는 폐단이 있게 되었습니다." (201쪽)

아와 속 가운데 '아'만을 취하는 과거제도나 거기에 탐닉하는 무리를 경계하는 자세가 보이거니와, 먹고 사는 일에만 몰두함으로써 '속'에만 깊이 빠져든 무리 모두를 한꺼번에 징치하는 입장이라 할 것이다. 경전연구가 세상살이와 병행하지 않으면 아니 된다는 실사구시의 자세를 선명하게 드러내 보이는 선생의 자태가 약여하다.

『유배지에서 보낸 편지』는 그러나 이런 고풍스러운 내용만을 담고 있지 않다. 거기에는 오랜 유배생활로 연유된 각박한 인심과 신세한탄, 가족에 대한 절실한 그리움, 네 살 박이 막내아들의 죽음을 접한 아버지의 절절한 정한, 공부에 뜻을 두지 아니하는 두 아들에 대한 준절한 꾸중과 같은 개인적이며 가족적인 인간 다산의 면모가 생생하게 숨쉬고 있다.

어디 그것뿐이겠는가! 흑산도에서 귀양살이를 하면서 짐승고기를 먹지 못하여 건강을 잃어가는 둘째 형님에게 보낸 편지에서 다산은 '개고기 삶아먹는 법'을 상세하게 기술한다. 이 글은 형제간의 도타운 정리를 보여줄 뿐만 아니라, 생명을 연장하는 수단으로 개를 포획하고 끓이는 방도를 일깨운다는 점에서 오늘날까지도 그 의미가 있다고 하겠다.

이밖에도 가난과 곤궁을 물리칠 수 있는 효과적인 방책과 농사짓는 법, 물감 들이는 법, 노동에 부여된 의미와 가치, 물질에 대한 과도한 숭상을 경계하는 등의 글월을 통하여 다산 정약용은 당대의 위대한 실학자이되 현대의 참된 스승으로서 그 빛을 찬란하게 내뿜고 있는 것이다.

『유배지에서 보낸 편지』에는 세 편의 역자서문이 들어있다. 1979년 초간본 서문과 1991년 개역·증보판 서문, 그리고 2001년 증보판 서문이 그것이다. 20여년 거리를 두고 세 차례에 걸쳐 출간된 이 서책은 서로 다른 시간대를 대면하였다. 박정희 유신독재 말기에 시작하여 폭력적인 노태우 정권시기를 거쳐 국민의 정부를 자임한 김대중 정권시기와 만났던 것이다.

오늘을 사는 우리 독자들은 서책이 지나온 시기를 생각하면서 다산 선생의 깊은 흉중에서 우러나오는 심사원려와 우국충정을 통감하지 않을 수 없을 터이다. 그와 아울러 아주 작은 일상사에까지 사유와 인식의 영역을 확대한 선생의 인간적인 면모 또한 우리의 옷깃을 여미도록 한다. 170여 년 전 이 세상과 작별한 선생의 명복을 빌면서 글을 맺고자 한다.

『유배지에서 보낸 편지』 | 정약용 지음, 박석무 편역 | 창작과 비평사, 2003.

14. 호열자(虎列剌)를 아시나요

『호열자, 조선을 습격하다』

새로운 분야의 서책을 읽는다 함은 더러는 유쾌하고 더러는 부담스러운 일이다. 낯선 지식여행이 부여하는 지적 산책의 즐거움과 더불어 생경한 영역과 대면함으로써 야기되는 어려움이 빛과 그림자처럼 동행하기 때문이다. 한국과학기술원에 재직하는 신동원 연구교수의 저작『호열자, 조선을 습격하다』는 그런 유형의 서책으로 나에게 다가왔다.

이 책에는 '몸과 의학의 한국사'라는 부제가 달려 있다. 하지만 여기서 주로 다루어지는 의학의 역사는 조선시대와 일제 강점기 그리고 현재의 시간대이다. 그도 그럴 것이 우리의 역사서는 중국은 물론이려니와 일본과 비교하여도 턱없이 부족할 뿐만 아니라, 출현 시기도 매우 늦기 때문에 자료와 정보의 제약으로부터 자유롭지 못하기 때문이다. (『일본서기』가 720년에,『삼국사기』가 1145년에 편찬되었음을 기억하시라.)

서책의 구성과 방법론

『호열자, 조선을 습격하다』는 모두 3부로 구성되어 있다. 제1부 '고통 받는 몸의 역사'에서 저자는 호열자와 두창이나 티푸스 계통의 역병을 다채롭게 소개하면서 '단발령'과 위생의 상관성을 살핀다. 이와 아울러 '전녀위남법'에 얽혀있는 아들에 대한 뿌리 깊은 욕망의 역사를 들춰내고, 『변강쇠가』와 『심청전』에서 읽히는 질병과 장애의 사회사를 제시한다.

제2부 '역사 속의 의료생활'에서는 조선시대의 의료기관들인 내의원, 전의감, 혜민서를 소개하고, 텔레비전 드라마 『대장금』으로 널리 알려진 의녀들에 대하여 언급한다. 여기에 대한제국 말기에 도입된 서양의술에 대한 비판적인 관점이 덧붙여진다. 그리고 '히포크라테스의 선서'와 2000년 의사파업을 연관시켜 현대의학의 문제점을 날카롭게 제기한다.

제3부 '한의학이냐 서양의학이냐'에서는 한국의학과 중국의학, 나아가 동아시아 의학의 관련성에 대한 자세한 논의가 진행된다. 이런 토대 위에서 조선후기의 정약용과 최한기 같은 실학자들의 한의학과 서양의학에 대한 견해표명이 검토된다. 그 이후에는 식민지 조선과 현대의 한의학과 서양의학 사이의 관계설정과 그것의 진척양상에 주목한다.

이렇게 살핀다면 『호열자, 조선을 습격하다』는 어떤 일관된 목표와 전략을 가지고 저술되지는 않았음이 분명해진다. 상호연관성이 불분명한 항목들이 공동의 소제목 아래 소란스럽게 동거하고 있으며, 다루어지고 있는 시간대 또한 들쭉날쭉하게 배치되어 있기 때문이다. 저자 역시 이 점을 서책의 서론격인 '책을 내면서'에서 숨김없이 밝히고 있다.

"나는 이 책에서 여러 형태의 글쓰기를 시도합니다. 중요한 테마를 짧은 분량에 거시적으로 훑는 방식의 글쓰기가 절반 정도 됩니다. 나머지 가운데 어떤 것은 개념과 사건의 기원을 추적하며, 어떤 것은 소설에 담긴 사회상의 단면을 읽어냅니다. 원래 이 책은 특별히 구상해서 만들어진 것이 아닙니다. 지난 수년간 썼던 여러 형태의 글을 모은 것입니다." (11쪽)

서책의 논의방향과 의도

그럼에도 『호열자, 조선을 습격하다』를 관통하는 몇 가지 흐름이 있는데, 그 가운데서 가장 돋보이는 것은 의학을 통해서 본 근대에 대한 논의이다. 이것은 한편으로는 양의 알렌과 '제중원'으로 표상되는 서양의술의 전파와 보급, 선교 목적으로 설립된 기독교 계열 병원들, 그리고 일제가 주도한 '대한의원'과 '자혜의원' 등에 내재된 식민지 경영의 이면을 낱낱이 드러냄으로써 진행된다.

다른 한편으로 그것은 『의방유취』와 『동의보감』, 강명길의 『제중신편』과 황도연의 『의종손익』 및 이제마의 『동의수세보원』 등의 의서를 중심으로 한 조선 한의학과 동아시아 한의학을 논의하는 과정에서 이루어진다. 여기에 우두법 도입과 관련된 '지석영 신화'와 식민지 조선에서 9개월 동안 지속된 '한의·양의논쟁'이 덧붙여짐으로써 마무리된다. 이와 같은 논의를 저자는 다음과 같이 함축적으로 총괄한다.

"과학, 계몽, 근대는 위로부터 강요된 이데올로기였지만, 그것과 현실 사이에는 큰 간극이 있었다. 근대화를 모토로 삼으면서 식민통치 지배자가 내걸었던 조선인의 건강개선이 이루어지기는커녕 선진적인 의료혜택의 증가도 실현되지 않았다. 우리의 '근대'는 물리적 실체를 지닌 여러 가치의

충돌, 대립, 절충, 상호침투를 통해 짜여진 결과물이었다." (352-353쪽)

이런 비판적인 시각으로 저자는 2000년 남한사회를 혼란과 당혹의 소용돌이 속으로 몰아넣은 의사파업을 진단하고 평가한다. 인술로 간주되는 의술개념이나 의사윤리강령으로 오늘날의 병원과 의사를 이해해서는 곤란하다는 것이 그의 관점이다. 숭고하고 온정적인 의술윤리가 아니라 의술과 사회, 의사와 환자관계에 대한 새로운 시각정립이 요구된다는 것이다.

서책의 성과와 의의

『호열자, 조선을 습격하다』는 딱딱한 의학전문서적이 아니며, 그런 연유로 서책은 출중하게 대중성을 확보하게 된다. 특히 '가루지기타령', '횡부가', '송장가' 등의 이름으로도 불렸던 '변강쇠타령'을 1821년 신사년의 괴질, 즉 콜레라(호열자)와 연결하여 해석하는 대목은 흥미와 더불어 풍부한 읽을거리를 제공한다. 콜레라의 창궐로 인한 폐해, 성과 성애, 조선후기 의료생활 등이 그것이다.

이와 함께 '심청전으로 본 맹인과 장애의 사회사'에서 저자는 문학작품을 역사해석의 1차 자료로 활용하면서 19세기 조선사회를 독서한다. 맹인이 되는 연유와 그들의 선택 가능한 직업, 장애자로서 맹인, 국가의 장애대책 및 살신성효 (殺身成孝) 문화 등에 대한 소상한 지적은 우리의 대표적인 고전인 『심청전』을 재음미하면서 읽을 수 있는 동기를 선사한다.

여러분은 혹시 '환과고독 鰥寡孤獨'을 아시는지. 늙어서 아내 없는 사람을 '환', 젊어서 남편 잃은 여자를 '과', 어려서 어버이 여읜 사람을 '고', 늙어서 자식 없는 사람을 '독'이라 한다. 그런데 심봉사는 『경국대전』까지 천하의 악병으로 간주한 장님에다가 '환'의 고통을 더하고, 마침내 청이마저 잃어버림으로써 '독'의 고역을 부여받는다. 최악의 상황인 셈이다.

독서하는 재미와 유익한 정보를 두루 싣고 있는 서책 『호열자, 조선을 습격하다』는 풍부한 그림과 사진자료를 동원하고 있어서 영상과 화보에 익숙한 젊은 세대 독자들도 어렵지 않게 읽을 수 있다. 의료와 건강에 대한 관심이 부쩍 높아진 요즘 자신의 건강뿐만 아니라, 이웃과 세상의 건강과 의료에 대한 관심을 고양하는데 쓸모 있는 서책이 아닐 수 없다.

『호열자, 조선을 습격하다』 (몸과 의학의 한국사) | 신동원 지음 | 역사비평사 | 2004.

제4부 문학과 예술

1. 고전대가들, 맞장 뜨게 하다

『고전문학사의 라이벌』

글을 시작하면서: 그들은 과연 라이벌인가

1995년 출간된 웹스터 사전에 따르면, 라틴어 '리발리스 rivalis'에 어원을 둔 라이벌은 "다른 사람을 능가하거나 필적하고자 시도하는 사람 혹은 다른 사람과 동일한 목적을 추구하는 사람"을 뜻한다. 후자의 의미에서 라이벌은 '경쟁자'로 번역 가능하다. 라이벌에 담긴 다른 뜻은 "어떤 특별한 관점에서 다른 사람과 동등하거나 거의 필적하는 사람"을 가리킨다.

그렇다면 여기서 반복되는 '다른 사람'은 일차적으로 최소한 동년배이거나 동시대인을 가리킬 가능성이 높다. 이미 죽은 사람과 경쟁한다는 것은 의미가 없거나 시대착오적인 행위일 가능성이 농후하기 때문이다. 자신을 마음속으로 뛰어난 선각자들과 비견할 수는 있으되, 그들을 경쟁상대로 삼는 일은 불가능하거니와 우스꽝스러운 노릇이기에 그러하다.

이런 점에서 본다면 서책 『고전문학사의 라이벌』은 제목이 그다지 적절해 보이지는 않는다. 저자들이 밝히고 있는 것처럼 월명사와 최치원은 150년의 시간적 거리를, 김부식과 일연은 131년 시차를 지니고 있는 인물이기 때문이다. 그들이 지향하고 있던 생의 최종 목적지 또한 각양각색이었으며, 생전에 상호 경쟁자로 인식한 경우는 많지 않기 때문이다.

그래도 만들어지는 라이벌 관계: 이인로와 이규보

『고전문학사의 라이벌』에는 모두 아홉 쌍의 라이벌이 등장한다. 그러니까 글쓴이들은 열여덟 사람에 이르는 고전대가들을 상호경쟁 혹은 대립관계로 엮어내어 그들 내부의 관계뿐 아니라, 시대와 역사에 대한 이해와 통찰을 시도하고 있는 셈이다. 이들 가운데서 최충헌의 무신정권 시기에 활동했던 두 문인 이규보와 이인로의 면면을 살펴보자.

'두 시대의 충돌과 균열'이란 소제목으로 묶인 이인로(1152 - 1220)와 이규보 (1168 - 1240). 무신정권에 반대하며 '죽림고회'를 결성하여 우두머리 노릇을 한 이인로는 이른바 '용사'에 의지하였고, 그들을 비웃었던 이규보는 '신의'에 기댔다고 한다. 글쓴이에 따르면 이런 평가는 후대학자들이 내린 것이 아니라, 『보한집』의 최자를 비롯한 당대의 평가라고 한다.

> "용사(用事)는 이미 존재하는 명문(名文)의 표현이나 관련 사실을 다시 끌어다 쓰는 창작방식이고, 신의(新意)는 옛사람의 표현을 되풀이하기 보다는 새로운 착상과 표현을 중시하는 창작방식이다." (96쪽)

용사에 의지함은 뛰어난 선인의 문장과 문체를 연마하여 자기 것처럼 만들어내는 것을 뜻하며, 신의에 기댄다함은 그런 자세를 구태의연한 것으로 보고 새로운 창작방식을 시도하는 자세를 의미한다. 문제는 용사나 신의가 독자적으로 작용할 수 없다는 것이다. 문학은 과거와 대면하면서 부단히 현재를 성찰하고 다가올 날들을 예비하는 작업이기 때문이다.

『파한집』을 남긴 이인로와 『백운소설』을 전한 이규보의 창작방법론은 글쓴이에 따르면, 단순한 기법상의 차이를 노정한 것이 아니라, 세계관에서 차이가 있었다고 한다. 그는 사라져 가는 귀족세력의 대표로 이인로를 수용하고, 새로 발흥하는 사대부의 표상으로 이규보를 독서하고 있는 것이다. 그들의 창작방식이 세계관과 직결된다는 것이 글쓴이의 시각이다.

> "이인로와 이규보, 두 라이벌의 만남 혹은 대결은 어쩌면 이미 승부가 결정되어 있었다고 할 수도 있을 것이다. 이인로와 그의 시대가 이규보와 그의 시대에 밀려날 수밖에 없었던 것은 단지 이인로가 나이가 많았기 때문은 아닐 것이다. 그들은 한 시대와 다른 시대를 표상하는 존재였다. 두 시대가 낡은 귀족과 신흥사대부에 속하는 두 인물을 통해 구현된 것이다." (116쪽)

새로운 글쓰기를 시도한 우정의 글벗: 이옥과 김려

이인로와 이규보가 16년의 나이 차이에도 양보 없이 맞섰던 관계라면 이옥(1760-1815)과 김려(1766-1821)는 평생을 함께 한 각별한 글벗이었다. 기존의 글쓰기에 반대하는 입장을 취했던 이옥은 문체반정의 연장선에서 패사소품체로 인하여 정조에게 고초를 겪으면서도 끝까지 자신의 주장을 견지하였다고 한다. 김려는 이런 이옥을 거두고 기렸던 인물이다.

> "이옥의 산문은 섬세하여 정사(情思)가 샘물처럼 용솟음치고, 그의 시는 가볍고 맑아 격조가 초각(峭刻)하다. 이옥은 이렇게 말한다. "나는 지금 사람이다. 나는 스스로 나의 시와 나의 산문을 쓴다. 그것이 선진양한과 무슨 관계가 있고, 위진

> 삼당과 하등상관이 있겠는가?" 지금 이옥이 죽은 지 이미 5년이 된다. 우연히 상자를 뒤적이다가 이것을 발견하고, 그가 평생 부지런히 힘쓴 뜻을 슬퍼하여 붓으로 베껴 한 권의 책으로 만들었다." (216쪽)

이옥이 남긴 『묵토향』을 엮어서 책으로 만든 김려의 후기 『제묵토향초본권후 題墨吐香草本卷後』에 담겨 있는 글의 일부다. 주목되는 점은 소중화(小中華)를 자처했던 조선시대에 이옥이 그것에 정면으로 반기를 든 대목이다. '문필진한 文筆秦漢 시필성당 詩必盛唐'이라 하여 "문장은 반드시 선진양한을, 시는 반드시 성당을 본받아야 한다"는 당대 주류문사들의 금과옥조를 이옥이 결연히 반대하고 나선 것이다.

이옥은 '지금과 여기'를 살고 있는 문사가 어째서 '지난날과 다른 곳'에 연연해야 하는가 하는 문제를 도전적으로 제기하였다. 그 결과 견책과 정거 (停擧) 뿐 아니라, 양반출신에게는 치욕적인 처벌인 충군 (充軍) 조처까지 당하지만 그는 자신의 태도를 결코 바꾸지 않는다. 이런 불온한 문사를 거둔 김려 또한 비어사건(飛語事件)으로 유배당하면서 민초들의 곤궁한 삶을 한시 형식에 담아냈다.

> 연기 피어나는 작은 마을엔/ 초가집 겨우 몇 채 뿐/ 주인이 나와 인사를 하고는/ 길게 탄식하네/ 해마다 폐정으로 의식이 부족해/ 온 집안 항상 울음소리 뿐/ 어른이야 어떻게 버틴다지만/ 어린 자식 어찌 길러낼지/ 귀한 손님 멀리서 오셨는데/ 죽 한 그릇 진실로 없답니다/ 가난한 형세로 그런 것을/ 천한 내가 뭐라 하겠소. (『과피도고』, 228쪽)

김려와 이옥은 당대 사대부들이 즐겨 다루었던 국가나 정치 혹은 우주만물의 이치와 같은 거대담론 내지는 정치한 형이상학이 아니라, 일상의 세태와 인물들에 눈길을 주었다. 그리하여 병졸과 노복 혹은 예인이나, 장사치, 거지나 포수 등의 인물과 개구리나 물고기, 거미나 벼룩 등과 같은 하찮은 미물을 시와 산문의 대상으로 삼았던 것이다.

> "이옥과 김려는 거창한 명문만 내세우던 자들에게는 눈에 띄지 않던 인물들을 문학의 전면으로 끌어올려 그들의 내면에 간직된 진정을 기리고자 하였다. 그것은 그들과 대비되는 지배층의 허위의식에 대한 야유이기도 했다. 인간과 사물, 귀한 것과 천한 것, 남성과 여성을 모두 동등한 개체로 존중하려는 의식이 그들을 진전된 이해로 이끌었다." (234–239쪽)

결론을 대신하여: 『고전문학사의 라이벌』에 담긴 의미

1993년 '창작과 비평'에서 펴낸 『나의 문화유산답사기』는 대한민국 사회에 '한국학'의 가능성을 알린 첫 번째 화살이었다. 저자의 화려한 언변과 객담이 대중적인 글쓰기를 통하여 세상에 알려짐으로써 지식대중화와 문화의 일상화가 가능하게 되었던 것이다. 학문이 이른바 '강단비평'이나 '상아탑연구'에서 저자거리의 삶으로 파고들기 시작하였던 셈이다.

물론 거기에는 이제는 어느 정도 먹고 살만해졌다는 풍요에 대한 최초인식과 서슬 퍼런 군부독재의 종언이라는 시대배경도 크게 한 몫 하였다. 고문과 투옥과 학살의 일상이 제도화된 민주주의의 틀 안으로 자리하기 시작하면서 우리는 어떻게 살았고, 살아가고 있는지를 진지하게 묻기 시작하였던 것이다. 영화 『서편제』가 그해 성공했음을 상기하시기 바란다.

그리고 십여 년의 세월이 흘렀다. 오늘날 한국학은 가장 잘 팔리는 인문학의 대표적인 영역으로 자리하고 있다. 『고전문학사의 라이벌』 '책머리에'서 지은이들은 말한다.

> "갑자기 밀어닥친 서구의 근대는 우리의 유구한 동양적 사유를 깨끗하게 지워버렸고, 우리의 우량한 문학전통마저 완벽하게 단절시켰다. 요즘 일고 있는 우리 고전문학에 대한 관심은 서구의 근대적인 문학관에 경도되던, 그리하여 우리의 풍성한 문학유산을 손쉽게 방기하거나 폐기하던 지난날의 태도를 반성하는 것과 무관할 수 없다." (6-7쪽)

지은이들이 제시하는 '반성적인' 자세와 태도는 소중하다. 자아를 배제한 채 대상과 물상 나아가 세계와 올바른 관계를 정립할 수 없기 때문이다. 또한 역사적 과거에 대한 깊이 있고 비판적인 성찰을 빼놓고 현재와 미래에 대한 전망 역시 무망할 수밖에 없다. 이런 연유로 요즘 출간되고 있는 한국학 관련 서적들의 명실상부한 질적인 성취를 곰곰 곱씹어야 한다.

『고전문학사의 라이벌』은 우리가 잊어버린 고전대가들을 경쟁관계나 대결양상으로 묶어 논의함으로써 선명한 대비와 이해를 시도한다. 그러나 비교작업이 언제나 그러하듯 평면적이고 나열적인 대비와 부연설명은 지적인 흥미와 관심을 저해할 소지가 충분하다. 특히 대중적인 글쓰기가 전문용어와 충돌할 때 그런 문제는 더욱 두드러진다.

나아가 지은이들이 밝힌 것처럼 라이벌 관계로 포착한 몇몇 인물들의 연결고리는 상당히 취약해 보인다. 다른 형식으로 묶을 수 있는 인물들은 그냥 두어도 좋을 듯하다. 앞으로도 이런 성격의 교양서적 출판은 분명 줄을 이을 것이다. 과거를 돌이키면서 앞날을 예비하려는 우리의 태도를 고취하고 인도할 풍요롭고 흥미로운 서책의 연이은 출간을 기원한다.

『고전문학사의 라이벌』, 시대와 불화한 천재들을 통해 본 고전문학사의 지평 | 정출헌·고미숙·조현설·김풍기 지음 | 한겨레출판 | 2006.

2. 시 읽기의 어려움

『김수영 평전』

평전과 시인을 생각하다

평전은 한 인물에 대한 객관적인 평가를 전제로 한다. '객관'에 전적인 신뢰를 보냄은 불가능하거나 무위한 일이지만, 그럼에도 주관에의 함몰 위험성으로부터 일정하게 거리 두고 있음은 자명한 이치다. 여기서 문제는 평전을 집필하는 이들의 대상화·역사화·일반화의 능력이자 대상을 향한 열망이다. 그러므로 훌륭한 평전에 대한 기대치는 평가되고 기술되는 인물에 내재된 가치 혹은 가치화의 가능성뿐 아니라, 평가와 서술의 주체인 필자의 능력과도 긴밀하게 연관되어 있다.

최하림 시인의 『김수영 평전』은 이번이 처음이 아니다. 이미 1981년에 초판을 낸 그는 20년의 시간적 상거를 두고 수정판을 준비하였다. 대학시절 다소 낯설었던 최 시인의 문학적 성과를 더러 향수하였던 나는 그도 수영도 모두 좋아하였던 탓에 이 책을 일독하였다. 이것은 20여 년 전에 『윤동주 평전』을 읽었던 기억과는 새삼 다른 감흥을 불러일으켰다. 거의 외길로 읽히는 동주와 뒤얽힌 실타래처럼 혼돈된 영혼과 성장 혹은 탈바꿈의 수영은 아주 많이 다른 시인들이기 때문일 것이다.

무엇이 돋보이는가 : 『김수영 평전』의 미덕

수영의 탄생에서부터 죽음에 이르는 대략 47-8년에 걸치는 시간대를 최하림은 두 갈래로 천착해 나간다. 인간의 길로 누구나 경험하는 일상의 수영과 시인으로서 약여한 면모를 체득해 나가는 문사로서 수영을 그는 촘촘한 씨줄과 날줄로 엮어나간다. 여기서 주목할 점은 최 시인이 수영의 긍정적인 면만을 보려고 노력하지 않는다는 사실이다. 인간적인 결함과 약점 혹은 한계까지도 들추어내는 철저함을 통하여 그는 수영의 내면과 그가 처한 사회적 환경 사이의 간극과 거기서 잉태되는 관계의 파탄 따위를 가감 없이 기술한다.

우리는 남한 민주주의 최초의 '전사적' 시인으로 수영을 자주 운위한다. 하지만 그것의 배양성분으로서 일제 강점기와 해방공간 및 6.25, 그 이후 50년대의 넌더리나는 과거사에서 허우적거렸던 수영의 실체 포착에는 둔감하거나 눈감아온 것이 사실이다. 하지만 최하림은 선배시인의 은폐하고 싶은 부분을 숨기지 아니하고, 오히려 그것을 부각함으로써 어떻게 수영이 절벽과도 같은 내외적인 한계를 극복하고 70년대 김지하와 80년대 김남주에게 이어지는 시적인 노선의 출발점을 성취하였는지를 명쾌하게 제시한다.

무엇보다도 나는 수영이 언급했던 예술창작의 자유에서 '이만하면'의 수사에 대한 절대적인 반대, 시의 형식과 내용의 관계와 우리 현실에 대한 그의 산문적인 직시, 불온성에 대한 현란하고도 놀라운 적시가 아프다.

“시를 쓰는 사람, 문학을 하는 사람의 처지에서 ‘이만하면’ 이란 말은 있을 수 없다. 적어도 언론자유에서는 ‘이만하면’ 이란 중간사(中間辭)는 도저히 있을 수 없다. 그들에게는 언론자유가 있느냐 없느냐의 둘 중의 하나가 있을 뿐, ‘이만하면 언론자유가 있다고’ 본다는 것은, 쉽게 말하면 그 자신이 시인도 문학자도 아니라는 말밖에는 아니 된다.” (413쪽)

“내용은 언제나 밖에다 대고 ‘너무나 많은 자유가 없다’는 말을 해야 한다. 그래야만 ‘너무나 많은 자유가 있다’는 형식을 정복할 수 있고, 그때야 비로소 하나의 작품이 간신히 성립된다. 시인의 스승은 현실이다. 나는 우리 현실이 시대에 뒤떨어진 것을 부끄럽고 안타깝게 생각하지만, 그보다도 더 안타깝고 부끄러운 것은, 이 뒤떨어진 현실을 직시하지 못하는 시인의 태도이다.” (393－396쪽)

“모든 전위문학은 불온(不穩)하다. 그리고 모든 살아있는 문화는 본질적으로 불온한 것이다. 그것은 두말할 것도 없이 문화의 본질이 꿈을 추구하는 것이고, 불가능을 추구하는 것이기 때문이다. 이러한 불온성은 예술과 문화의 원동력이 되는 것이고, 인류문화사와 예술사가 바로 이 불온의 수난사가 되는 것이다.” (404쪽)

수영의 지적은 당대의 시간과 공간을 넘어 오늘날의 우리들이 처한 사회·정치적인 상황에도 적용가능하기 때문이다. 물론 이것은 나와 우리의 무능과 게으름, 무관심의 결과이기도 하지만, 그의 예지가 도달하는 궁극점이기도 할 터이다. 나아가 『김수영 평전』의 여기저기에는 ‘모던한’ 그에게 짙게 깔려있는 ‘세계시민주의’에 기초한 ‘민족주의’의 면모 또한 어렵지 않게 포착된다.

시를 어떻게 마주할 것인가 : 수영의 가르침

오늘날 '시'를 읽지 않는, 혹은 읽지 '못하는' 젊은 세대에게 수영이 도달하기 어려운 경지에 있음은 자명하다. 그의 시 도처에 난무하는 형이상학적인 철학이나 언어의 수사 및 광범한 한자어의 사용이 원인들로 작용하겠지만, 무엇보다도 '시'나 문학이 아닌, 조야하고 단순한 산문적인 일상, 수동적이고 메마른 정서의 퇴행, 적극적이고 투쟁적인 행위가 아닌, 소극적이고 순응적인, 이른바 '전 지구적인 것'에 대한 맹목적인 적응과 순치가 그 근원일 터이다.

하지만 어찌 하겠는가? 김수영 시인이 사자후로 내뱉는 시를 창작하는 기본자세는 오늘의 우리에게까지 깊은 성찰과 숙고의 단서를 베풀어준다.

> "시작(詩作)은 '머리'로 하는 것이 아니고, '심장'으로 하는 것도 아니고, '몸'으로 하는 것이다. '온몸'으로 밀고 나가는 것이다. 정확하게 말하자면, 온몸으로 동시에 밀고 나가는 것이다. 그러면 온몸으로 동시에 무엇을 밀고 나가는가. 그러나 ― 나의 모호성을 용서해준다면 ― '무엇을'의 대답은 '동시에'의 안에 이미 포함되어 있다고 생각된다. 온몸으로 동시에 온몸을 밀고 나가는 것이 되고, 이 말은 곧 온몸으로 바로 온몸으로 밀고 나가는 것이 된다." (394쪽, 「詩여, 침을 뱉어라」 에서)

덧붙임

아침에 세수하다가 문득 옛날 일이 생각나 한 도막 추가한다. 대학 다닐 때 그의 산문집을 읽다가 이런 구절을 보았다. 맞춤법과 띄어쓰기, 한자 사용법 등에 무척이나 엄격하였던 수영이 어느 작가의 글을 읽고서 분기탱천하였는데, 문제는 그가 '미소 짓다'라는 말 대신에 '미소하다'라는 말을 썼기 때문이었다. 나는 읽다 말고 옷매무새를 가다듬었는데, 너무 관대하게 우리말을 쓰고 있지나 않은가, 하는 반성의 念이 방문한 탓이었다. 그런데, 유쾌한 일은 그 글이 끝나고 얼마 지나지 않은 새로운 글에서 수영이 '미소하였다'라는 표현을 천연덕스럽게 쓰고 있었다는 점이었다. 화를 내기는커녕 나는 흐뭇하게 '미소 지었던' 것이다. 지금도 더러 그때가 떠오르곤 하는데, 나는 아직도 나나 후학들의 우리말 글쓰기에 관대한 편은 되지 못한다. 이 또한 수영의 가르침 가운데 하나가 아닌가 한다.

『김수영 평전』 | 최하림 지음 | 실천문학사 | 2001.

3. 평전문화의 새로운 지평을 열다

『김시습 평전』

평전은 일반적으로 한 인물의 행적을 시간적인 순서를 밟아 추적해가면서 그의 면모를 개인적·사회적인 관계망에서 포착하여 기술하는 작업을 일컫는다. 그러므로 평전의 저자는 대상화되는 인물의 사소한 일화 하나까지도 소홀히 다룰 수 없으며, 어떤 커다란 사회적 외압이 있다 하더라도 그것을 극복할 수 있는 강력한 내공을 견지하고 있어야 한다.

이런 측면에서 살핀다면 남한 노동자들의 비참한 사회적 존재조건을 세상에 널리 알리고, 분신으로써 강력한 저항을 꾀하였던 전태일 열사의 일대기를 엮은 고 (故) 조영래 변호사의 『전태일 평전』이 매우 유의미한 저작으로 꼽힐 수 있겠다.

네 차례에 걸쳐 원고를 고쳐 썼다는 심경호 교수의 노작 『김시습 평전』은 지금까지 우리에게 익숙한 평전의 기본적인 이해와 일정한 거리를 두고 있다. 왜냐하면 저자는 김시습의 다기한 면모를 여러 각도에서 조명하고, 그것을 충실하게 서술하려는 태도를 일관되게 유지하고 있기 때문이다. 12쪽에 이르는 참고문헌과 60쪽에 이르는 미주, 14쪽에 이르는 인명 해설 등이 이런 사실을 뒷받침한다.

조숙한 천재소년으로, 불의한 정변에 저항한 기개 있는 선비로, 광기를 지닌 도학자이자 시승(詩僧)으로, 뜬구름처럼 조선 팔도를 부유하였던 방랑자로서 김시습은 알려져 왔다. 여기에 덧붙여 저자는 김시습의 다채로운 면모를 부연한다.

> "격식에 얽매이지 않은 자유로운 시를 짓고 글을 썼던 문인으로서, 유가 성리학과 정통 유가사관의 주제를 저술로 남긴 참여지향의 선동가로서, 불교의 철학적 사유를 유교의 이상과 연결하려고 고심한 철학자로서, 몸과 생명을 중시하여 수련도교를 실천한 혁신적인 사상가로서, 백성들의 고달픈 삶을 동정한 인도주의자로서, 국토산하의 아름다움과 그 속에 깃들여 있는 역사미를 발견한 여행가로서..." ('책머리에', 9쪽)

복잡다기한 면면을 소유한 자유사상가이자 편력자로서 김시습의 일대기를 추적하는 『김시습 평전』은 저자의 깊은 식견과 광범한 독서에 힘입어 여기저기에 흐뭇한 향취를 흩뿌리고 있다. 그런데 바로 이 점이 서책 『김시습 평전』의 유쾌한 일독을 방해하는 요인이기도 하다. 방대한 분량과 심오한 철학적 사유 및 고문의 활용이 야기하는 일정한 난삽함은 가벼이 서책을 든 독자들을 당혹스러운 경지로 인도하기 때문이다.

절충주의를 배격한 철학자로서 김시습의 학문하는 기본자세는 오늘날에도 본래의 면모와 의미를 약여하게 제시하고 있다고 하겠다.

> "김시습은 '궁리'(窮理)와 '수기'(修己)를 병행할 것을 주장하였다. 궁리에만 편중하면 주지주의에 빠져, 결국 번쇄한 지

식추구로 흐를 우려가 있다. 또 수기에만 치중하면 유교의 근본적인 학문태도인 박학을 소홀히 하여 공소한 관념에 빠질 수 있다." (490쪽)

이런 자세가 김시습을 '죽림칠현'과 일정한 거리를 두게 하였던 것으로 보인다. 성종 13년 무렵 남효온을 우두머리로 하여 홍유손, 이정은, 이총 등이 모여 결성한 죽림칠현과 교분을 가졌지만, 김시습은 그 무리에 속하지는 않았던 것이다. 세속적인 질서와 가치를 부정하고 자유로움을 추구하는 칠현에 공감하되, 노동하지 아니하는 방만한 자세를 경계한 노동하는 지식인 김시습의 풍모가 절실하게 드러나는 장면이 아닐 수 없다.

김시습은 '생육신'의 한 사람이기에 세간에서는 흔히 그를 '절의'의 인물로서만 생각한다. 그러나 저자는 이런 면모를 보다 다각적이고 입체적으로 접근한다. 예컨대 김시습과 정반대의 지점에 서 있던 절대 권력자 세조에 대한 그의 태도가 이것을 입증한다.

단종이 수양대군에게 양위하자 19세의 김시습은 중흥사에서 준비하던 과거공부를 그만두고 방랑의 길을 시작한다. 세조의 왕위찬탈은 왕도를 꿈꾸었던 젊은 유생 김시습에게 패도의 괴로움을 각인하고, 그는 삶의 끝머리까지 방랑의 나날을 영위하였다. 그 후 10년 세월이 흐른 1463년 가을에 김시습은『탕유호남록 宕遊湖南錄』후지(後志)에서 세조 치하의 태평성세를 기록한다.

"성상의 교화가 흡족하고 어진 은택이 흘러, 이 동해바다 구석에 사는 창생들이 번성하지 않음이 없게 되었다"고 하고, 또 국경에는 근심이 없고, 난리를 알리는 봉화도 멎었다. 이것은 성스런 왕조의 상서라 하겠다." (195쪽)

이런 측면은 이태 후에 있은 세조의 도첩하사와 결부하여 명확하게 다시 드러난다.

> "세조가 친히 계권(출가하여 수계한 자에게 관에서 급여한 도첩: 필자)을 적어 내려주자, "불법을 널리 반포하여 요임금 때와 같은 태평시절에 가깝고, 왕도정치의 강령을 넓히시어 순임금의 날을 펴셨네"라고 예찬하였다." (239쪽)

그럼에도 그는 정치세계와 단절한 채 은거하는 사람을 뜻하는 '일민(逸民)'으로 스스로를 자처하였으니, 세속과 공명에 물든 이나, 세상을 하나의 잣대로만 재고자 하는 이들에게 김시습의 행보는 이해하기 어려운 바 있다고 하겠다. 저자는 이런 모순에 찬 인간 김시습의 행장을 평전에서 낱낱이 현현해 보이는 것이다.

서책 『김시습 평전』의 제6부 '죽음'편에서 저자는 『파니니 산스크리트 문형』에서 취한 "누가 진실로 알고, 누가 여기서 그것을 선언할 수 있으랴"를 제사(題詞)의 첫머리로 삼고 있다. 이것은 러시아의 극작가 체호프가 "누가 진정한 진실을 알겠는가"고 일갈했던 대목과 동일한 맥락이다. 누가 김시습의 저 깊은 흉중을 올바르게 알 수 있겠는가!

『김시습 평전』은 느긋하고 넉넉한 자세로 독서해야 깊은 맛과 운치를 완상할 수 있다. 다만 고풍스러운 문체와 방대한 인용, 더러 반복되는 사실묘사로 번사한 노력을 요한다는 어려움이 있다. 이를테면 '예비적 고찰' 46쪽에서 등장하는 정창손과 김시습의 일화는 제4부 '현실참여의 의지와 좌절' 439쪽에서 반복되고 있으며, 이것은 승려 설준에 대한 서술에서도 동일하게 드러난다. (396쪽, 428쪽 참조).

그럼에도 『김시습 평전』은 우리 평전문화에 유용한 자양분과 방향성을 제시하는 노작이 아닐 수 없다. 국학과 동양학에 대한 세간의 관심이 점증되는 시점에서 집필되고 출간된 이런 종류의 서책이 보다 많은 독자와 조우하기를 간절한 마음으로 기대한다.

『김시습 평전』, 심경호 지음, 돌베개, 2003.

4. 그림으로 만나는 성서의 세계

『명화로 읽는 성서』

서책의 제목이 흥미롭다. 『명화로 읽는 성서』. 그림으로 책을 읽겠다고 하니 흥미롭지 아니한가! 우리는 책을 '읽는다'고 말하지만, 동시에 책을 '본다'고도 말한다. 특히 만화책을 읽는다고 말하는 사람들은 흔치 않다. 거기서 작업의 핵심은 '읽음'에 있지 아니하고, 봄에 '있음'이 까닭이다. 그런데 저자는 서양그림을 보면서, 성서를 읽겠다고 말하고 있는 것이다.

본시 유럽의 그림은 문자생활의 연장선 위에서 이해해야 한다. 유럽의 화가와 그림 주문자들은 그림을 단순한 감상의 차원에서 수용하지 않고, 그것을 넘어 의사소통의 일부로 받아들였던 것이다. 이것은 그림을 그림 자체로 이해하였던 동양의 전통과는 사뭇 다른 맥락이다.

동양의 문인화 가운데는 제사 등을 통하여 그림의 본뜻을 적나라하게 드러내려는 시도를 하기도 했다. 예컨대 추사의 『세한도』 같은 그림이 대표적이다. 반면에 오원 같은 이는 문자 속을 배제한 그림을 주장하면서 문인화 전통에 강력한 반기를 들었던 것으로 알려져 있다.

그러므로 영화 『취화선』에서 도올 김용옥의 말을 빌려서 "그림이 그림이면 됐지, 무슨 글을 써넣는다는 말인가?" 하고 일갈했던 오원 (吾圓) 장승업의 완당 (玩堂) 김정희와 그를 흠모한 사대부들에 대한 불만은 충분히 근거가 있는 셈이다.

여러분은 '세한도 歲寒圖'를 기억하시는가? 마른 소나무 한편에 옛집이 고졸하게 서 있는 그림! '세한연후지송백지후조' (歲寒然後知松柏之後凋) 라는 글귀가 그림 속에 선명하게 자리하고 있다. '한겨울이 되어서야 비로소 소나무와 잣나무의 푸르름을 안다'는 의미로 선비의 지조 높음을 기리는 문장이다. 문장의 출처는 공자의 『논어』 '자한 自罕' 편이다.

20세기 이후 이른바 현대미술이 등장하기 전까지 유럽인들의 그림은 대개 두 가지 소재를 활용하였으니, 그 하나가 그리스·로마신화요, 그 둘이 성서다. 그러므로 인상주의가 등장하기 전까지 서양그림을 제대로 이해하는데 열쇠로 기능했던 것이 신화와 성서였던 것이다. 오늘날 대한민국에서 서양화는 대개 인상주의 이후의 그림만을 일컫고 있는데, 이것은 서양미술사 대부분을 망각한 결과에서 기인한다.

서책 『명화로 읽는 성서』의 저자는 '책머리에 부치는 말'에서 자신이 가톨릭 신자임을 밝히고 있다. 그리고 그것은 '잔혹한 살해현장에 들이비치는 계시의 빛' 장에서 명확하게 드러난다. 이 장의 부제는 카라바조의 '적장의 목을 베는 유디트'이다. 이스라엘을 풍전등화의 위기에서 구해낸 아리따운 과부 유디트에 대한 이야기는 개신교 성경에는 등장하지 않기 때문이다. 개신교에서 그 이야기는 단지 '외경'으로 전해오고 있을 따름이다.

바빌로니아의 느부갓네살 왕은 군사령관 홀로페르네스를

시켜 주변 약소국들을 병합해 나간다. 적과의 일전을 준비하던 이스라엘의 구원자로 나타난 여인이 유디트다. 술로 홀로페르네스를 취하게 하고, 하느님에게 기도한 다음 그녀는 적장의 칼로 그의 목을 베어낸 것이다. (이 장면에서 의기 논개를 떠올리는 사람이 있다면, 그대여 축복 받을지어다!)

그림을 들여다보면 유디트는 홀로페르네스의 머리털을 움켜쥔 채 이맛살을 찌푸리고서 목을 잘라내고 있다. 아마 빛의 머리털에 높고 하얀 이마를 가졌으며, 풍만한 가슴을 정결한 흰옷으로 곱게 싸맨 젊은 여인 유디트의 팽팽한 긴장감이 그림 밖으로 쏟아져 나올 듯하다. 그녀의 입술과 콧잔등, 그리고 귀에 서려있는 붉은 빛이 그녀의 집중된 눈길과 어울려 보는 이로 하여금 잠시도 눈을 떼지 못하도록 한다.

매부리코에 주름진 이마, 튀어나올 듯 보이는 눈동자가 지나치게 작아 요사한 분위기를 뿜어내는 유디트의 나이든 여종은 홀로페르네스의 목을 담아 갈 천을 들고 있는데, 그녀 또한 끝까지 당겨진 활시위처럼 팽팽한 모습이다. 노파의 짙은 황갈색 피부와 유디트의 하얀 살결이 조화로운 대조를 이루며 하느님이 보내는 계시의 붉은빛과 조응하고 있다.

목이 반쯤 잘려 나갔음에도 여전히 살아있는 홀로페르네스는 고통으로 일그러진 채 부릅뜬 두 눈으로 유디트를 올려다보고 있다. 경련을 일으키면서 움켜쥔 왼손주먹과 단단히 뭉쳐 있는 근육질의 팔은 그가 지금 단말마의 아픔과 공포를 온몸으로 경험하고 있음을 웅변적으로 입증한다. 그의 목에서 쏟아져 나오는 선혈은 실타래처럼 풀어져 흘러내리고, 종당에는 그의 침상 전체를 덮어버릴 것처럼 보인다. 그 핏빛과 장막의 붉은빛이 서로 화합하지만, 그것은 이미 죽음의 빛으로 변해가고 있다.

엷은 갈색치마를 입은 유디트는 터질듯한 젊음과 아름다

움, 그리고 고아한 기품을 잃지 않고서 육신과 얼굴, 옷, 그 어느 한 곳에도 홀로페르네스의 피를 묻히고 있지 않다. 그녀 오른편 위에 드리워진 붉은 장막은 생생하게 살아있는 빛을 발함으로써 하느님이 그녀 편에 있음을 암시한다.

서책『명화로 읽는 성서』는 이런 방식을 통하여 이탈리아 르네상스 시대로부터 시작하여 현대의 종교미술에 이르는 긴 시간대를 보여준다. 물론 저자의 많은 관심은 마사초나 기베르티, 미켈란젤로, 다빈치 등과 같은 르네상스의 거장들과 그들의 창조에 바쳐져 있다.

> "성화에 관한 한 르네상스 시대의 자료가 많을 뿐더러, 흥미로운 이야깃거리도 많았기에 이탈리아 르네상스 작가들이 많은 비중을 차지하게 되었다." ('책머리에 부치는 말' 중에서)

그러나 스페인의 화가 엘 그레코나 네덜란드의 렘브란트나 보쉬 등에 대해서도 저자는 적지 않은 관심을 표명한다. 나는 특히 1920년대 유럽을 풍미했던 초현실주의를 선행한 것처럼 보이는 히에로니무스 보쉬(1450-1516)에게 눈길이 많이 갔다. 범상한 인간의 시선과 사유 및 재현능력으로는 도저히 범접하기 어려운 그의 재능과 상상력에 고개가 절로 흔들리는 것이었다.

『명화로 읽는 성서』는 단일한 주제를 취하되, 매시기의 대가들이 어떻게 그들의 사회, 역사, 종교 및 관습을 대했는지, 그리고 어떤 혁신과 전통을 매개하면서 오늘날까지 나름의 고유함과 독창성을 유지할 수 있었는지를 선명하되 자상하게 일러준다. 일반회화에서 판화, 조각에까지 이르는 여러 종류의 미술형식을 통하여 독자를 과거와 현재, 성과 속의 세계로 초대하는 아름다운 책이『명화로 읽는 성서』다.

물론 다소의 아쉬움도 남는다. 현대의 종교미술이 처하고 있는 어려움은 십분 이해되고도 남지만, 겨우 두 개의 장으로 처리되는 100여 년의 시간대가 너무 허전한 탓일 것이다. 오늘의 종교미술과 교회의 관계가 세속화로 치닫는 종교일반에 대한 성찰과 거기서 연원하는 치열한 자기성찰과 만나지 아니하고, 단순한 서술과 바람으로 국한되어 있음 또한 안타까운 일이다.

하지만 기독교 신자가 아닌 내가 유쾌하게 읽을 만큼 재미있고 즐거운 서책『명화로 읽는 성서』의 세계로 여러분도 한번 들어가 보는 일은 어떨까, 그런 생각을 한다. 혹시 운이 좋다면 불교미술이나 무슬림 미술과 관련된 서책들과도 만날 수 있으면 한다.

『명화로 읽는 성서』, 성과 속을 넘나든 화가들 | 고종희 지음 | 한길아트 | 2001.

5. 별을 헤아리던 시절의 상실에 대하여

『몽고반점』

김동인의 낭만적인 단편소설 『배따라기』에서 우리는 오해에서 비롯된 등장인물들의 가혹한 운명과 대면한다. 젊고 아름다우며 쾌활한 아내와 잘 생긴 아우 사이를 의심하는 주인공의 시샘 어린 시선. (『오셀로』를 떠올려도 좋다.) 그들의 헝클어진 옷매수매를 빌미로 등을 떠밀어 집에서 쫓아낸 주인공의 경솔함이 불러온 아내의 죽음과 장기간에 걸친 동생의 실종. 아주 우연한 만남과 다시 찾아올 것인지를 알 수 없는 해후의 가능성.

아름다운 이름자를 가진 작가 한강의 소설 『몽고반점』에서 형수와 시동생 관계는 처제와 형부 관계로 전이한다. 『배따라기』에서 주인공인 형은 자신의 과오를 씻고자 평생을 '영유 배따라기'를 부르며 아우를 찾아다니는 비극적인 운명을 지고 다닌다. 한순간의 오해로 빚어진 돌이킬 수 없는 상황에 대한 회한과 속죄의 염은 참으로 깊고도 깊은 것이었다.

이제 80여년의 세월이 흐르고 흘러 『몽고반점』의 주인공은 처제의 육신에 대한 그리움으로 몸을 떨고 자위하는 지경에까지 이른다. 포르노그라피에 가까운 촬영 작업을 하면서 자신의 육신을 돌아보는 주인공의 반성적인 자아가 드러나기도 하지만, 그것은 중년남성의 건조한 일상과 필연적으로 공존하는 혐오스러움이기도 하다.

듬성듬성 빠진 머리털과 불거져 나온 뱃살과 무너진 몸매. 몇 달 동안 거른 아내와의 육체관계. 손에 잡히지 않는 반복적인 노동과 결실 없음, 그리고 무너져버린 미래. 여기서 그를 어떤 강렬한 출구로 몰고 가는 것이 처제의 '몽고반점'이다. 서른이 넘도록 처제의 몸에 붙박이로 남아있다는 몽고반점에 대한 열망으로 그의 '남성성'은 불현듯 살아나는 것이다.

우리에게 '살'은, 육체는 무엇인가. 거기에 더하여 우리에게 '영 靈'은, 정신은 또 무엇인가. 소설 『몽고반점』에서 한강은 이 문제를 '가볍게' 제기한다. 두 가지 문제가 여기서 해결 가능하다. 하나는 강조된 어휘 '가볍게'가 무엇을 의미하는지이며, 그 둘은 '제기'의 차원과 해결의 차원에 대한 사유의 궁극적인 목표지점이다.

자극과 감동과 쾌락이 결석한 무의미한 삶을 이끌고 가는 주인공의 완전히 말라버린 일상. 그런 일상의 건조함을 더욱 건조시키는 아내의 헌신적이며 흐트러짐 없는 자세. 그것과는 전혀 대조적인 양상으로 다가서는 처제의 강력한 자의식과 도발성. 거기에 덧붙여지는 원시적인 자연 상태로서의 '몽고반점'. 망각된 과거를 환하게 밝혀내는 몽고반점을 향한 주인공의 억제할 수 없는 그리움.

소설 『몽고반점』은 주인공의 이런 강렬한 지향을 해석하면서 저 바닥 모를 심연으로 침전하지도 않거니와 끝없는 나락으로 추락하는 무거운 추를 휴대하고 있지도 않다. 여기서 작가는 그다지 자상하지 않다. 특히 처제의 내면을 그려내고 제시하는 장면들에서 소설가 한강은 지극히 인색하다. 우리는 처제의 깊은 고독이나 우울 혹은 불길과도 같은 정념의 시원을 알지 못한다.

억제할 수 없는 충동으로 그녀를 향하여 다가가는 주인공의 심리나 내면의 동요 역시 꼼꼼한 세밀화풍의 붓질과는 사뭇 먼 거리를 유지한다. 한강은 그저 냉정한 구경꾼 마냥 주인공의 행위와 심리적 정황을 담담하게 기술할 따름이다. 그리고 여기서 작가는 무거움이나 진지함보다는 오늘날 인구에 자주 회자하는 '쿨한' 자세를 시종 견지하고 있다.

이렇듯 가볍고 상큼하게 제기된 문제는 일시적인 오해와 우연의 병발로 종결되는 것이 아니라, 처제의 살과 형부의 육신이 하나로 뒤섞임으로써 매우 현대적인 양상을 획득한다. 거기에 추가되는 것은 두 사람의 적나라한 육신과 향연의 면면을 주인공의 아내가 목도한다는 점이다. 나신과 나신의 대면장면을 캠코더로 확인한 아내의 표정이 당신에게는 어떻게 떠오르는가.

'몽고반점'으로 표현되는 주인공의 유일한 출구가 최후의 비상구였는지, 그것이 아니라면 적어도 비상계단과 연결되어 있는지를 묻는 것은 소설 『몽고반점』의 마지막 장면을 무화하는 일이다. 설령 아무런 비상구도 비상계단도 애시 당초 없었다 해도 주인공은 출구로 향하는 외길을 순순히 따라갔을 것이다. 숨통을 조여 오는 현실과 먹빛의 미래는 결국 동일선상에 위치하고 있을 것이기 때문이다.

그렇다고 해도 종국에까지 남는 문제가 있다. 처제와 주인공의 '영'과 정신은 그런 행위를 통하여 구원되었는가, 혹은 구원 가능할 것인가의 문제다. 작가가 이 문제를 어떻게 생각하고 있는지, 나에게는 그저 막연한 이미지로만 다가온다. 어차피 출구가 없다면 막힌 출구 쪽으로라도 결사적으로 다가서야 하지 않겠는가, 하고 주인공은 고래고래 외치고 있었던 것이 아닐까!

한편의 소설로 우리시대를 온전하게 독서하는 일은 이제 거의 불가능에 가깝다. 하지만 한 마리 제비가 더러는 봄을 알리기도 하는 법. 만일 내가 소설 『몽고반점』에서 시대의 질적인 변화를 읽었다면 지나친 비약일까. 그럴지도 모르겠다. 하지만 마지막 금기마저 '가볍게' 파기해 나가는 우리시대의 도도한 흐름을 어찌 하겠는가. 그저 들여다 볼 밖에.

언젠가 게오르크 루카치는 『소설의 이론』에서 "나그네들이 별을 헤아리며 그 별을 안내등불 삼아 밤길을 갔던" 기막히게 아름다웠던 시절의 향수를 노래한 적이 있었다. 김동인은 그 별을 아끼는 마음으로 옹졸한 주인공을 '영유 배따라기'를 부르는 떠돌이 가객으로 그려냈다. 하지만 이제 한강은 하늘의 별을 따다가 인간의 지상적인 욕망의 소비재로 치환해 버렸다. 휴대전화 한 통 걸듯이.

아름다움을 그저 아름다움으로 향수하는 시간대가 마침내 21세기의 우리시대 초두를 끝으로 영원히 먼 길로 떠나버렸다. 이제 우리는 가슴 한 켠에는 별을 헤아렸던 어린 시절의 추억을, 다른 한 켠에는 그 별을 우리의 침상으로 인도하여 공존하는 비법을 스스로 터득하지 않으면 안 되는 그런 시간대와 맹렬하게 조우하고 있는 것이다. 떠나버린 모든 것들에 가볍게 손을 흔들고서.

여러분의 건승과 승리의 자축을 기원하며...

2005년 제29회 이상 문학상 작품집, 대상수상작 『몽고반점』 외 | 문학사상사 | 2005.

6. 그 자유로운 상상력에 대하여

『반지의 제왕 1–5』

제이 알 톨킨이 수년간의 노력을 들여 썼다는 가상 역사소설『반지의 제왕』은 우리에게 시사하는 바가 크다. 상업주의에 현혹되어 있는 영화 비평가나 문학 평론가들은 영화로 제작되어 성공을 거둔 이 작품이 그 여파로 책방에서도 잘 팔리는 서적들의 대열에 합류했음을 누누이 강조한다.

언론매체들은 앞을 다투어 그것이 바로 문화의 힘이라느니, 무슨 콘텐츠니, 문화상품이니 하고 목청껏 떠들어댄다. 21세기를 문화의 세기라고 주장하면서, 문화영역에서까지 숨김없이 장삿속을 드러내는 양태는 그다지 아름다워 보이지 않는다. 제우스의 사자이자 상업의 신 헤르메스조차 눈살을 찌푸릴 정도의 열등한 상혼이 아닐 수 없다.

서구문학의 관점에서 본다면 톨킨의『반지의 제왕』은 그다지 새로운 작품이 아니다. 우선 호메로스의 장편 서사시『오디세이아』에서 빌려온 문제발생·목표설정·난관극복·귀환의 기본적인 서사구조가 그렇고, 작품의 줄거리가 선과 악의 대결구도에 기초하고 있으되, 전자가 궁극적인 승리를 얻는다는 결론은 이미 지나치게 진부하기 때문이다.

수많은 영웅들과 요정, 반인족(伴人族) 및 동식물의 신들이나 괴물들의 형상은 그리스·로마 신화를 비롯한 유럽의 여러 신화들과 민간전승 및 전설들의 차용이거나 변용에 다름 아니다. 예컨대 '테세우스 영웅담'이나 '이아손 원정대' 이야기, 혹은 북유럽의 '오딘 신화'와의 친연성(親緣性)을 본보기로 들 수 있겠다. 그럼에도 불구하고 우리가 소설 『반지의 제왕』에 쉽게 매료되는 까닭은 무엇일까?

『반지의 제왕』은 요즘 젊은이들이 열광적으로 탐닉하는 일반적인 '판타지 소설'과는 그 궤를 달리 한다. 영문학 교수직을 역임한 지은이는 그런 소설들에 고유한 지나친 비약과 무사실성과 억측 및 과장 따위와 치열하게 싸운다. 그는 끊임없이 독자에게 사건의 시간적 경과와 등장인물들의 공간이동에 대하여, 또한 그들이 처한 사회적·역사적·자연적 환경과 상황들과 심리적인 상태까지도 상세하게 제시한다.

작가는 설명이나 제시가 미흡하다고 생각되는 부분들은 부록을 통하여 독자의 이해를 증진시킨다. 그가 구사하는 다양한 문체와 장중한 스타일, 자연과 심리묘사 기법은 하나의 흠결 없는 성취에 도달하고 있다. 그리하여 마침내 우리는 『반지의 제왕』이 요즘 청소년들 사이에서 유행하는 판타지 소설 작가들의 마구잡이식의 허구와 독자들의 무한대한 관용에 전혀 의지하고 있지 않음을 확신하게 되는 것이다.

그럼에도 불구하고 소설 『반지의 제왕』에 내재된 가장 큰 미덕은 자유로운 상상력이다. 상상력의 출발점은 개인적·사회적 제약의 굴레와 억압으로부터의 자유로움이다. 우리나라의 부모 자식관계와 같은 아주 근본적인 억압관계나 '국가보안법' 같은 이념적인 압제로부터, 남과 북의 분단 상황에 기초하여 기승을 부리는 보수적인 시각과 관점으로부터 일탈하여 자유로운 시간과 공간에 출발점을 두고 있는 끝 모르는 상상력이 의미심장하다는 것이다.

그런 무한한 상상력의 원천으로부터 소설 『반지의 제왕』은 생산되었다. 톨킨이 작품 창조에 착수한 것은 1950년대 초반으로 알려져 있다. 그 시절은 제2차 세계대전의 상흔이 전 유럽을 휩쓸고 있었으며, 대서양 건너편의 신흥 강대국 미국에서는 이른바 '매카시 선풍'으로 진보적인 좌파 지식인들과 노조 지도자들이 혹독한 시련을 겪던 시기였다. 그런 상처와 고통의 시기에 그는 불안하고 안타까운 현재의 시공간을 찢어버리고 전혀 다른 상상의 세계로 날아간 것이다.

현대일본을 대표하는 『바람계곡의 나우시카』, 『모노노케히메』, 『센과 치히로의 행방불명』과 같은 일련의 장편 애니메이션 영화에서 '자연친화'와 '생태문제'를 줄기차게 주장하고 실현한 영화작가 미야자키 하야오보다 훨씬 앞서서 인간과 자연의 평화로운 공존과 공생을 자연스레 설파한 톨킨의 시선에서 넉넉함과 유현함을 향수할 수 있는 오늘날의 독자와 관객은 얼마나 행복한가!

우리의 문학과 예술, 즉 영화나 연극 그리고 소설에는 무엇보다도 풍요로운 상상력의 부재나 빈곤이 지배적이다. '이야기를 좋아하면 가난하게 산다'는 민간속설이 지배하며, 행정관청 주도의 국가정책과 그것의 실현에서 야기되는 국가지상주의, 그리고 사·농·공·상으로 이어지는 인간의 계급적인 서열화가 우리사회의 상상력 부재를 촉발한 것으로 생각된다.

어디 여기에 멈출 수 있겠는가. 조선왕조 시대 선비들의 거의 모든 독서와 사유의 종국적인 귀착점은 벼슬살이, 즉 과거급제로 모아졌으며, 그것은 오늘날 우리 대학가를 휩쓸고 있는 이른바 '고시열풍'과 전혀 동일한 맥락에 자리하고 있다. 이것이 현실지상주의, 문학과 예술에서 풍미하고 있는 '건조한' 사실주의 고착화와 무관하지 않은 것이다.

바야흐로 21세기 다양성의 시대, 문화의 시대, 자유로운 사유와 상상력의 시대에 우리는 저 견고한 "땅바닥 사실주의"로부터 (눈앞의 현실과 오늘만을 고집하고, 거기에 함몰되어 있는 우리문학과 예술의 치열한 현재주의를 비판하는 의미에서 나는 "땅바닥 사실주의"라 부른다) 드높이 날아오르지 않으면 안 된다. 이 점이 소설 『반지의 제왕』이 우리에게 선물하는 중요한 전갈일 것이다.

『반지의 제왕』 (1–6) | J. R. 톨킨 지음, 한기찬 옮김 | 황금가지 | 2002.

7. 20대 몽상가를 후려갈긴 쇠도리깨

『변혁기 러시아의 리얼리즘 문학』

지난 세기 80년대는 희망과 좌절을 동시에 안겨준 두 얼굴의 시간대였다. 폭력이 폭력을 낳아 기르고, 증오가 또 다른 증오를 잉태하여 성장시키는 처절을 극한 시기였다. 하지만 절망이 있는 곳에는 언제나 희망도 같이 자라난다. 희망이 담긴 판도라의 상자는 예나 지금이나, 동방이나 서방이나 오아시스의 신기루처럼 인간들 곁에 자리하고 있지 아니한가.

시절이 아무리 하수상하여도 먹물이 먹물임은 과거를 응시하면서 미래를 준비하는데 있을 터. 후배들은 비 온 뒤 대나무 어린 싹처럼 무서운 속도로 자라나고, 선배들은 저 먼 곳을 응시하며 푸른 하늘로 날아오르는데, 정지선에 멈추어 꼼짝도 하지 않는 자아를 들여다보는 것처럼 진한 아픔이 서리던 때 있었다. 출구가 좀처럼 보이지 않았던 그 시절.

“장강의 뒷 물결이 장강의 앞 물결을 친다”고 선배들에게 호언장담 했으되, 그것을 채울 하등의 내용이 없을 때, “다 잘

될 거야"라고 후배들을 위로하면서도, 비비고 기댈 언덕조차 없음을 한겨울 냉기처럼 선연하게 느끼고 있을 때, 홀연히 한 권의 서책이 나를 찾았다. 게오르크 루카치의『변혁기 러시아의 리얼리즘 문학』이 그것이다.

1980년대 초반 대한민국 전역에서 러시아 어문학을 전공할 수 있는 곳은 외국어대학, 고려대학, 서울대학 세 곳밖에 없었다. 그 시절에 러시아 문학을 전공하는 학생들은 전문적인 서적은 고사하고, 제대로 된 문법책이나 문학서적도 구하기 힘들었다. 노한사전조차 없어서 옥스퍼드 대학에서 출간한 노영사전이나, 노일사전 혹은 노독사전을 쓰고 있던 형편이었다.

이런 연유로 러시아 어문학 전공자들의 학문적이며 지적인 수준은 다른 어문학 분야 학생들과 비교하여 현저하게 뒤떨어질 수밖에 없었다. 짧아도 30-40년 이상의 연륜을 가지고 있던 불문학이나 독문학, 100여년 가까운 전통을 대내외적으로 과시하고 있던 영문학과 비교할 때, 러시아 문학의 역사적인 일천함은 형언하기 어려운 지경이었다.

국가보안법과 안전기획부, 그리고 반공 이데올로기로 무장된 대학교수들은 이런 상황을 더욱 악화시켰다. 박정희 정권 말기에 러시아사 전공자 이인호씨가 김포공항을 통해 입국하다가 중앙정보부 요원들에게 노영사전을 압수당한 일은 우리들 사이에서는 잘 알려진 희화적인 신화였다. 이유? 적성국가의 말이 담긴 사전이니까! 빨갱이들의 총본산인 소련 말이 담긴 책이니까! 이런 일이 불과 30년 전에 일어났다면 그대들은 곧이 듣겠는가!

그런 세월을 살아야했던 나에게 후배가 권한 서책이 루카치의『변혁기 러시아의 리얼리즘 문학』이었다. 1980년대 루카치는 도이칠란트의 혁명적인 극작가이자 연출가이며 소설가이자 시인이었던 베르톨트 브레히트와 함께 대한민국의 근본적인 사회·정치적 변혁을 꿈꾸었던 열렬 문학도들의 지침이자 등대였다. 한 채의 완전한 연극 건축물인 브레히트는 루카치와 벌인 '표현주의 논쟁'으로 우리를 열광시키면서 '새 술은 새 부대에'라는 경구의 의미를 뼛속 깊이 새겨주었다.

반면에 루카치는 논리정연하고 박학다식한 이론가였으되, 이오시프 스탈린의 보호 우산 아래 저작활동을 진행함으로써 '궁정 비평가 Hofkritiker'라는 불명예를 가지고 있었다. 그러나 『변혁기 러시아의 리얼리즘 문학』과 마주선 나는 이내 전율하고 말았다. 너무도 명쾌하고 확고한 그의 관점과 입장, 다양한 시각으로 원전과 작가들을 자유자재로 다루는 놀라운 기량, 전체구조와 미세부분까지를 포괄하는 완벽함으로 루카치는 시종일관 나를 압도해 버렸던 것이다.

특히 제I부 제3장 '러시아의 혁명적 민주주의 문학의 세계적인 의미'는 러시아 문학의 천착과 동시대 대한민국 사회의 변혁에 대한 열망으로 들끓고 있던 나에게는 거센 폭풍우와 우뢰비와 같은 것이었다. 관념과 현실 사이의 좀처럼 좁혀지지 않는 거리, 스스로의 재능과 역량의 한계로 인한 절망감, 습관적으로 좌절과 열패감에 사로잡히던 전반적인 사회분위기와 정반대 지점에서 『변혁기 러시아의 리얼리즘 문학』의 루카치는 잊을 수 없는 대갈일성을 포효하고 있었다.

19세기 중반 러시아 문학의 이정표를 건립하였던 벨린스키, 체르느이셰프스키, 도브롤류보프와 같은 혁명적 민주주의 비평가들의 작업에서 민중해방과 사회발전의 동력을 포착한 루카치는 그들의 입장에서 혁명과 변혁을 향한 보편주의 관점을 언급한다.

> "그들의 관점에서 볼 때 혁명은 가장 방대한 경제적 토대로부터 최고도의 이데올로기 형식들에 이르기까지 인간생활의

모든 외화(外化) 형식들을 근본적으로 변혁하는 것을 뜻한다. 그러므로 이런 관점에서 본다면, 문학은 철학이나 정치 자체와 마찬가지로 결코 자기 목적적인 것이 될 수는 없었다." (98쪽)

혁명에서 모든 인간관계의 근본적인 변혁을 독서하였던 민주주의 비평가들은 심미적 비평가들의 '예술을 위한 예술'의 관점에 격렬하게 반대하였다. 그들의 미적 기준은 생활 자체였으며, 그들이 보기에 예술은 반드시 삶으로부터 생장해 나와야했다. 그러므로 예술적 완성의 진정한 척도는 삶을 얼마나 진실하고 깊이 있게 재현할 수 있는가에 달려있다고 그들은 생각했던 것이다.

이런 관점에서 출발하면서 러시아의 혁명적 민주주의 비평가들은 작가의 고유한 영혼이나 전기적인 특수성으로 작품을 해석하고자 하는 심리주의적인 문학이론에 반기를 들었다. 그들이 주안점을 둔 것은 작가의 주관주의나 그것에 입각한 작가의 의지가 아니라, 작가가 종국에 표현한 것이 무엇이었느냐의 문제였다.

벨린스키가 벌였던 일련의 비평작업 의의를 설명하면서 루카치는 알렉산드르 푸쉬킨의 『예브게니 오네긴』에 내재된 백과전서적인 의미, 니콜라이 고골의 『감사관』에서 포착되는 폭로와 풍자를 지적한다. 이런 연장선상에서 루카치는 체르느이셰프스키와 도브롤류보프의 1850-60년대 비평의 역사적 의의를 확인한다.

"한 작가나 작품의 가치는 그들이 얼마나 시대나 민족의 진정한 지향을 표현해낼 수 있느냐에 따라 측정된다"는 도브롤류보프의 견해에 의지하면서 루카치는 20세기 중반 현대문학과 비평의 결함과 한계를 명징하게 지적한다.

"오늘날 현대문학, 특히 문학비평의 경우 이것들이 매우 빈약하여 풍부한 결실을 거두지 못하는 이유를 살펴보면, 그것은 현대문학이 문학 자체의 가장 중요한 예술적 근거라 할 수 있는 생활과의 연관, 생활로부터의 생장, 그리고 생활로의 귀환에 대하여 철저하게 무시하고 있다는 점에 기인한다." (102쪽)

당대적인 삶과 사회로부터 유리된 채 끝없이 표류하는 현대문학과 비평에 일침을 가하면서 루카치는 폐허의 출구모색 출발점으로 19세기 러시아 민주주의 비평가들의 입장과 관점을 제시하였던 것이다. 이 점에서 그는 '새 술을 낡은 부대에 담고자' 하는 다소 전도된 관점을 피력하고 있다. 하지만 하나의 방법론이자 세계관으로서 그가 제시하는 해답에도 일정한 가능성은 내포되어 있다는 것이 나의 생각이다.

더러는 지치고 더러는 끝 모를 절망에 허우적거리던 20대 중반의 유약한 문학도였던 나는 온실 속의 화초처럼 나약하고 창백하였다. 그런 백면서생에게 『변혁기 러시아의 리얼리즘 문학』은 생활과 긴밀하게 연관된 문학과 문학비평의 의미를 깊이 새기도록 인도하면서, 그때까지 살아온 나의 온 존재와 개인사를 전면적으로, 루카치 식으로 표현한다면, 총체적으로 성찰하는 계기를 선사하였던 것이다.

이제 새삼 그 시절을 돌이켜본다. 그때 나는 우울했으되, 얼마나 아름다웠던가. 얼마나 크고 너른 꿈으로 세상과 우주를 향하여, 혹은 '어린 왕자'의 작은 별나라로 날아갔다 오기를 반복했던가! 모든 사람들이 자유와 평등과 형제애로 서로를 보듬고 앞으로 나아가기를 얼마나 깊이 희구했던가. 모든 파탄 나버린 관계들의 복원과 재가동을 통하여 인간해방과 노동해방이 성취되기를 얼마나 간절히 열망하였던가.

너무도 멀리 사라져버린 꿈과 그것의 실현 불가능성에 대한 인식 때문에 나는 이제 아름답지만 뼈아픈 시를 쓰고, 논문을 쓰고, 영화평을 고민하고, 서평을 쓰다가 새벽별과 새벽하늘을 만난다. 지금은 작별한 루카치지만, 20대의 들끓었던 머리와 터질 듯하던 가슴을 쇠도리깨로 내려쳤던 이국의 비평가와 그의 저작을 나는 지금도 선연하게 기억하고 있다.

덧붙임

1. 오늘날 대한민국 문학, 특히 서사문학의 빈곤함, 즉 역사적·철학적 거대담론의 완전한 실종, 허접한 일상사와 무의미한 사랑에의 탐닉과 같은 미시담론의 보편적인 득세와 기승의 저변에는 루카치가 지적한 생활과의 격리와 거리두기가 자리하고 있다. 상업주의와 허명, 그리고 문화권력과 너무나도 손쉽게 제휴하면서 작가들은 존립근거를 스스로 파들어 가고 있다. 무서운 일이 아닐 수 없다.
문학비평가 임헌영씨가 1978년에 일갈하였던 '문학의 시대는 갔는가'의 명제가 오늘날 다시 반복됨은 우울하고도 슬프며 부끄러운 일이 아닐 수 없다.

2. 『변혁기 러시아의 리얼리즘 문학』의 원제는 『세계문학 속의 러시아 문학 *Der russische Literatur in der Weltliteratur*』(1964)이다. 그런데 도서출판 '동녘'이 역자 조정환씨와 상의한 끝에 1980년대 한국의 사회·정치적인 상황에 적절한 제목으로 바꾼 것이다. 문학을 한 사회를 변혁하는 동력으로 파악한 1980년대가 영원한 역사적 과거로 사라질 것인지, 아니면 새로운 형식과 내용으로 21세기에 부활할 것인지, 그것은 우리의 과제로 남아있다.

3. 러시아 문학에 관심이 많은 독자라면 이 서책을 반드시 일독했으면 한다. 19세기 20년대 푸쉬킨 이후에야 비로소 국민문학을 가지게 된 러시아의 대표적인 시인과 소설가 및 극작가들의 문학세계 전반에 대한 루카치의 명쾌하고도 통렬한 분석과 해석이 종횡무진

펼쳐져 있기 때문이다. (푸쉬킨, 고골, 도스토예프스키, 톨스토이, 고리키, 숄로호프 등등).

특히 우리에게도 친숙한 고리키와 숄로호프 같은 소련의 대표적인 작가들에 대한 언급도 상당히 의미 있다. 전면적인 수용은 불가하지만, 루카치의 해석지평에는 분명히 매력적이고 끌리는 그 무엇이 아직도 존재한다. 19세기 고전대가들을 '비판적 사실주의'로, 20세기의 소비에트 작가들을 '사회주의적 사실주의'로 재단하면서 루카치는 양자를 '위대한 사실주의' 개념으로 묶어서 사유하고자 시도한다.

『변혁기 러시아의 리얼리즘 문학』 | 루카치 지음, 조정환 옮김 | 동녘 | 1986.

8. 일상의 작은 것을 통해 바라보는 세상

『인연』

아주 오래 전 중학생이었던 형의 국어 교과서에 실려 있던 피천득 선생의 글 '나의 사랑하는 생활'을 읽었을 때, 선생의 딸 서영을 한 번 만나봤으면, 하고 생각한 적이 있다. 딸을 바라보는 선생의 따뜻한 시선과 그녀를 아끼는 마음, 그리고 딸과 함께 하는 흐뭇한 시간과 공간이 무척 부러웠던 때문이다.

> "다른 사람 없는 방 안에서 내 귀에다 귓속말을 하는 서영이 말소리를 좋아한다... 내가 늙고 서영이가 크면 눈 내리는 서울 거리를 같이 걷고 싶다." (191 - 192쪽)

선생의 서책 『인연』은 지나간 사람들과 사건에 대한 추억과 성찰에 기초하고 있다. 길지 않은 문장과 많지 않은 내용을 가지고 선생은 우리의 누추한 일상을 돌아보게 한다. 선생의 글쓰기에는 '수필'에서 몸소 밝힌 내용들이 그대로 체화되어 있으며, 그런 이유로 글 하나 하나가 잔잔하지만 깊은 맛을 안고 우리에게 다가온다.

> "수필은 마음의 산책이다. 그 속에는 인생의 향취와 여운이 숨어있는 것이다... 수필은 한가하면서도 나태하지 아니하고, 속박을 벗어나고서도 산만하지 않으며, 찬란하지 않고 우아하며, 날카롭지 않으나 산뜻한 문학이다." (18 - 19쪽)

서울에서 태어나 상해 호강대학에서 영문학을 공부한 선생의 이력은 안창호, 이광수, 주요섭, 윤오영 등과 같은 식민지 조선 지식인들과의 조우와 그들에 대한 소회피력을 자연스러운 것으로 한다. 이 가운데 춘원에 대한 안타까운 심정을 토로한 선생의 서술이 보는 이의 마음을 잡아끈다.

> "춘원에 대하여는 정말인 것, 거짓말인 것, 충분히, 많이 너무 많이 글로 씌어지고 사람들의 입에 오르내려 왔다... 그는 아깝게도 크나큰 과오를 범하였었다. 1937년 감옥에서 세상을 떠났더라면 얼마나 다행한 일이었을까. 지금 와서 그런 말은 해서 무엇하리." (149 - 151쪽)

같이 생활한 시간이나 맺은 인연을 생각할 때 춘원에게 가장 깊은 정을 느끼는 선생으로서는 그가 걸었던 혹은 올발랐던 길 혹은 그릇된 길을 돌이켜보면서 백만 가지 번민이 흉중에 자리하고 있음을 이내 짐작할 수 있다. 세간의 평가와는 다르게 춘원을 대하는 선생의 자세는 '친일파 청산'과 연관하여 여러 가지로 시사하는 바가 많다.

그런데 수필집 『인연』에서 내가 가장 눈 여겨 바라보는 대목은 두 여성에 대한 선생의 각별한 마음이다. 선생의 어머니와 딸이다. 『인연』은 크게 '종달새', '서영이', '피가지변'의 세 부분으로 편집되어 있는데, 어머니와 딸에 대한 이야기는 두 번째 '서영이' 편에 들어있다.

주목할 만한 것은 선생의 어머니에 대한 이야기가 우리 눈에 무척 낯익다는 사실이다. 그것은 주요섭의 단편소설 『사랑손님과 어머니』의 이야기와 너무도 흡사하기 때문이다. 특히 어린 시절 선생이 유치원에서 몰래 빠져 나와 벽장에 숨었다가 깜빡 잠들어 늦은 시각에 엄마 품에 안겨 한없이 우는 장면은 어제 본 것처럼 기억에 삼삼하다.

선생은 나이 들어 '어머니'를 회상할 때에도 반드시 '엄마'로 표기한다. 너무 일찍 선생을 버리고 아버지 곁으로 영영 떠나버린 어머니에 대한 절절한 그리움과 사무치는 마음 때문일 것이다. 그런 '엄마'의 모습이 선생의 경우에는 아내와 겹치는 것이 아니라, 언제나 딸 서영이와 겹친다는 점이 인상적으로 다가온다. '엄마'에서 선생은 말한다.

> "나는 엄마 같은 애인이 갖고 싶었다. 엄마 같은 아내를 얻고 싶었다. 이제 와서는 서영이가 엄마 같은 여성이 되기를 바랄 뿐이다. 그리고 또 하나, 나의 간절한 희망은 엄마의 아들로 다시 태어나는 것이다." (99 - 100쪽)

선생의 엄마와 같은 여성으로 자라기를 바랐던 딸 서영이가 어린 시절부터 유치원을 거쳐 대학생이 된 이후 유학생이 될 때까지의 기록이 '서영이' 편에 고스란히 들어있다. 우리는 선생의 글 모음을 바라보면서 현대의 건조하고 삭막한 가족관계를 새삼 반추한다. 이를테면 작년에 개봉되었던 영화 『바람난 가족』을 연상해보시라. 그리하여 사회·경제적인 관점으로 자꾸만 환원되는 우울한 인간관계의 심연을 들여다보면서 다시 고개 젓는 것이다.

서책 『인연』에서 영문학자로서 선생이 바라보는 셰익스피어, 찰스 램, 로버트 프로스트는 오늘날의 문학연구에 두드러진 딱딱하고 지나치게 전문적인 사변에서 훌쩍 벗어난 깊은 통찰과 사랑으로 가득 차 있다. 문학과 인생이 서로 각자 독립생활을 하는 것이 아니라, 동반자 관계를 맺으며 조화롭게 상생할 수 있는 가능성을 선생은 드러내 보이고 있는 셈이다.

'피가지변 皮家之辯'에 서술된 희귀한 '피씨' 성에 대한 유쾌한 설명과 '천득 千得'과 연관된 이름자에 대한 이야기에서 드러나는 선생의 작은 바람은 '만년'에 이르면 무소유의 경지를 지향하되, 여전히 인식하고 있는 부족한 내면을 다독거리는 인간의 모습이 약여하다.

> "하늘의 별을 쳐다볼 때 내세가 있었으면 해 보기도 한다. 신기한 것. 아름다운 것을 볼 때 살아있다는 사실을 다행으로 생각해본다. 그리고 훗날 내 글을 읽는 사람이 있어 '사랑을 하고 갔구나' 하고 한숨지어 주기를 바라기도 한다. 나는 참 염치없는 사람이다." (271쪽)

수필집 『인연』에서 선생은 독자들에게 어느 것 하나 강제하지 않으며, 강력한 어조로 주장하거나 훈계하지 않는다. 그냥 잔잔하고 부드러운 말투로 선생의 지나온 날들과 사념과 경험을 진솔하게 말하고 있을 따름이다. 소박함과 진실함, 부드러움과 넉넉함, 단점보다는 장점을 보려는 노력, 바로 이런 덕목이 『인연』을 오늘날에도 늙지 않고 살아있는 고전의 반열에 오르도록 하는 미덕이라 생각된다.

『인연』 | 피천득 지음 | 샘터 | 2003.

9. 현대문학과 술의 거리재기

『알코올과 예술가』

빙허는 1921년에 발표한 단편소설 『술 권하는 사회』에서 식민지 조선의 암울한 상황 때문에 술을 마실 수밖에 없는 지극히 무력한 인텔리겐차를 형상화한다. 출구 없는 처지에 몰린 동경 유학생 출신 주인공이 도달하는 마지막 지점이 술과 대면함으로써 얻어지는 망아지경임을 사실주의 작가 현진건은 비판적인 시각으로 조망하는 것이다.

프랑스의 젊은 작가 알렉상드르 라크루아는 서책 『알코올과 예술가』에서 보들레르 이후 서양문학에서 술이 어떻게 문사들과 조우했으며, 어떤 등장인물들을 창조하도록 인도했는지 살피고 있다. 그가 관심을 가지고 조명하는 첫 번째 시간대는 1858년이다.

> "1858년 보들레르는 『인공낙원 *Paradis Artificiels*』 초판을 출간한다. 같은 해에 무엇보다도 노동자들 사이에서 널리 번지고 있는 현상을 가리키기 위하여 '알코올 중독'이라는 말이 사전에

실리게 된다.” (프롤로그, 12쪽)

1858년을 출발점으로 삼아 저자는 술과 문학의 관계를 추적하는 짧지 않은 시간여행에 오른다. 라크루아의 여정에는 보들레르를 포함하여 랭보, 졸라, 모파상, 플로베르, 뒤라스와 같은 프랑스 작가들이 동참한다. 이와 아울러 브레히트, 뒤르켕, 프로이트, 바타이유, 들뢰즈 같은 유럽 여러 나라의 문사들과 연구자들 및 그들이 창조한 등장인물들이 동행한다.

『알코올과 예술가』는 프롤로그와 제1부 ‘상습성 음주 혹은 금주’, 제2부 ‘간헐성 음주와 행위유발’, 제3부 ‘상습성 음주와 자기파괴’ 및 에필로그로 이루어져 있다.

제1부에서 저자는 “자아의 증발과 집중, 거기에 모든 것이 있다”는 보들레르의 명제를 “나는 타인이다”라는 랭보의 언명과 결합하는데, 양자를 관통하는 핵심어는 ‘자아의 상실과 박탈을 가속화하는 취기’라고 주장한다. 이런 취기를 통하여 창작에 몰두한 시인과 작가들로 라크루아는 케루악과 뒤라스, 드보르 등을 거명한다.

반면에 금주를 통하여 창작생활에 정진한 작가들도 있는데, 저자는 엘로이, 스타이런 등을 본보기로 들고 있다. 특히 심각한 알코올 중독자 이력을 가진 소설가 엘로이가 제시하는 작가의 길은 엄격한 금욕생활을 전제로 한 강박관념의 총체로 보일 만큼 과격하다.

> “절대로 집밖을 나가지 말 것, 최대한 적게 잘 것, 신문을 읽지 말 것이며, 텔레비전도 보지 말고, 전화도 받지 말 것. 사람들을 거의 만나지 않을 것. 정신을 산만하게 하는 모든 일을 피할 것.” (62쪽)

제2부에서 라크루아는 음주와 에로티시즘 및 살인의 충동에 내재된 연관관계를 추적한다. 브레히트의 『푼틸라씨와 하인 마티』, 테네시 윌리엄스의 『욕망이라는 이름의 전차』 같은 희곡을 분석하면서 저자는 음주와 섹스의 긴밀한 관련을 차분히 밝혀나간다.

특히 저자는 세 가지의 판본이 있는 보들레르의 희곡 『술꾼』을 차례로 언급하면서 19세기 중엽 프랑스 사회를 살았던 술꾼의 심리가 어떻게 명민한 작가의 시선에 포착되고 형상화되었는지를 설득력 있게 설명한다.

알코올 중독자의 이런 정신 병리학적 현상에 대한 관심은 저자를 스티븐슨의 『지킬 박사와 하이드씨』로 인도함으로써 음주와 정신분석의 관계를 묻는다. '분열'의 주제를 천착하는 작품에서 라크루아를 감동시키는 구절은 매우 간명하다. "인간은 언제나 이중적이다." (106쪽)

제3부는 장기간에 걸친 음주가 야기하는 인간파괴에 바쳐져 있다. 자연주의 작가 졸라의 『목로주점』에 드러나 있는 술의 속성, 즉 열기와 흥분, 격정과 거기서 파생하는 불의 상징과 대비되는 20세기 작가들의 전혀 다른 관점, 즉 술로 인한 무감각과 냉기를 저자는 날카롭게 지적한다.

들뢰즈를 빌어 라크루아는 이렇게 말한다.

> "알코올 중독자는 무감각해진 현재 속에서 사는 것으로 추정된다. 그에게는 현재를 넘어서는 것이면 무엇이든 경직되고 멀게만 보인다... 그에게는 현재와 술을 마시기 전에 자기를 지칭하는 과거의 두 가지 시제밖에 존재하지 않는다." (119쪽)

알코올 중독자의 현재는 마지막 잔의 연속이라는 명제를 뒤르켕은 "해소되지 않는 갈증은 영원히 되풀이되는 자살이다"는 (133쪽) 문장으로 압축하여 표현했다. 느린 속도이지만 지속적으로 자신을 파괴하는 음주행위가 조물주까지 취하게 했다는 로트레아몽의 『말도로르의 노래』를 인용하면서 저자는 술에 내재된 파멸적인 측면을 부정하지 않는다.

그러나 『알코올과 예술가』의 저자는 술이 가져다주는 긍정적인 측면을 더 주목하면서 후기 산업사회의 무력과 절망을 전달한다.

> "과거에 술에 빠진다는 것은 역사의 흐름에 들어가는 것이며... 가치와 제도를 전복하려는 기도에 참여하는 것이었다. 개인의 방황과 술에 바쳐진 삶에는 미학적 기획으로의 열림과 구원의 가능성이 있었다." (에필로그, 163－164쪽)

얼마 전에 고은 시인은 "요즘에 젊은 시인들이 술을 먹지 않는다"고 일갈하여 화제가 되었다. 인간내면의 장벽 허물기와 자유로운 의사소통의 매개이자 촉매로써 술에 고유한 긍정적인 면모에 대한 지적으로 들린다. 그런 발언은 『귀천』의 천상병 시인이나, 『명정 사십년』의 변영로 시인을 떠올리게 한다. 이제 시인들은 갔으되, 그들이 남긴 작품들은 우리 곁을 지키고 있다. 술이 어떻게 문학과 예술의 창조에 기여할지 흥미롭게 지켜볼 일이다.

덧붙임

서책의 저자는 아직 나이 어려 동유럽, 특히 러시아문학에 나타난 술과 작가들의 관계를 전혀 조망하지 못했다. 알렉산드르 블로크의 『미지의 여인』이나, 안나 아흐마토바의 『마지막 축배』와 같은 시편은 물론, 표도르 도스토예프스키의 장편소설 『죄와 벌』의 작은 주인공 마르멜라도프의 처절한 비운을 모르고 있다. 이반 투르게네프의 마지막 장편소설 주인공 네즈다노프의 '민중 속으로(브 나로드)' 시도는 보드카 한잔과 결부되어 있음이니, 나로드니키의 비운이 예견되는 장면이기도 하다. 훗날의 정진을 기대해보자.

『알코올과 예술가』 | 알렉상드르 라크루아 지음, 백선희 옮김 | 마음산책 | 2002.

10. 인문학자가 만난 혜원

『조선 사람들, 혜원의 그림 밖으로 걸어 나오다』

그림과 관련된 해설서가 근자에 상당량 출간되었다. 거개가 유럽의 고전명화에서 현대 추상회화에 이르는 서양화를 해설한 서책들이지만, 그 가운데 일부는 우리의 전통적인 회화에 관심을 둔 것들이다. 그런데 그림을 폭넓고 깊이 있게 이해하려면 여러 요소들이 부가되어야 한다. 간단히 언급하자면, 화가의 개인사와 시대적인 조류, 즉 화풍, 당대의 사회·문화적인 배경, 즉 재정적인 개인 후원자 혹은 후원집단이나 화상들과의 관계, 정치적인 변고와 그것과 결부된 화가의 친연성 여부, 그림을 필요로 하는 고객들과 화가의 입장 등등.

이런 점들을 고려한다면, 특히 인상파 이전의 서양화에서 우리가 성서적인 전통과 그리스·로마의 신화적인 전통, 폭을 확대하자면 '헤브라이즘'과 '헬레니즘'의 유구한 전통과 그것의 외화형식을 올바르게 포착하지 못한다면, 서양화에 대한 제대로의 감상과 접근은 거의 불가능하다고 보아도 무방할 것이다. 따라서 요즘 초등학생들을 대상으로 한 '그리스·로마신화'의 광범한 보급과 다채로운 형식은 (길지 않은 분량의 축약본부터 종이만화, 나아가 텔레비전 만화영화까지 이르는 형식) 신화를 이해하는 차원에 머무는 것이 아니라, 서양문화의 커다란 한 축에 다가서는 첫 걸음이라는 점에서 의미 있을 듯싶다.

현직 한문학과 교수가 집필한 『조선 사람들, 혜원의 그림 밖으로 걸어 나오다』는 (이하 『혜원의 그림』으로 줄임) 우리에게 매우 친숙한 조선의 풍속화가 '혜원 신윤복'의 그림을 인문학자의 시선으로 설명·해석하려는 참신한 시도를 담고 있다.

그의 관점을 적시하는 표현은 "그림은 그림 내부의 미학적 장치뿐 아니라, 그것을 산생한 사회적 문맥에서 읽어낼 때 좀 더 정확한 이해와 감상이 가능하다"는 것이다. 이런 일례로 필자는 추사의 '세한도'와 피카소의 '게르니카'를 들고 있다.

필자는 1974년 '탐구당'에서 영인·출간한 『혜원전신첩』에 수록된 30점의 그림을 위에 언급한 관점에 기초하여 하나하나 해설해 나간다.

『혜원의 그림』이 의미 있는 이유 가운데 하나는 "비속한 그림을 그려 도화서에서 쫓겨났다"는 혜원에게 부여된 어떤 교조적이고 정형화된 이해의 틀을 금가게 하고 있다는 점이다. 이를테면 단원 김홍도와 더불어 조선시대의 대표적인 풍속화가로 혜원이 자리하고 있으며, 그는 조선시대의 민간 세시풍속을 재미있는 필치로 형상화하였다는 등의 판에 박힌 교과서적인 관점을 서책 『혜원의 그림』을 지은이는 거부한다는 것이다. 이런 사정은 『혜원의 그림』에서 다루어지고 있는 소제목에서 능히 짐작할 수 있다. '과부', '춘정과 유혹', '기방풍경', '절과 여인' 등등.

『밀회, 월하정인 月下情人』이란 제목이 달린 그림에서 우리는 야삼경에 (밤 11시부터 새벽 1시까지의 시각) 만나 말 못할 마음으로 애태우는 연인을 본다. 그림의 화제 “월야심심야삼경 양인심사양인지 月夜沈沈夜三更 兩人心事兩人知 (달빛 깊은 한밤중 두 사람 마음은 두 사람이 알겠지)”는 두 남녀의 심사와 형편을 그림만큼이나 온전하게 드러내고 있다.

쓰개치마로 얼굴을 가리고는 있으되 여인의 두 눈은 정인을 향해 살포시 열려 있고, 남정네의 시선도 여인을 향해 움직일 줄 모르고 고정되어 있다. 한 손에 초롱불을 들고 서있는 사내는 다른 손으로 무엇인가를 꺼내고 있는데, 필자는 그것을 여인에게 어떤 정표를 주려고 하는 동작으로 설명한다. 무슨 사연이 있어 도회의 깊은 밤중에 이렇게 어려운 걸음을 했는지 모르겠으나, 이 그림은 “도덕의 지층 아래 완강히 자리잡은 욕망의 핵을 표현”했다고 필자는 설명한다.

정인들의 말 못할 심사야 어느 시대 어떤 사람들 사이에서도 존재하였고 지금도 그러하다. 그러므로 고루편벽한 주자학의 지배시기를 살았던 청춘들에게 사회적 억압과 금기의 윤리와 풍속에 대한 정면대결은 불가한 노릇이었겠으나, 끓어오르는 정념의 드러남이야 어찌하겠는가? 혜원의 화필이 노니는 곳은 바로 이렇게 타율적으로 강제된 도덕과 윤리의 세계 밖으로 드러나지 않는 간절한 희구의 절절한 지향점이었다고 보이는 것이다.

같은 장에서 지은이는『삼각관계: 월하밀회 月下密會』그림 편에서 교묘한 인간관계를 해설한다. 한밤중에 두 명의 여자와 한 사람의 남정네가 담벼락을 사이에 두고 벌이는 기이한 관계와 자세가 그림의 주요한 내용이다. 저자는 이 그림을 상상하여 “밤에 포교가 기생을 데리고 길을 가다가, 아내 혹은 자신과 관계한 여자를 만나 당혹해 하다가 기생을 옆에 두고 여자에게 다정하고 구질구질한 변명을 늘어 놓는다”고 말한다.

과연 그러한가? 나는 조금 의심스럽다. 시간적 배경을 역시 야삼경이라 했을 때 그 시각에 포교의 아내가 얼마나 외부출입이 자유로울 수 있었겠는가의 문제가 우선 발생한다.

> "초경에 (밤 8시) 인경종을 33번 치면 관원과 이속 외에는 거리를 나다니지 못하고, 5경이 (새벽 4시) 되어 파루종이 울리면 통금이 해제된다." (63쪽)

『월하정인』의 두 남녀가 통행금지의 어려움을 뚫고 힘겹게 만나고 있음을 전제한다면, 『월하밀회』에서 세 남녀는 각각의 사연을 가지고 만나고 있음이다. 차라리 나는 후자에서 '기생을 따라 오입 나가려는 남편을 추적한 용감한 아내가 길모퉁이에서 아직도 당당한 자신의 봉긋한 젖가슴을 들이밀며 그런 부정한 행위의 중단을 요구하고 있는 것이 아닌가' 하고 생각해본다.

남자의 알듯 모를 듯한 표정과 그들 사이의 대화 결과를 기다리는 기생의 발그스레하게 상기된 얼굴이 생각보다 많은 것을 전해주는 탓이다. 정인의 심야 출입보다는 아내의 남편 추적이 훨씬 더 절실하고 적나라한 양상 아니겠는가?

서책 『혜원의 그림』에 들어있는 미덕은 그림뿐 아니라, 여러 가지의 자료를 통하여, 이를테면, 한시나 사서 및 고문헌 등을 통하여 필자의 자유자재한 그림 이해하기가 유쾌하게 읽힌다는 점에 있다. 게다가 이제는 우리의 기억 너머로 영원히 소진되어 버린 세시풍속과 당대의 성에 대한 시선들이 매우 흐드러지게 논의되고 있는 것 또한 경시할 수 없다.

몇몇 춘화까지 동원되어 있으되, 이 책은 단아함의 풍치를 벗어나고 있지 않으며, 절제의 노력이 역력하다. 그러므로 어쩌면 혜원의 자유분방함과 유장한 탈각의 경지를 좇으려면 한참 더한 단련과 공부가 필요하다고 여겨지기도 하는 것이다.

하나의 그림에 동일하게 그려진 형상의 해석이 상이하니 이 또한 문제점이다. 『봄날: 춘의만원 春意滿園』에서 화폭 오른쪽에 위치한 초가지붕과 거기로부터 무엇인가 불쑥 솟아오른 것을 필자는 '성적인 연상'으로 기술하였는데, 69쪽의 『월야밀회』 하단에서 돌출된 동일한 형상의 기물에는 아무런 설명이 없다. 이런 면에는 위에 언급된 '통행금지'에서 드러나 있는 불일치가 있다.

이런 단선적인 불일치보다 내가 더 관심이 가는 대목은 설득력 있는 그림 설명이 끝으로 가면서 느닷없이 정지한다는 인상을 준다는 사실이다. 그림에 대한 설명이 멈추면서 필자의 주장이나 상상이 그림을 압도한다는 인상이 생겨나는 것이다. 이를테면 '양반들의 유흥상'에서 필자는 다음과 같이 쓴다.

> "조선시대의 양반이라면 도덕적이고 금욕적인 선비의 모습을 상상한다... 하지만 이것은 양반의 모습 중 일부일 뿐이다. 아니 근대를 거쳐 오면서 왜곡된 양반의 상일 수 있다. 차라리 혜원의 그림 속에 등장하는, 술과 기생과 음악과 어우러진 모습이 양반의 사실성에 더 가깝지 않나 한다." (180－181쪽)

이런 대담한 주장 혹은 가설을 저자는 내세우고 있지만, 그런 주장을 방증할 수 있는 어떤 정보나 자료도 그는 제시하지 않고 있다. 오히려 그와 반대로 지은이는 "흔히 양반이라면 문반을 말하는데 이들은 기방에 출입하지 않았다. 조선조의 양반 자제들은 연회에서 노래를 듣고 춤을 보는 것 외에는 마음대로 기방에 출입할 수 없었다"고 어긋나게 쓰고 있는 것이다. 이런 명시적인 모순을 어떻게 설명할 수 있을 것인가?

그림에 대한 여러 가지 해석과 새로운 시선은 칭찬받아 마땅하지만, 그런 장점들이 수용되려면 보다 정교하고 정확한 관점과 서술, 나아가 여러 가지 풍속사와 결부된 서책들과 정보의 도움을 받아야 하지 않겠는가, 하고 생각해 본다. 그럼에도 불구하고 서양화 관련 서책들만 횡행하는 일방적인 문화 풍토에서 제 나라 역사와 문화를 그림을 통하여 접근하고자 한 어떤 전문적인 문외한의 노고에 깊은 박수를 보내지 않을 수 없다.

덧붙임

이 책은 본래 나의 '독서계획'에는 부재하는 것이었는데, 이번 설에 큰 아이의 자발적인 독서목록에서 잠시 발췌하였다. 아이는 학교 과제물로 이 책을 제 스스로 고른 모양인데, 필자의 자세하고도 설득력 있는 그림 설명에 적지 않게 놀라고 감동한 모습이었다.

작은 초상화 한 점에서도 여러 쪽의 설명이 가능하다는 나의 말에도 아이는 왠지 모를 열패감에 젖어있는 듯하여 새삼 먹물의 장광설이 지니는 위력에 감읍한 바 있음을 밝히는 바이다. '지혜의 요체가 간결함에 있으되, 더러 그것의 역현상이 필요함은 무슨 변고란 말인가?'

『조선 사람들, 혜원의 그림 밖으로 걸어나오다』 | 강명관 지음 | 푸른역사 | 2003.

11. 성숙한 어른들을 위한 작은 이야기들

『지혜로운 이야기 라 퐁텐 우화』

『연세 한국어 사전』에서 우화는 "교훈적이거나 풍자적인 내용을 사물에 빗대서 엮은 이야기"로 풀이되어 있다. 우리가 어릴 적부터 친숙한 '이솝우화'는 특히 이런 해석에 충실하다. 이를테면 초등학교 국어 교과서에 실렸던 '개미와 베짱이'에서 우리는 한편으로 근면과 풍요에 대한 교훈을, 다른 한편으로 태만과 과도한 유희에 대한 경계를 얻었던 것이다.

라 퐁텐은 프랑스 고전주의 시기의 시인이자 우화작가다. 그는 태양왕 루이 14세 시대를 살았던 대표적인 문인으로 대략 240편의 우화가 담겨있는 12권짜리 『우화집』을 남긴 것으로 알려져 있다. 이 작품집에서 그는 이솝과 동양의 우화들에서 취재한 소재를 독창적인 관점으로 재해석함으로써 우화문학에서 일가를 이룬 것으로 평가받고 있다.

'미래사'에서 출간한 『지혜로운 이야기 라 퐁텐 우화』는 (이후 『라 퐁텐 우화』로 줄임) 이 가운데 42편을 번역한 것이다. 역자는 충실한 번역을 통해서 뿐만 아니라, 필요할 경우 역주를 꼼꼼하게 달아 놓음으로써 독자들의 이해를 친절하게 돕고 있다.

『라 퐁텐 우화』는 위에 기술된 사전적인 뜻풀이 이외에도 여느 우화들과는 다른 점을 보여준다. 이를테면 저자는 이야기의 첫머리나 말미에 자신의 생각이나 판단기준 혹은 미학적 평가를 서슴없이 내리고 있다. 나아가 그는 독자들의 판단 여부와 관계없이 이야기에서 자신이 전하려는 주제를 때로는 지나치다 싶을 정도로 상세하게 기술한다.

'제비와 작은 새들'에서 제비는 농부들이 삼씨를 뿌리는 것을 보고 조만간 그것이 새들을 잡는 그물로 변하게 될 것이라 말하면서 새들에게 경고한다. 그리하여 제비는 새들에게 삼씨를 먹어 버리라고 충고하기도 하고, 삼씨가 돋아났을 때는 그것을 뽑아 버리라고 말한다.

그러나 새들은 제비의 충고에 귀 기울이지 않았고, 결국 수많은 새들이 삼씨로 만들어진 그물에 걸려들어 죽음을 당하게 된다. 이야기의 끄트머리에서 저자는 트로이의 멸망과 결부된 카산드라의 예언을 본보기로 들면서 말한다.

> "우리는 본능적으로 우리 편 사람들 말만 듣는다. 그리고 불행이 닥치고 나서야 그 불행을 믿게 된다. (27쪽)

『라 퐁텐 우화』에서 주목되는 점은 절대군주 루이 14세 치하의 궁정에서 살아남을 수 있는 여러 가지 비법을 전달하고 있다는 사실이다. 이때 어김없이 국왕으로 등장하는 동물은 서양에서 백수의 제왕으로 통용되는 사자다. 이런 처세 이야기에서도 저자는 예외 없이 자신의 견해를 직접적으로 피력한다.

“왕의 마음에 들려고 애쓰는 것은 좋으나, 될 수 있으면 서로를 해치지 않도록 하시오. 악은 선의 곱절의 곱절이 되어 그대들에게 돌아간다오.” (79쪽)

“왕들의 비위를 맞추고, 그들의 마음에 드는 거짓말을 하라. 그들의 마음이 어떤 분노로 들끓고 있을지라도 왕들은 속아 넘어갈 것이고, 당신은 그들의 친구가 될 것이다.” (99쪽)

영화 『파리넬리』로 우리에게 친숙한 제라르 꼬르비오 감독의 영화 『왕의 춤』에서도 확인할 수 있듯이 화려한 외관의 배후에 은닉된 절대 권력자의 가장 직접적인 세력권인 궁정에서 진행되었던 권력투쟁과 생존전략에 대한 저자 라 퐁텐의 관점이 위와 같은 방식으로 표출되어 있는 것이다. 그러므로 저자는 구체적이고 적나라하게 자신의 의도를 이야기 끄트머리나 초두에 배치함으로써 각각의 이야기에서 그가 무엇을 말하고자 했는지 재차 명징하게 확인하고 있다.

셰익스피어의 비극 『햄릿』에 등장하는 광대는 영국 엘리자베스 시대의 궁정광대가 어떤 역할을 했는지 잘 보여준다. 이와 동일한 형태의 인간유형이 『라 퐁텐 우화』의 ‘지혜를 파는 광인’에 등장한다. 우리는 광인의 존재를 통하여 루이 14세 시절 궁정의 생생한 풍속도 한 폭을 들여다보게 된다.

“궁중에서는 광인들을 종종 볼 수 있다. 이들이 항상 사기꾼, 멍청이, 우스꽝스러운 자들을 놀리며 뼈 있는 말을 던지기에 왕은 그런 모습을 보고 즐기는 것이다.” (118쪽)

생의 만년에 자신의 불행한 운명을 극작가 몰리에르에게 견주었던 소비에트 러시아의 극작가 미하일 불가코프는 몰리에르에 관한 불후의 희곡 『위선자들의 밀교』에서 미치광이 신부 바르폴로메이를 등장시켜 루이 14세 시기의 프랑스 궁정장면을 재현하는데 성공한 바 있다.

불가코프는 루이의 총애를 거듭 상실해가는 몰리에르의 비극적인 파멸의 원인을 희극 『타르튀프』에서 찾으면서 신앙심이 지나치게 돈독하지만 광인이 되어버린 바르폴로메이 신부를 통하여 '독신적인' 타르튀프 뿐만 아니라, 극작가 몰리에르까지 비난하도록 인도한다.

몰리에르와 유사한 운명을 자신도 경험하고 있음을 불가코프는 조금도 숨기지 않고 드러냄으로써 절대 권력자 스탈린 치하의 20세기 30년대 소련이 루이 14세 치하의 17세기 프랑스와 다름없음을 직접적으로 드러냈던 것이다.

『라 퐁텐 우화』에는 이런 유쾌한 점들 이외에도 독자에게 흥미로운 이야기를 다수 포함하고 있다. 우화집에 들어 있는 여러 가지 처세훈은 문학과 예술의 기본적인 미학적 요구, 즉 오락과 교훈을 성공적으로 충족시키고 있다고 생각된다.

서책의 끄트머리를 장식하는 이야기 '재판관과 자선수도회 수도사와 은둔자'에서 라 퐁텐은 은둔자의 말을 빌려 지혜를 얻은 자의 깨달음을 나직하게 말한다.

> "자기를 아는 것을 배우는 일이야말로 지고의 신이 모든 인간들에게 부과한 첫 번째 임무라네... 형제들이여, 물을 가만히 내버려두게. 그러면 그대들의 모습이 비춰질 것이네. 자신을 더 잘 성찰하고 싶으면 사막에 머물도록 하게." (168 – 169쪽)

『지혜로운 이야기 라 퐁텐 우화』 | 라 퐁텐 지음, 신은영 옮김 | 미래사 | 2003.

12. 작가의 얼굴

『채만식 중·단편 대표소설 선집』

백릉 (白菱) 채만식은 (1902 - 1950) 『탁류』나 『태평천하』 등의 장편소설과 『레디메이드 인생』과 『논 이야기』 등의 단편소설, 그리고 일련의 수필과 희곡 및 시나리오를 발표한 다산의 작가이자, 우리 문단에서는 드물게 여러 장르를 섭렵한 인물이다.

대략 25년 정도 작가생활을 하다가 세상을 떠난 그의 문학세계에 대한 조명은 여전히 한국 문학계의 관심영역이지만, 이번에 선집을 펴낸 편자의 머리말을 살펴보면, 작가에 대한 문학계의 관심이 그다지 다대하다고 보이지는 않는다. 하기야 50여 년 전에 타계한 작가를 언급하는 일이란 언제나 신속한 망각과 새로움을 추구하는 우리 풍토를 생각한다면 상당히 낯선 문화현상일지도 모르겠다.

백릉의 문학, 특히 소설에서 읽히는 주요한 문제는 '일상'이며, 이것이 그를 우리 문학의 대표적인 사실주의 작가로 인식하도록 인도한다. 이를테면, 『레디메이드 인생』이나 『냉동어』 등에서 우리는 '조혼' (早婚)으로 인한 작가의 피폐해지는 정신세계와 실제현실 사이의 갈등을 어렵지 않게 목도한다.

작가의 목소리가 굴절되어 등장하는 관찰자시점 소설에서 백릉은 체험에서 발원하는 실패한 결혼문제를 낱낱이 드러내며, 그런 질곡으로부터 한 걸음도 자유롭지 못한 식민지조선의 인텔리겐차 형상을 섬세하게 조명하고 있는 것이다.

그런데 나는 무엇보다도 백릉의 문학에서 '풍자'에 관심을 가지고 있는데, 그것은 우리 문학에서 풍자의 전통이 지극히 박약하다는 사유에서 출발한다. 인간내면의 왜곡되고 어두운 면모와 부정적인 사회현상 및 인간군상을 웃음을 동반한 예술기법을 활용하여 그려내는 것을 풍자라고 정의할 때, 그 전통의 박약함은 재언의 여지가 없는 것이다.

물론 조선시대 말에 출현한 일군의 사설시조나 엇시조에서, 연암의 『양반전』이나 『호질』 같은 소설에서 풍자의 전형적인 양상을 포착할 수 있으나, 한국문학 전반의 흐름에서 한 발짝 물러서 있음이 우리 풍자문학의 현주소임을 부정하기는 어려운 일이다.

『논 이야기』에서 채만식의 풍자는 풍요로운 개화를 본다. 을사(1905)와 병오년 연간에 탐관오리에게 땅을 빼앗긴 한생원은 경술년의 망국을 이렇게 말한다. "그깐 놈의 나라, 시언히 잘 망했지." (386쪽) 그에게 나라는 고마운 존재가 아니라, 고통의 원천이며, 따라서 반드시 있어야 할 요긴한 어떤 것도 아니었던 때문이다. 그러므로 그가 36년에 걸친 일제로부터 해방되었을 때 반가워하지 않음은 우연한 일이 아니었다.

> "나라라고 하는 것은 내 나라였건 남의 나라였건 백성에게 고통이나 주자는 것이지, 유익하고 고마울 것은 조금도 없는

물건이었다. 따라서 앞으로도 새 나라는 말고 더한 것이라도, 있어서 요긴할 것도, 없어서 아쉬울 것도 없을 것이었다." (387쪽)

조선해방에 대한 그의 소극적인 자세는 그가 일인에게 팔아넘긴 토지가 자신에게 귀속될 것이라는 믿음과 더불어 급속하게 바뀐다. 한생원은 길천에게 토지를 매도한 원인을 아전인수 격으로 해석하여 오래도록 웃음거리로 전락한 바 있었다.

"자네 논 팔았다면서?" "팔았지." "어째서?" "돈이 좀 아쉬어서." "돈이 아쉽다구 논을 팔구서 어떡허자구?" "일인들이 다 쫓겨가면 그 논 도루 내 것 되지 갈 데 있나?" (395-396쪽)

그의 이런 상황인식은 황당한 계획이나 허황한 망상에 대한 하나의 속담으로 마을 사람들의 인구에 회자되었던 것이다.

"한덕문이 길천이에게다 논 팔아먹던 대 났구나." (397쪽)

해방이 된 이제 한생원은 매도한 토지의 자기귀속을 확신하지만, 어디 세상이 그렇게 어수룩한가! 한 번 팔아넘긴 농토는 돈을 주고 다시 매입해야 한다는 구장의 말에 한생원의 나라에 대한 악담은 하늘을 찌른다. 가만 놔두면 그 땅이 저절로 자기 것이 될 것인데, 공연히 나라가 끼어들어 헤살을 놓는다고 그는 생각하는 것이다.

"... 기대리구 있노라면 나라에서 다 억울치 않두룩 처단을 하겠죠." "일 없네. 난 오늘버틈 도루 나라 없는 백성이네.

제-길 삼십육년두 나라 없이 살아왔을려드냐. 아-니 글쎄, 나라가 있으면 백성한테 무얼 좀 고마운 노릇을 해주어야, 백성두 나라를 믿구... 독립이 됐다면서 고작 그래, 백성이 차지할 땅 뺏어서 팔아먹는 게 나라 명색야?" (404－405쪽)

필요에 따라서, 이해관계에 따라서 자의적인 해석을 서슴지 않는 한생원의 형상은 채만식 소설에 자주 등장하는 이기적이고 탐욕스러운 인물 부류 (『낙조』의 황주 아주머니와 그의 아들 재춘, 『치숙』의 화자인 나, 『빈 제1장 제2과』의 유모)에 속한다.

나아가 그는 세상의 올바른 흐름을 수용하지 아니하고, 자신의 자그마한 이익을 위하여 그것을 비난하는 풍자의 인물로 기능한다. "독립됐다구 했을 제, 내, 만세 안 부르기, 잘했지." (405쪽) 그런데 만일 『논 이야기』를 오독하면 한덕문을 설익은 무정부주의자로 수용할 수 있다. 이 점 유념해야 할 것이다

『냉동어』, 『회 懷』, 『근일』, 『집』 등은 작가의 신변을 둘러싼 잡다한 일상의 흔적이 깊이 배어 있는 작품들이며, 채만식은 거기서 선연하게 드러나 있는 자화상의 면면에 고심한 것으로 전해진다. 그럼에도 『냉동어』에서 작가는 등장인물 대영을 통하여 조선영화의 나아갈 길을 명쾌하게 밝히고 있는데, 이것은 상당히 진보적인 입장이라 여겨진다.

".. 조선영화의 향상, 향상 하지만 결국은 기술이나 능란해질 뿐이지, 갈 곳이라군 아메리카의 쌍놈 영화가 되는 것밖엔 없어요!... 영화 『무정』이 원작이 나빠서 실패했나? 원작을 잘 살려 가지구 연극은 하니까 만원이데?... 백성들에게 마음의 양식을 주는데 영화만침 좋은 것이 다신 없어요! 문학이

나 연극이니 쯤 어림없지!.. 시방까지의 조선영화는… 백성에게 마음의 양식을 주고자 하는 의욕… 지향… 그것이 전혀 없거든!..” (229쪽)

『민족의 죄인』에서 우리는 일제 말기의 친일부역 문제에 대한 작가 채만식 개인의 소회와 정면으로 맞닥뜨린다. 비록 그가 적극적인 친일분자는 아니었더라도 그 역시 대일본제국의 승리를 위한 순회강연을 수차에 걸쳐 행함으로써 “영원한 ‘죄의 표지’”를 지니게 되었던 것이다. 하지만 그는 일군의 친일부역 작가들, 특히 서정주, 모윤숙, 노천명 등의 입장과는 다르게 부역의 내용을 선별하면서 치열한 자기반성의 면모를 약여하게 보여준다. (428-429쪽)

『낙조』와 『처자』 같은 말년의 그의 작품은 남한의 새로운 정치·사회적 조건과 작가의 자아가 상호 불일치하는 양상의 면면을 가감 없이 보여주고 있어서 우리는 채만식의 고단했던 삶의 편린을 어렵지 않게 독서할 수 있다. 역사적인 전변의 시기에 작가된 자들의 쓰라린 운명과 거기서 연원하는 파열음의 신산함은 여적 우리 문학의 고통스러운 자산이자 극복 대상이 아닌가!

덧붙임

오랜만에 우리 문학의 고전작품을 읽으니, 감회가 새록새록 새롭다. 특히 50-60여 년 전의 문장과 어투에서 근원하는 생경함과 사유의 수고스러움은 이런 여가시간의 축복이 아니겠는가! 하지만 편자가 극구 찬미하는 백릉 문장의 문제들도 현저한데, 한 가지만 본보기를 들어 보겠다.

"일본 제국주의의 조선에 있어서의 지반이 해가 갈수록 완고한 것이 되어감에 따라..." (『논 이야기』, 397쪽)

이 글은 "조선에서 일본 제국주의의 지반이 해가 갈수록 강고해짐에 따라" 정도로 바꾸는 것이 타당하지 않겠는가? '-에 있어서'라는 표현의 낯섦과 어색함, '지반이'와 '완고한 것이'의 중복현상이 주는 독해의 불편을 고려함은 어떨까, 그런 생각을 해보는 것이다.

『채만식 중·단편 대표 소설선집』 | 방민호 엮음 | 다빈치 | 2000.

13. 죽음의 형식과 죽음의 장소를 찾아가는 기나긴 여정

『칼의 노래 1, 2』

짧은 머리말

『칼의 노래』는 정유년 (1597년) 4월 1일부터 시작하여 무술년 (1598년) 11월 19일 이순신의 죽음으로 끝난다. 소설에서 우리는 그보다 훨씬 이전의 사건들과 만나게 되지만, 작가의 서술은 거의 이 시간대에 바쳐져 있다. 그것은 저승 문턱까지 다녀와야 했던 이순신의 행장을 비교적 짧은 시간 동안 들여다봄으로써 집중과 압축을 얻고자 한 까닭일 터다.

일년 반 정도의 시간은 왜란으로 피폐된 조선의 서해와 남해바다와 거의 모든 산야와 만난다. 이순신이 왜적들과 맞섰던 전장 하나하나에 대하여 김훈은 단아하게 써내려간다. 임금이 버리고 떠난 도성의 을씨년스러운 풍경과 의주로 향하는 어가행렬에도 작가의 시선은 있다. 작가가 『칼의 노래』를 쓰기 위해 얼마나 많은 다리품을 팔았는지 우리는 안다.

그런 시간과 공간을 씨줄과 날줄로 삼아 작가는 무엇인가를 드러내려고 치열하게 고심한다. 고심의 한가운데 인간이 있고, 그 모든 인간의 중심에 이순신이 있다. 작가는 영웅이나 성웅이 아니라, 인간을 그려내고자 무진 애를 쓴다. 임진왜란 이후 언제나 오직 영웅으로서만 숭앙된 이순신이 아니라, 죽음의 자리를 찾아 헤맸던 인간을 드러내고자 한다.

이순신이 끝없이 간구하는 '죽음'의 배후에는 왜적과 선조가 함께 자리한다. 사자처럼 용감했던 의병장 김덕령을 때려 죽인 것은 임금과 임금의 두려움이었다. "임금은 장수의 용맹을 원했으나, 그 용맹을 두려워하였다"고 작가는 쓴다. 인간 이순신의 바닥 모를 고뇌는 여기에 근원을 대고 있다. 스스로가 선택할 수 있는 죽음의 형식을 그는 희구하는 것이다.

> "나는 다만 적의 적으로서 살아지고 죽어지기를 바랐다. 나는 나의 충을 임금의 칼이 닿지 않는 자리에 세우고 싶었다. 적의 적으로서 죽는 내 죽음의 자리에서 내 무와 충이 소멸해주기를 나는 바랐다." (제1권, 74쪽)

인간묘사

작가는 여러 인물들의 면모를 약여하게 드러내며, 묘사를 통하여 전쟁의 본질과 원형에 다가서고자 한다. 하지만 그는 인물들을 평하되, 그 평으로 인물의 전체상을 그리려하지 않는다. 다만 그는 단호하게 제시하고, 짤막하게 설명할 따름이다. 그럼에도 우리는 작가의 인물평과 사건서술 사이의 촘촘한 인접성과 인과성을 믿지 않을 수 없다. 작가의 힘이다.

> "나는 죽음을 죽음으로써 각오할 수는 없었다. 나는 각오되지 않는 죽음이 두려웠다... 나는 고쳐 쓴다. 나는 내 생물적 목숨의 끝장이 결국 두려웠다. 이러한 세상에서 죽어 없어져

> 서, 캄캄한 바다 밑 뻘밭에 묻혀있을 내 백골의 허망을 나는 감당할 수 없었다. 나는 견딜 수 없는 세상에서, 견딜 수 없을 만큼 오래오래 살고 싶었다." (제2권, 55쪽)

초라하고 허접한 삶일망정 이순신은 오래도록 살고 싶었다. 전쟁으로 아수라판이 되어버린 버림받은 세상에서 세월의 마디를 헤아려가면서 이순신은 살고자 하였다. 그러나 바다에서 적들과 전투하면서 이순신은 언제나 죽음 깊은 곳에 한 발을 묻어두어야 했고, 하여 그는 언제나 죽음의 공포와 망령으로부터 결코 자유롭지 못했다.

위대한 야전사령관 이순신의 사유 뒷켠에는 늘 선조가 있다. 임금은 여러 가지 모습을 띠고 그에게로 다가선다. 혹은 우유부단하고 의심 많은 인간으로, 더러는 이순신의 생살여탈권을 가지고 있는 절대군주로, 때로는 적과 구별되지 아니하는 사악한 존재로, 마침내는 화려한 수사로 가득한 언어와 잦은 울음으로 사직을 지켜나가는 무력하되 교활한 왕으로 선조는 그려진다.

> "임금의 언어와 임금의 울음을 구별하기 어려웠다. 임금은 울음과 언어로 전쟁을 수행하고 있었다. 언어와 울음이 임금의 권력이었고, 언어와 울음 사이에서 임금의 칼은 보이지 않았다. 임금의 전쟁은 나의 전쟁과 크게 달랐다. 임진년에 임금은 자주 울었고, 장려한 교서를 바다로 내려 보냈으며, 울음과 울음 사이에서 임금의 칼날은 번뜩였다." (제2권, 47쪽)

작가는 우의정 정철, 도원수 권율, 의병장 김덕령, 명 수군제독 진린, 진린의 연락관 등자석, 경상 우수사 배설, 거제 현령 안위, 녹도 만호 송여종, 미로항 첨사 김응함, 종사관 김수철, 셋째아들 이면과 아베 준이치, 이순신의 어머니 같은 인물들을 이순신의 관점을 통하여 묘사함으로써 그가 어떻게 7년여에 걸치는 전란의 조선에서 세상과 대면했는지 보여준다.

『칼의 노래』 첫머리 '일러두기'에서 작가는 독자들에게 "이글은 오직 소설로 읽혀지기 바란다"고 썼다. '오직' 소설로만 독서되기를 원하는 작가의 흉중에는 어떤 저어함이 자리하고 있을 것이다. 다른 한편으로 소설 이외의 어떤 것으로도 평가됨을 거부하는 소설가의 장인의식이 강렬하게 드러나기도 한다. 그럼에도 우리는 그의 평가로부터 자유롭지 못하다.

> "원균은 스스로도 주체할 수 없고 아무도 말리지 못할 무서운 적의를 지닌 사내였다. 그 사내는 모든 전투가 자기 자신을 위한 전투이기를 바랐다... 그의 활화산 같은 적의와 분노가 날개를 펴고 달려드는 적의 방사진 앞에 장졸과 함대를 집중시켰던 것이다." (제1권, 25쪽)

> "정철은 내가 이해할 수 있는 인물은 아니었다. 그는 민첩하고 부지런했다. 그는 농사를 짓는 농부처럼 근면히 살육했다. 살육의 틈틈이, 그는 도가풍의 은일과 고독을 수다스럽게 고백하는 글을 짓기를 좋아했다. 그의 글은 허무하고 요염했다." (제1권, 47쪽)

자연묘사

소설 『칼의 노래』 도입부에서 독자는 전쟁을 독서하지 못한다. 안으로 빼어난 서정성을 품고 있는 자연묘사는 바다와 섬으로 대표되는 남해의 풍광을 절경으로 그려낸다.

> "버려진 섬마다 꽃이 피었다. 꽃피는 숲에 저녁노을이 비치

어, 구름처럼 부풀어 오른 섬들은 바다에 결박된 사슬을 풀고 어두워지는 수평선 너머로 흘러가는 듯싶었다. 뭍으로 건너온 새들이 저무는 섬으로 돌아갈 때, 물 위에 깔린 노을은 수평선 쪽으로 몰려가서 소멸했다... 바다에서는 늘 먼 섬이 먼저 소멸하고 먼 섬이 먼저 떠올랐다." (제1권, 17쪽)

여기서 자연묘사는 봄꽃들이 앞을 다투어 피어나는 봄날의 섬과 섬을, 거기 서식하는 새들의 이동경로와 귀소를, 섬의 아침과 저녁을 아치 있게 읊조리는 서사시와도 같다. '버려진'과 '소멸'의 두 어휘가 우리를 단단히 붙든다. '죽음'을 찾아 헤매는 결연한 무장 이순신이 어떻게 버려지고 일어서서 다시 소멸해 가는지 『칼의 노래』는 보여주기 때문이다.

김훈의 자연묘사는 언제나 단선적이지 않다. '명량해전'을 상세히 그려낸 작가는 목포 암태도 쪽으로 귀환하는 함대의 주린 사부들과 피로한 이순신을 붉은 노을과 새떼와 보름달과 병렬로 배치한다. 자연과 인간의 긴박한 상호연관을 포착함으로써 작가는 세상의 풍광이 홀로 존재하지 아니하며, 전장을 넘나드는 인간 또한 자연의 하나임을 설파하는 것이다.

왜적과 교전을 목전에 둔 팽팽한 긴장의 시간대에 작가가 들여다보는 염전과 시간의 치밀하고 견고한 상호성은 김훈의 필력에 담긴 내공의 정도를 숨김없이 드러낸다.

"적의 포구로부터 동남풍이 불어오는 봄날 저녁에 염전바닥의 소금은 오지 않은 적의 기척처럼 북쪽으로 쏠려 있었다... 바람이 잠든 가을날, 소금은 고운 눈이 쌓이듯 염전바닥에 내려 앉았다. 소금은 먼데서 오는 시간의 가루처럼 염전바닥에 내려 앉았다. 정유년 가을에 바람이 고와서 소금은 고요했다... 소금은 먼데서 고요히 왔다." (제2권, 128－129쪽)

소금의 생성과정 일체를 적과 시간으로 선명하게 대비함으로써 김훈은 전장의 일상을 고요한 풍경으로 전화한다. 동남풍을 타고 들이닥치는 적들에 대한 핏발선 응시와 끝까지 당겨진 활시위와도 같은 내면의 떨림이 소리 없이 내려앉는 소금과 그것을 생성하는 들리지 않는 시간으로 모습을 바꾸는 것이다. 하여, 그에게 자연은 인간이고, 인간은 다시 자연이다.

감각적인 문체

소설 『칼의 노래』에서 작가는 시종일관 냄새와 소리에 유념한다. 그것들은 한결같이 인간 이순신의 격동하는 내면과 제휴함으로써 온전하게 제 구실을 해낸다.

> "밤늦게, 함평 현감이 내 방으로 술상을 들여보냈다. 여진은 그 술상을 들고 온 관기였다... 손등이 터져 있었고 머리에서 쉰내가 났다. 그 여자의 몸은 더러웠고, 눈동자는 맑았다... 그날 밤 나는 여진을 품었다... 그 여자의 몸속은 따스하고 조붓했다. 오랫동안 뒷물하지 않은 여자의 날 비린내 속에서 내 몸은 나로부터 아득해져갔고, 또 돌아왔다." (제1권, 39 - 40쪽)

이순신은 『난중일기』에 여진에 대한 기록을 남긴 것으로 전해진다. 병신년(丙申年)에 처음으로 여진을 품었던 이순신은 정유년(丁酉年)에 다시 그녀와 재회하는데, 작가는 한사코 여진의 몸 냄새에 집착한다. 다리 사이의 지독한 젓국냄새와 달디 단 입안의 향기와 평화로운 몸속 세상을 김훈은 집요하리만큼 끈덕지게 묘사한다.

냄새에 대한 작가의 집중은 셋째아들 면과 아내에 대한 묘사에서 고스란히 온존된다.

> "그 아이는 돌이 지나도록 젖을 토했고 푸른똥을 쌌다. 젖이 덜 삭았는지 똥에서도 젖 냄새가 났다. 아내는 변방에서 돌아온 남편을 첫날밤보다도 더 수줍어했다. 아내의 가슴에서는 젊은 어머니의 비린 몸 냄새가 났고 어린 면은 입 속이 맑아서 그랬는지 미음을 먹이면 쌀 냄새가 났고 보리차를 먹이면 보리 냄새가 났다." (제1권, 134쪽)

자신을 빼 닮은 면이 왜적들과 싸우다 세상을 떴다는 소식을 들은 이순신은 면의 푸른똥과 냄새를 떠올린다. 스물한 살 나이, 혼인하지 않은 채 저승으로 떠나간 아들을 그리워하며 삼도수군통제사 이순신은 소금창고 안 가마니 위에서 숨죽이며 홀로 오래도록 울음을 운다. 작가는 이런 냄새들을 반복하여 드러냄으로써 독자의 잠든 감각을 자꾸만 일깨운다.

임금의 울음소리 이외에도 『칼의 노래』는 수많은 소리를 동반한다. 특히 바람소리에서 시간을 듣는 작가의 탁월한 청각은 독자를 전율케 한다.

> "바람이 언덕을 밀고 올라갈 때마다 바람에 눕는 옥수수 숲에서 썰물소리가 일었고, 바람의 끝에서 다시 일어서는 이파리들이 너울거렸다. 옥수수 숲을 스치는 바람소리는 시간이 어디론지 떼 지어 몰려가고 몰려오는 소리처럼 들렸다." (제2권, 107쪽)

끝없는 살육을 벗하며 지속되는 전장에서도 시간은 꾸준히 전진운동하며 흘러간다. 그 죽음의 시간 속에서도 인간은 생존을 지속하며, 운명적인 대물림의 장구한 역사를 되풀이한다. 바람은 옥수수 이파리들을 눕히고, 그 이파리들은 시간을 물어온다. 전쟁은 인명을 앗아가되, 그 죽음은 다른 탄생과 연관되고, 그 사이 어느 모퉁이에서 시간은 소리 없이 흘러간다.

감각적이되 깊이 있는 묘사는 『칼의 노래』 마지막 장면에서 절창의 진수를 선보인다.

> "바람결에 화약 연기냄새가 끼쳐왔다. 이길 수 없는 졸음 속에서, 어린 면의 젖 냄새와 내 젊은 날 함경도 백두산 밑의 새벽안개 냄새와 죽은 여진의 몸 냄새가 떠올랐다. 멀리서 임금의 해소기침 소리가 들리는 듯했다." (제2권, 196쪽)

퇴각하는 왜적을 소탕하는 최후의 결전장 '노량해전'에서 적탄에 맞은 이순신은 죽음의 순간을 이내 감지한다. 삶의 마지막 지점에서 이순신은 가까운 사람들과 먼 곳의 임금을 떠올리는데, 여기서 작가는 냄새와 소리를 가지고 그의 잦아드는 목숨을 그려낸다. 삶의 끄트머리까지 이순신을 따라왔던 감각들이 생생하게 우리를 장엄한 죽음으로 이끄는 것이다.

무엇을 노래하고 있는가

김훈의 묘사와 서술은 담백하다. 짧고 견고한 그의 문체는 묘사대상인 이순신과 그의 『난중일기』를 닮았다. 더 이상 물러설 곳 없는 벼랑 끝 무사처럼 작가는 강직하고 단호하다. 그러므로 작가 김훈을 '스타일리스트'라 칭함은 그를 알지 못한 채 욕보이는 짓이다.

『칼의 노래』 '책머리에'서 작가는 말한다.

> "나는 정의로운 자들의 세상과 작별하였다. 나는 내 당대의 어떠한 가치도 긍정할 수 없었다. 제군들은 희망의 힘으로 살아있는가. 그대들과 나누어 가질 희망이나 믿음이 나에게는 없다. 그러므로 그대들과 나는 영원한 남으로서 서로 복되다.

나는 나 자신의 절박한 오류들과 더불어 혼자서 살 것이다."

이것은 인간 이순신의 내면을 관통하는 직선도로와도 같다. 임진왜란 내내 이순신은 언제나 외로웠고, 여럿이 함께 있되 언제나 혼자였다. 그는 수시로 다가오는 죽음의 그림자에 희망 없이 고통 받았으며 임진년에 맞은 총탄의 아픔을 죽음의 자리까지 동반해야 했다.

그는 무장으로서 삶의 가장 깊은 곳을 들여다보았으며, 무인으로서 최후를 맞이하고자 부단히 노력한다. 이순신은 언제나 허무와 만났으며, 그 허무를 나무라거나 배척하지 않았다. 작가가 보기에 그것은 삶과 그것을 베어내는 칼의 숙명이기도 하다.

> "세상은 칼로써 막아낼 수 없고, 칼로써 헤쳐 나갈 수 없는 곳이었다. 칼이 닿지 않고 화살이 미치지 못하는 저쪽에서, 세상은 뒤채이며 무너져갔고, 죽어서 돌아서는 자들 앞에서 칼은 속수무책이었다. 목숨을 벨 수는 있지만 죽음을 벨 수는 없었다." (제1권, 114쪽)

죽음에게 속수무책인 칼을 든 무인으로서 이순신은 망연한 사직과 죽어 가는 백성들에 대한 연민으로 끝없이 괴로워한다. 종팔품 수군만호로 남해안 발포진에 부임한 이순신의 눈에 비친 어촌의 풍경은 스산하기 이를 데 없는 것이었다.

> "갯가였지만 낡은 고기잡이배 두어 척이 뻘밭에 처박혀있을 뿐, 밭농사로 연명하는 백성들은 야위어서 눈이 커 보였다. 다만 물과 뻘과 하늘뿐이어서, 사직의 그림자는 자취도 없었다. 거기는 아무의 나라도 아닌 것처럼 차고 스산했다. 백성들은 가렴주구의 혈세를 소잔등의 짐처럼 짊어지고 낮게 엎드

려 있었다.” (제1권 144쪽)

종묘사직만을 생각하는 임금 선조와 인간 이순신은 같은 하늘을 이고 살기 어려웠다. 선조가 명군제독 진린을 남루하게 환송하는 장면은 이순신이 진린과 술자리한 후 구토하는 장면과 또렷하게 겹친다. 그리하여 이순신은 임금의 칼을 받고 죽을 수 없었고, 그런 죽음을 끝까지 거부한다. 그는 무인으로서의 죽음, 즉 적의 손에 이끌리는 죽음을 간절하게 바란다.

소설 『칼의 노래』는 처음부터 끝까지 어떻게 이순신이 죽음의 형식과 죽을 자리와 죽을 시기를 찾아 헤매는지를 끈질기게 보여준다. 노량해전을 앞두고 이순신은 생각한다.

> “나는 결국 자연사 이외의 방식으로는 죽을 수 없었다. 적탄에 쓰러져 죽는 나의 죽음까지도 결국은 자연사일 것이었다. 그러나 나는 적이 물러가 버린 빈 바다에서는 죽을 수 없었다. 나는 갈 것이었다.” (제2권, 106 - 107쪽)

그렇게 이순신은 다시는 돌아오지 못할 먼 길을 떠났다.

길지 않은 맺음말

작가는 도요토미 히데요시의 칼과 거기에 내재된 천하포무(天下布武)의 의미를 서술하면서 이순신의 칼과 검명(劍名)을 대비한다. “일휘소탕 혈염산하 一揮掃蕩 血染山河” (한 번 휘둘러 쓸어버리니 피가 강산을 물들이도다.) 이제 그의 칼은 거기 새겨진 문자장식 그대로 소명을 다하고 조용히 걸려있다. 김훈은 거기서 울려 퍼지는 ‘칼의 노래’를 들은 것이다.

『칼의 노래』에서 작가는 자연을 인간과 나란히 세워 묘사하며, 양자 사이의 상호 연관성에 대한 중첩적인 사유 가능성을 제시한다. 간결하고 명쾌하며 묵직한 이순신과 장황하며 흐리되 부박한 임금을 대비하며, 화려하고 장려한 도요토미의 꿈과 임종시(臨終詩)를 이순신의 소박하되 견결한 검명을 마주 보이도록 견준다.

작가는 비슷한 표현을 고집스럽게 자주 반복하는데, 이것은 그의 문체적인 특징 가운데 하나를 형성한다. 그의 허다한 반복의 요체는 감각에 있으며, 그 감각은 존재의 가장 깊은 곳을 정확하게 찔러감으로써 삶의 내밀한 본령을 독서하도록 인도한다. 『칼의 노래』에서 자주 등장하는 무장 이순신의 '식은땀'은 이런 감각의 결정체가 아니고 또 무엇이겠는가!

『칼의 노래』에서 언뜻언뜻 드러나는 작가의 허무와 허적(虛寂)과 도피는 이순신과 그의 칼이 뿜어내는 쓸쓸함과 우울과 깊은 한숨의 결과가 아닐 수 없다. 더러는 달관한 듯, 더러는 모든 것을 놓아버린 듯 보이는 작가의 목소리는 허공을 떠도는 죽음의 망령처럼 스산하다. 그곳으로부터 살아있는 이곳, 현 세간으로 그를 돌아오게 하는 일은 온전히 우리 독자들의 몫일 터이다.

『칼의 노래 1, 2』 | 김훈 지음 | 생각의 나무 | 2005.

김 규 종

경북대학교 인문대학 노어노문학과 교수
민예총 대구지회 영화비평연구소장 (현)
대경민교협 집행위원장 (2004 - 2006)
경북대학교 전교교수회 부의장 (2008 - 2010)

『대학생으로 살아남기』, 『문학교수, 영화 속으로 들어가다 1, 2』 등을 썼고, 『강철은 어떻게 단련되었는가』, 『광장의 왕』을 우리말로 옮겼다.

홈페이지는 http://club.cyworld.com/satira 이다.

기생충이 없었다면 섹스도 없었다?!

1판 1쇄 찍음 • 2009년 1월 20일
1판 1쇄 펴냄 • 2009년 1월 30일

지은이 • 김 규 종
발행인 • 정 현 걸
발 행 • 신 아 사
인 쇄 • 소망인쇄

출판등록 • 1956년 1월 5일 (제9-52호)
서울특별시 은평구 녹번동 28-36 2F
전화 02.382.6411 • 팩스 02.382.6401
홈페이지 • www.shinasa.co.kr
이메일 • shinasa@chol.com

ISBN 978-89-8396-609-4

정가 *10,000* 원